Paolo Mieli

Il secolo autoritario

Perché i buoni non vincono mai

Rizzoli

Pubblicato per

Rizzoli

da Mondadori Libri S.p.A.

ISBN 978-88-17-17899-0

Prima edizione: agosto 2023
Seconda edizione: ottobre 2023
Terza edizione: novembre 2023
Quarta edizione: dicembre 2023

Realizzazione editoriale: Netphilo Publishing, Milano

Il secolo autoritario

Introduzione
Quella ingiustificata euforia

Il Novecento può essere definito il secolo autoritario. Anzi, il secolo autoritario per antonomasia. C'è stato un tempo, tra l'estate del 1939 e quella del 1941, in cui l'intera Europa (eccezion fatta per la Gran Bretagna e pochissime altre realtà) si ritrovò a vivere sotto un regime dittatoriale. Dittature di destra o di sinistra, ma pur sempre tirannidi. Uno stato di cose che si protrasse fino al giugno del 1941, allorché Adolf Hitler decise di invadere l'Unione Sovietica. Da quell'estate le tirannidi restarono tirannidi ma la Seconda guerra mondiale prese un'altra piega. E si concluse in un modo che lasciò sperare fossimo sulla via di una progressiva, ancorché graduale, eliminazione dei regimi dispotici. Il mondo era ben consapevole del fatto che questa via era stata soltanto imboccata, che una parte dei vincitori della guerra, i Paesi comunisti, non manifestava alcuna intenzione di affidarsi a processi di democratizzazione. E che la quasi totalità dei Paesi emancipati o in procinto di emanciparsi dal colonialismo avrebbe optato, quantomeno temporaneamente, per una fase autoritaria. Ma era lecito sperare che con il passare del tempo queste opzioni sarebbero state riconsiderate e che il traguardo della liberal democrazia fosse alla portata di tutti. Nel giro di due o tre generazioni il mondo intero avrebbe scelto una qualche forma di regime liberale. Avrebbe cioè trovato il modo di concedersi libertà di pensiero, libertà di espressione, libertà di voto, libertà di culto.

Fu questa la grande illusione del secondo dopoguerra. L'idea che fosse impossibile governare i popoli senza una dose robusta di autoritarismo era antica di millenni, quasi connaturata al principio stesso del comando. Solo negli ultimi due o tre secoli avevamo potuto immaginare di lasciarci alle spalle l'esercizio dispotico del potere e riprendere dall'antichità altri fili che ci avrebbero consentito di tessere una tela diversa. Ancorché uno di questi fili, quello cosiddetto «democratico», si fosse dimostrato equivoco, fragile e sostanzialmente poco adatto per l'organizzazione di società sempre più consapevoli dei propri diritti. Nel senso che immancabilmente il «governo su mandato del popolo» si era rivelato pieno di inganni e di insidie, parte delle quali erano già state individuate, duemilacinquecento anni fa, nell'Atene «democratica» del V secolo a.C.

Nella ingiustificata euforia del secondo dopoguerra il mondo intero è stato inoltre indotto a tralasciare l'analisi del senso profondo che aveva avuto la saldatura «temporanea» (ventidue mesi) dei due grandi sistemi autoritari europei, quello nazista e quello comunista. La Guerra fredda poi fece il resto. Nel senso che la contrapposizione tra Occidente e universo staliniano ostacolò un'indagine storiografica riconosciuta come valida da entrambe le parti su cosa avesse reso possibile quella saldatura. E su cosa avesse comportato. Quando poi nel 1989 cadde il muro di Berlino e alcuni Paesi (in particolare quelli dell'Europa Orientale) provarono a riaprire quel capitolo, era tardi. La riapertura fu funzionale alla Polonia e ai baltici, nell'immediato, per scindere i propri destini da quelli dell'ormai ex Unione Sovietica. Ma non ebbe una portata tale da generare un nuovo canone storiografico più rispettoso nei confronti di quel che era realmente accaduto nei fatidici mesi tra il settembre '39 e il giugno '41. L'assenza di questo canone storiografico ha avuto – come vedremo – qualche conseguenza non marginale nella genesi dell'aggressione russa all'Ucraina. E nel disorientamento che essa ha prodotto in una parte tutt'altro che irrilevante dell'opinione pubblica europea.

A conclusione di un libro assai interessante del quale ci occuperemo anche in seguito – *Il protocollo segreto. Il patto Molotov-Ribbentrop e la falsificazione della storia* – l'autrice, Antonella Salomoni, esamina l'opuscolo del luglio 2020, scritto – o comunque firmato – da Vladimir Putin per celebrare i settantacinque anni dalla vittoria nella Seconda guerra mondiale. Un libretto in cui Putin sostanzialmente ripropone le tesi «classiche» (ma si dovrebbe dire staliniane) sull'origine del conflitto. La responsabilità principale dell'accaduto va ricondotta, secondo il presidente della Federazione russa, alla resa di Francia e Inghilterra a Hitler nella Conferenza di Monaco (29-30 settembre 1938). Per poi aggiungere che – dopo l'accordo di Monaco nel quale furono, appunto, «coinvolti i dirigenti britannici e francesi» – lo smembramento della Cecoslovacchia era stato fatto «con il pieno consenso della Società delle Nazioni». E la Polonia aveva preso parte a quella spartizione «brutale e cinica» della Cecoslovacchia. Putin presenta Hitler, quindi, come un leader trattato dal mondo occidentale alla stregua di «un uomo politico di tutto rispetto [...] ospite bene accolto nelle capitali europee». Mentre Stalin, ben consapevole di doversi prima o poi scontrare con lui, non aveva mai voluto sporcarsi «le mani in un incontro con la sua persona». Il dittatore del Cremlino di allora aveva preso la decisione di invadere la Polonia soltanto dopo aver constatato che la Gran Bretagna e la Francia l'avevano abbandonata al suo destino, talché ai confini dell'Urss si stava per creare una situazione di estremo rischio. Nel senso che, se la Germania avesse sfondato sull'intero fronte polacco, la guerra tra Unione Sovietica e i nazisti sarebbe iniziata «da posizioni strategiche estremamente svantaggiose» per i primi. Per questo, secondo Putin, l'Urss si affrettò nel settembre del '39 a invadere, anch'essa, parte della Polonia. Una ricostruzione che confligge in modo radicale con le clausole contenute nei «protocolli segreti» acclusi al patto Molotov-Ribbentrop.

Per quanto riguarda la questione dei «protocolli» e del secondo trattato di «amicizia» russo-tedesco (di cui ci occuperemo nelle pagine immediatamente successive), Putin sostiene nel suo opuscolo di non vedere alcun motivo per «accettare dichiarazioni ufficiali o note protocollari formali di quegli anni come prova dell'"amicizia" tra Urss e Germania». I fatti per l'uomo di Mosca sono questi: l'Urss, fin dal '39, era impegnata in «una guerra nascosta già in corso contro il nazismo». La Germania hitleriana aveva poi attaccato nel '41 l'Unione Sovietica perché ben consapevole che l'Urss era «la principale forza che le si opponeva in Europa».

Antonella Salomoni nota altresì un altro dettaglio.

Lo scritto di Putin in quel momento intendeva essere, in modo esplicito, una risposta alla risoluzione – dal titolo *Importanza della memoria europea per il futuro dell'Europa* – approvata dal Parlamento europeo il 19 settembre del 2019. Una risoluzione votata anche dagli europarlamentari del Pd – non senza qualche personale manifestazione di disagio – che frettolosamente fu accolta come un atto solenne per mettere sullo stesso piano nazismo e comunismo. Non si trattava in realtà di questo. Era una risoluzione di compromesso tra quattro precedenti versioni, di cui tre assai più brutali nell'equiparazione tra nazismo e comunismo. Anche se, in modo per la prima volta esplicito, il Parlamento europeo a grande maggioranza condannava «con la massima fermezza gli atti di aggressione, i crimini contro l'umanità e le massicce violazioni dei diritti umani perpetrate dal regime nazista, da quello comunista e da altri regimi totalitari».

Salomoni presta la sua attenzione al fatto che nel citare quella risoluzione Putin ne modifica arbitrariamente il titolo. «Memoria europea» veniva cambiato in «memoria storica». Anzi in «conservazione della memoria storica». Due modifiche non irrilevanti. La prima – da «memoria europea» a «memoria storica» – è funzionale a stabilire che la storia dell'Europa e in particolare dell'Europa Centrale non può essere analizzata fuori dal contesto della Seconda guerra mondiale conclusasi con l'apporto fondamentale dell'Unione Sovietica alla sconfitta del nazismo. A questo punto interviene la seconda modifica: siamo in presenza – sostiene Putin – di una memoria che va «conservata». Va ribadito cioè che la Seconda guerra mondiale non la si deve analizzare fase per fase, ma va presa come un evento unitario. E va ancor oggi giudicata esclusivamente per il modo in cui si concluse: con l'alleanza tra potenze occidentali e Unione Sovietica, le stesse che avrebbero poi celebrato assieme il processo di Norimberga contro i criminali nazisti.

Tornare sulle clausole segrete del patto tra Urss e Germania nazista, quelle che consentirono l'iniziale spartizione dell'Europa Centrale, è, a detta di Putin, un modo di sottrarsi al dovere della «conservazione della memoria storica». La premessa a un processo politico di rivisitazione del ruolo che ogni Paese europeo ha avuto alla fine degli anni Trenta. Processo che avrebbe indotto molti Paesi a trarre lezioni diverse dal proprio passato. Ciò che avrebbe messo la Russia in pericolo costringendola a ricollocarsi nel clima emotivo della guerra a cui era stata costretta nel giugno del 1941 per difendersi dall'aggressione nazista. Di qui l'uso ricorrente del termine «denazificazione» per definire la propria missione prima contro l'Ucraina, poi contro l'intero Occidente.

Tra la risoluzione europea del 2019 e la risposta del 2020 Putin ha posto le basi ideologiche dell'aggressione russa all'Ucraina. Tutto quel che era accaduto tra il '39 e il '41 sembrava fino a quel momento storicamente accertato e da tutti (compresi i russi) accettato. Ma in un attimo si è scoperto che non era così. La Russia ha fulmineamente rinnegato il faticosissimo riconoscimento della realtà che si celava dietro quei «protocolli segreti» del '39. E la riapertura di un apparente caso storiografico – un caso di ottantacinque anni fa – ha messo in evidenza quanto quel passato sia ancora incandescente. Tant'è che il solo volerne riparlare ha contribuito addirittura a scatenare una guerra.

Ovviamente gli autoritarismi di stampo fascista del Novecento si confrontarono anche in modi diversi ed è a questo che dedichiamo la prima sezione del libro. La seconda è costruita per rintracciare tracce di autoritarismo nel passato, più o meno recente. Talvolta dissimulate e non facilmente individuabili. La terza, infine, per insinuare il dubbio che l'autoritarismo – dopo la fine della Seconda guerra mondiale e la conclusione della Guerra fredda – non si sia incamminato sulla via della sparizione. Anzi. Sono i temi di oggi, sono i punti del dibattito che non vanno trascurati.

FASCISMI
DEL NOVECENTO

I «protocolli segreti» del patto Molotov-Ribbentrop

L'alleanza tra Stalin e Hitler stipulata nell'agosto del 1939 è ancora oggi considerata da gran parte dei libri di storia alla stregua di un evento secondario. Nient'altro che un prologo alla «guerra vera e propria». Come se quei primi tragici ventidue mesi del conflitto nell'Europa Orientale e Occidentale fossero stati solo un irrilevante antefatto di quel che sarebbe accaduto successivamente. Se ne stupiva trent'anni fa François Furet in *Il passato di un'illusione. L'idea comunista nel XX secolo*. C'è da stupirsene anche adesso. Il significato storico che l'intesa tra l'Urss e la Germania nazista riveste per i primi anni della Seconda guerra mondiale – ha scritto Claudia Weber in un coraggioso libro, *Il patto. Stalin, Hitler e la storia di un'alleanza mortale 1939-41* – «seguita a essere sottovalutato». Probabilmente per il «disagio» provocato dal «sospetto» che quel patto «sfidi» ancora oggi il «palese canone» della «narrazione storica europea». Talché, sembra essere stato «un sollievo» anche per gli storici poter considerare il patto, che aveva retto per quasi due anni, come «un incidente della storia senza grande importanza».

Quando, a fine agosto del '39, il ministro degli Esteri tedesco giunse a Mosca per siglare il patto di «non aggressione» (che avrebbe consentito di lì a breve la duplice «aggressione» alla Polonia), non era affatto sicuro che l'operazione sarebbe andata in porto. Una delle preoccupazioni più profonde di Joachim von Ribbentrop era che Stalin stesse utilizzando quella trattativa semplicemente come una carta per indurre i delegati alla trattativa di Francia e Inghilterra ad accogliere le richieste russe più radicali. Forse si trattava di scaramanzia. Ribbentrop temeva – scrive Donald C. Watt in *1939. Come scoppiò la guerra* – che «lo avrebbero accolto con la notizia che Stalin aveva appena concluso un accordo con Londra e Parigi». Ma quei timori si rivelarono infondati. Stalin si mostrò ben lieto di mantenere la promessa di sottoscrivere l'impegno con Hitler. Soprattutto per la parte, segreta, che prefigurava una non irrilevante spartizione dell'Europa.

Il patto fu dunque siglato a Mosca il 23 agosto 1939, firmatari il ministro degli Esteri della Germania hitleriana von Ribbentrop e quello dell'Urss staliniana Vjačeslav Molotov. Nella notte tra il 23 e il 24 agosto fu sottoscritto anche un «protocollo aggiuntivo» (segreto) in cui i due Paesi si riconoscevano come reciproche «sfere d'interesse» fondamentali aree dell'Europa Centrorientale. La «Pravda» diede l'annuncio (ovviamente solo della parte ufficiale del patto) l'indomani, il 24 agosto, scrivendo che con quell'accordo si era «posta fine all'ostilità tra Germania e Urss». «La differenza di ideologia e di sistema politico» si giustificava l'organo ufficiale del Partito comunista dell'Unione Sovietica «non deve e non può essere d'ostacolo all'instaurazione di rapporti di buon vicinato tra i due Paesi.» Dopodiché la responsabilità di quella particolarissima intesa veniva implicitamente attribuita alla Francia e alla Gran Bretagna. Urss e Germania sarebbero state «spinte in un vicolo cieco dagli sforzi dei nemici» dei due Paesi. Adesso invece, in virtù di quell'accordo, avrebbero ottenuto «le condizioni necessarie per il proprio sviluppo e la propria fioritura». Neanche una parola, ovviamente, sui sottintesi militari del patto. Patto che otto giorni dopo venne ratificato dal Reichstag e dal Soviet supremo. L'accordo – in ragione dei sottintesi di cui si è detto – avrebbe reso possibile l'immediata spartizione della Polonia (settembre 1939) oltreché le successive aggressioni naziste e sovietiche. E sarebbe rimasto in vigore fino al giugno del 1941, quando la Germania invase l'Urss. Dal Messico dove si era rifugiato (e dove sarebbe stato ucciso di lì a un anno da un agente staliniano), Lev Trockij, appresa la notizia, trovò conferma di quel che pensava da tempo: «Stalin e Hitler si sono tesi la mano; le loro maschere sono cadute, lo stalinismo e il nazismo sono diventati alleati».

Mosca in festa per Ribbentrop

Molti dettagli di quel patto e delle nefandezze che ne seguirono – gli orrori nazisti ma anche quelli per mano dei russi, uno per tutti, il massacro di Katyn, ventiduemila ufficiali e civili polacchi assassinati tra aprile e maggio del 1940 – le conosciamo per merito della *glasnost*, la campagna gorbacioviana per la trasparenza avviata nella seconda metà degli anni Ottanta. Dimitri Volkogonov in *Trionfo e tragedia. Il primo ritratto russo di Stalin* ha cercato di far convivere la precedente versione dei fatti con quella successiva alla parziale apertura degli archivi russi. «Certo,» ha riconosciuto Volkogonov «ai nostri giorni il patto di non aggressione appare in tutta la sua luce di meschinità e, sotto il profilo morale, un'alleanza con le democrazie occidentali sarebbe stata indubbiamente preferibile.» Ma l'Inghilterra e la Francia «non sembravano pronte per una simile alleanza». E Stalin «era impaziente». Dal punto di vista dell'interesse nazionale «e del reale potenziale di forze», era la giustificazione di Volkogonov, «per l'Unione Sovietica non esisteva altra alternativa». Chi sostiene che fu il patto tedesco-sovietico a dare l'avvio alla guerra «dimentica che a quel tempo le potenze occidentali avevano già sacrificato a Hitler l'Austria, la Cecoslovacchia e il territorio di Memel (parte della Prussia orientale passata alla Lituania dopo la Prima guerra mondiale)». E «che Inghilterra e Francia non sembravano essersi troppo impegnate per salvare la Spagna repubblicana». Nell'aprile del '39, molto tempo prima che Ribbentrop e Molotov firmassero il famigerato patto, «tutto era già sufficientemente chiaro». I piani di Hitler per la Polonia «non erano un segreto per nessuno». Washington, Londra e Parigi «erano a conoscenza della data dell'aggressione», ma «speravano che questa potesse accelerare i tempi dell'invasione dell'Urss da parte di Hitler». Così Volkogonov. Né lui, né Gorbačëv seppero spingersi oltre.

Le cose in realtà furono più complicate talché oggi forse si può parlare di due guerre mondiali tra il 1939 e il 1945. O quantomeno di due fasi ben distinte ma di uguale importanza di una stessa guerra. La prima è quella che vide l'Urss alleata con la Germania nazista. Nella seconda, quella più frequentata dai manuali di storia, l'Urss si batte assieme agli Alleati contro la Germania nazista.

Hitler, dunque, attaccò la Polonia il 1° settembre 1939 e ne ebbe ragione con facilità. Nella seconda metà di settembre l'Armata rossa invase la Polonia orientale, l'Ucraina e la Bielorussia. Il 29 di quello stesso mese Ribbentrop tornò a Mosca e firmò un nuovo trattato, «d'amicizia e di buon vicinato» tra Germania e Unione Sovietica. Si passava dalla «non aggressione» a una pubblica dichiarazione di «amicizia» tra i due Paesi. Il dittatore sovietico stavolta volle scriverne il testo di persona, ricostruisce Robert Conquest in *Stalin. La rivoluzione, il terrore, la guerra.* E lo fece con un testo che Hitler trovò addirittura «migliore dell'originale tedesco». Ai festeggiamenti che seguirono, prosegue Conquest, i russi fecero in modo di «mettere pienamente a loro agio Ribbentrop e i suoi colleghi». Era come essere «in una cerchia di vecchi camerati del Partito nazionalsocialista», riferì un delegato nazista. Quanto a Stalin conosciuto di persona, riferisce ancora Conquest, «i tedeschi si dissero particolarmente colpiti dal suo "fascino"».

Anche questo secondo patto aveva una parte «riservata», ideologicamente assai impegnativa, che vietava, in terra sovietica o sui territori occupati dai sovietici, qualsiasi attività di propaganda antifascista e antihitleriana. In omaggio a questo impegno, parlando a una sessione straordinaria del Soviet supremo, Molotov affermò che «l'ideologia dell'hitlerismo, come qualsiasi altra ideologia può essere accettata o respinta». Aggiunse che era «solo un problema politico». E dal momento che «un'ideologia non può essere distrutta con la forza», fu la sua conclusione, va considerato «insensato e criminale promuovere una guerra per la liquidazione dell'hitlerismo sotto la falsa bandiera della lotta per la democrazia».

Per dimostrare la propria buona volontà i sovietici scortarono poi lungo la rotta del mare del Nord la nave corsara nazista *Komet* che avrebbe arrecato gravi danni ai vascelli degli Alleati nel Pacifico. Ma quello che Conquest considera l'«atto più clamoroso» di omaggio a Hitler da parte di Stalin fu di disporre «il rimpatrio in Germania di diverse centinaia di comunisti tedeschi che si erano rifugiati in Unione Sovietica per motivi politici». Furono «consegnati sul ponte di Brest-Litovsk, mentre gli ufficiali della Gestapo e dell'Nkvd controllavano insieme gli elenchi». Per la maggior parte questi antifascisti tedeschi «finirono direttamente nei campi di concentramento nazisti».

Stalin, le castagne e il fuoco

Stiamo alla versione ufficiale di come nacque quel patto. Ribbentrop così ne ricostruì le origini il 29 marzo 1946 nei panni di imputato al processo di Norimberga. «Il maresciallo Stalin,» ricordò «nel marzo del 1939, tenne un discorso in cui faceva alcuni accenni al suo desiderio di avere migliori relazioni con la Germania.» Il ministro degli Esteri nazista raccontò di aver «sottoposto quel discorso» a Hitler e di avergli chiesto se non fosse il caso di «cercare di scoprire se l'allusione (di Stalin) non nascondesse qualcosa». Il dittatore tedesco sulle prime si mostrò «riluttante». Poco dopo, però, si disse favorevole alla verifica suggerita da Ribbentrop. Erano in corso dei negoziati per un trattato commerciale e, proseguì a Norimberga l'ex ministro degli Esteri tedesco, «nel corso dei colloqui, con l'autorizzazione del Führer, pensai di esplorare a Mosca la possibilità di stabilire un ponte tra il nazionalsocialismo e il bolscevismo». Nonché di «verificare se gli interessi dei due Paesi non potessero essere conciliati». Il riferimento iniziale di Ribbentrop era al cosiddetto «discorso delle castagne», quello in cui Stalin, il 10 marzo del '39, aveva detto che l'Urss non voleva essere il Paese che avrebbe tolto le castagne dal fuoco a Francia e Gran Bretagna. Un evidente segnale di disponibilità a nuove alleanze.

C'erano ancora dei margini perché le cose andassero in modo diverso? Probabilmente no. Quasi sicuramente Stalin aveva già deciso fin dai tempi del «discorso delle castagne». Nel mese di giugno il governo inglese inviò a Mosca un esperto del Foreign Office, William Strang (capo della sezione «Europa»), che, però, nel giro di sei settimane riuscì a parlare con Molotov solo tre volte. Molotov aveva ragioni di diffidenza nei confronti di Strang, che era stato in un buon rapporto con il suo predecessore Maksim Litvinov. Litvinov, osteggiato dai nazisti forse anche perché ebreo, era stato fautore, alla Società delle Nazioni, di un avvicinamento dell'Urss alle grandi potenze dell'Europa Occidentale (e fu rimosso da Stalin, nel maggio di quello stesso 1939, proprio per questa sua inclinazione). La rimozione di Litvinov si svolse, secondo l'accurata ricostruzione del suo biografo Arthur Upham Pope, «senza clamore». Anzi, sarebbe stato lo stesso Litvinov, avendo intuito le intenzioni di Stalin, a proporre di fare un passo indietro. Come in un gioco delle parti. Si può addirittura ipotizzare che Litvinov fosse stato messo da Stalin a conoscenza dei suoi piani. Anche perché successivamente, nota Claudia Weber, Litvinov non cadde in disgrazia presso il dittatore russo, come spesso si ritiene. Finì solo «in seconda fila», e fu messo a capo del dipartimento per l'Informazione internazionale del Comitato centrale. Ebbe ancora a disposizione un ufficio al commissariato per gli Affari esteri (anche se non quello di prima). E, in quanto delegato del distretto di Leningrado, continuò a far parte del Soviet supremo dell'Urss. Viveva nella sua dacia vicino a Mosca «in relativa tranquillità». Non fu né arrestato, né in alcun modo perseguitato; frequentava teatri, concerti e soprattutto biblioteche, forse con l'idea di scrivere le proprie memorie. Era stato «reso inoffensivo», scrisse il giornalista americano Henry C. Cassidy; lo avevano «impacchettato con cura e ibernato per ogni eventualità». Eventualità che, fa notare Weber, si presentò due anni dopo, nel '41, quando, a seguito dell'invasione hitleriana dell'Urss, Stalin lo recuperò e lo inviò come ambasciatore a Washington. Dove sarebbe stato una pedina fondamentale per la tessitura della nuova alleanza con gli Stati Uniti.

Molotov lo «scialbo»

Per l'ambasciata tedesca a Mosca l'ascesa di Molotov all'apice del ministero degli Esteri fu una «sorpresa gradevole». Ha ricordato il diplomatico tedesco Hans von Herwarth – nel libro *Tra Hitler e Stalin. Uno spaccato di storia contemporanea: 1931-1945* – che i diplomatici di Germania lo ritenevano «un grande lavoratore ma un uomo piuttosto scialbo». Mancava completamente, secondo Herwarth, «di senso dell'umorismo»; ma «era affidabile e assomigliava tanto a un buon vecchio, noioso funzionario tedesco». Benché «fosse impossibile ammirarlo», Molotov era tenuto in qualche considerazione dall'ambasciata tedesca. Soprattutto perché, nei negoziati con l'autorevole ambasciatore tedesco Friedrich-Werner Graf von der Schulenburg, «non nascose mai», ricordava Herwarth, la sua attitudine a «non fidarsi della Germania». Diffidenza ricambiata. Schulenburg qualche mese dopo la stipula del patto lasciò la sede diplomatica moscovita. Si fece poi coinvolgere nel tentativo di colpo di Stato antihitleriano di von Stauffenberg (20 luglio 1944) a seguito del cui fallimento fu arrestato dalla Gestapo e impiccato.

In realtà Molotov aveva una personalità più marcata di quella accreditatagli dai diplomatici tedeschi. Lo si poté intuire proprio nell'estate del 1939 quando il dittatore georgiano prese di mira le mogli dei maggiorenti del partito. Simon Sebag Montefiore ha affrontato questo tema in un capitolo di *Gli uomini di Stalin. Un tiranno, i suoi complici e le sue vittime.* Molotov era sposato con l'ebrea ucraina Polina Zhemchuzhina, che aveva conquistato una posizione nel partito e non solo nel partito: commissaria della Pesca, membro candidato al Comitato centrale, ebbe anche posizioni di responsabilità nell'industria dei profumi. Il capo dell'Nkvd, Lavrentij Berija, iniziò nel '39 a condurre indagini su di lei scoprendo tra i suoi collaboratori alcuni presunti «vandali» e «sabotatori». La accusò di aver «inconsapevolmente agevolato il loro spionaggio». Forse, ipotizza Montefiore, Stalin voleva mandare un ulteriore segnale a Hitler della propria ostilità nei confronti degli ebrei. Il 10 agosto mentre entravano nel vivo le trattative che avrebbero portato di lì a tredici giorni al patto russo-tedesco, Polina Molotova fu incriminata dal Politburo. E Stalin in persona propose la sua espulsione dal Comitato centrale. Nella riunione in cui il dittatore mosse le accuse a sua moglie, Molotov, scrive Montefiore, «coraggiosamente si astenne», dando così prova non solo dell'amore per la sua compagna, ma, ciò che più conta, della sua capacità di mostrarsi pubblicamente «in disaccordo con Stalin» e provando pubblicamente di aver «fiducia nella sua persona». Fino al punto di non piegare la testa al cospetto di Stalin. Caso unico tra le personalità del partito. L'istruttoria si chiuse il 24 ottobre, la Molotova venne pubblicamente rimproverata per la «leggerezza» e l'«avventatezza» con cui aveva scelto i collaboratori e destituita dalla carica di commissaria. Ma venne altresì dichiarata innocente rispetto alle «calunnie» di cui era stata oggetto. Dopo un po' di tempo tornò a essere promossa alla guida dell'Amministrazione tessile e dell'abbigliamento del commissariato dell'Industria leggera. A guerra conclusa, nel dicembre del 1948, Stalin (assieme a Berija) tornò a occuparsi di lei facendola arrestare. Polina rimase in carcere fino al '53, alla morte del dittatore. Secondo Montefiore nel 1948 Stalin e Berija avevano preso in considerazione anche la possibilità di farla rapire per poi ucciderla. E chiudere in quel modo brutale la partita aperta nove anni prima. Scelsero poi la soluzione meno cruenta: lasciarla morire in prigione. Morirono però entrambi prima di lei. Berija fu ucciso poco dopo la morte di Stalin.

Divagazioni sulla caccia alla starna

Ma torniamo a Strang. Mentre l'emissario britannico era in missione a Mosca, la «Pravda» pubblicò, il 29 giugno, un singolare articolo di Andrej Ždanov, astro in ascesa nel firmamento staliniano. Ždanov proponeva un'«opinione personale» che – scriveva in modo da mettere le mani avanti – «non tutti i miei amici condividono». Gli «amici» che non avrebbero condiviso la sua «opinione personale» – precisava il responsabile nel Politburo delle questioni di ideologia e propaganda – continuano a pensare che il governo inglese e quello francese «dimostrino di avere intenzioni serie avviando trattative con l'Urss». Lui, Ždanov, invece, non pensava più in nessun modo che Francia e Gran Bretagna aspirassero «a un accordo equo con l'Unione Sovietica».

La missione Strang proseguì, inconcludente, per un altro mese finché la «Pravda» annunciò, il 4 agosto, che presto sarebbe giunta nella capitale sovietica una delegazione militare franco-britannica. Il sottinteso era che con questa delegazione sarebbero stati avviati seri negoziati. Ma, dopo l'articolo di Ždanov, Francia e Inghilterra avevano capito che qualcosa nell'atteggiamento dell'Urss stava cambiando. O era già cambiato. E mandarono segnali di raffreddamento ritenendo così di impensierire il vertice sovietico. L'ambasciatore di Stalin a Londra, Ivan Michajlovič Majskij – lo riferisce lui stesso nel libro *Guerra e diplomazia. Memorie di un ambasciatore sovietico 1939-1945* – colse proprio quel 4 agosto i segnali del raffreddamento. Aveva invitato a colazione, all'evidente fine di istruirli sui propositi staliniani, i rappresentanti della delegazione in procinto di partire per l'Urss. Ma notò il «disinteresse» dei suoi interlocutori: erano «molto abbottonati nelle conversazioni», scrisse il diplomatico in un rapporto ai propri superiori, preferivano «parlare di argomenti innocui come la caccia alla starna».

La sorpresa di Majskij aumentò ancora quando venne a sapere che i suoi interlocutori, anziché affrettarsi e correre a Mosca, avevano organizzato un viaggio che assomigliava, più che a una missione d'emergenza, a una tranquilla crociera. «La delegazione militare» scrisse in quello stesso rapporto «viaggia alla volta di Mosca su un mercantile.» E questo «in un momento in cui in Europa la terra comincia a bruciarci sotto i piedi! Da non crederci! Il governo britannico vuole davvero un accordo? Mi convinco sempre di più che Chamberlain continui indisturbato a fare il proprio gioco: quello di cui ha bisogno non è un patto a tre, bensì di colloqui [...] da usare come asso nella manica per poter trattare bene con Hitler». Stalin stesso confidò ai suoi interlocutori d'essersi convinto che, quantomeno il ministro degli Esteri inglese, Lord Edward Wood Halifax, stesse cercando un accordo con la Germania. E l'ex primo ministro britannico Lloyd George gli confermò questa sensazione con un sorprendente editoriale scritto per il quotidiano francese «Le Soir» in cui sosteneva che a ogni evidenza

Chamberlain e Halifax non volevano «nessun'intesa con la Russia». Gli storici sono concordi nel sostenere che quando la delegazione franco-britannica giunse finalmente a Mosca (il 10 agosto), semmai avesse avuto ancora dei dubbi, Stalin lasciò intendere di non essere più interessato a quella trattativa. In realtà è probabile che la decisione fosse antecedente.

La prima a capire che qualcosa era cambiato nelle relazioni tra la Germania e l'Unione Sovietica (e a adeguarsi) fu già in agosto la scuola quadri del Komintern di Mosca. Nella biblioteca di letteratura straniera, riferì il cronista Wolfgang Leonhard, al posto dei giornali degli immigrati venivano esposti quelli nazisti e furono del tutto eliminati i romanzi degli antifascisti tedeschi. La parola «fascismo» non compariva assolutamente più nella stampa sovietica. «Era come se il fascismo non fosse mai esistito» scrisse Leonhard.

La «Pravda» contro gli «antifascisti miopi»

Di lì a breve venne l'annuncio del patto. Per molti intellettuali antifascisti fu un trauma. Soprattutto per quelli comunisti. Arthur Koestler ha raccontato lo shock che ebbe il giorno in cui all'aeroporto di Mosca fu issata la bandiera con la svastica in onore di Ribbentrop e la banda dell'Armata rossa intonò *Das Horst-Wessel-Lied*, l'inno delle Sa, poi della Germania nazista. Inno in cui si rendeva onore ai «camerati uccisi dai rossi» e si prometteva che le bandiere di Hitler presto avrebbero sventolato dappertutto. Il 1° settembre, il giorno in cui la Germania invase la Polonia, la «Pravda» (che definì l'aggressione hitleriana «operazioni militari tra Germania e Polonia») riportò un discorso di Molotov che attaccava violentemente coloro che si chiedevano «come avrebbe potuto l'Unione Sovietica migliorare i rapporti politici con uno Stato di tipo fascista». Li definiva «persone miopi» trascinate da una «semplicistica agitazione antifascista». Nel libro di cui abbiamo parlato in apertura, *Il protocollo segreto. Il patto Molotov-Ribbentrop e la falsificazione della storia*, Antonella Salomoni ricorda lo sgomento dello scrittore Il'ja Ėrenburg, all'epoca a Parigi come corrispondente delle «Izvestija». «Quell'inverno,» scrisse ironicamente Ėrenburg nelle sue memorie, *Uomini, anni, vita* «dovetti inforcare per la prima volta gli occhiali, non potevo ammettere di essere "miope"… Erano ancora freschi nella mia memoria i ricordi della Guerra civile (spagnola).» Per lui, «il nemico principale continuava a essere il fascismo». Altro che «miope». Qualche mese dopo – prosegue Salomoni – Ėrenburg rimase sbalordito da un telegramma che Stalin inviò a Ribbentrop il 24 dicembre (in risposta a un messaggio per il suo sessantesimo compleanno): «La ringrazio, signor ministro, per gli auguri,» scriveva Stalin «l'amicizia tra i popoli della Germania e dell'Unione Sovietica, suggellata dal sangue, ha tutte le ragioni per essere lunga e duratura». «Amicizia suggellata dal sangue»? «Lessi e rilessi quel telegramma una decina di volte e, pur credendo al genio politico di Stalin, mi sentivo ribollire dentro» ricordava lo scrittore che nel 1955 sarebbe stato l'autore del libro simbolo dell'avvio della destalinizzazione, *Il disgelo*. «Non era un sacrilegio? Come paragonare il sangue dei soldati dell'Armata rossa a quello degli hitleriani? E come dimenticare i fiumi di sangue versati dai fascisti in Spagna, in Cecoslovacchia, in Polonia e all'interno della stessa Germania?»

Il dittatore georgiano, scrive Martin McCauley in *Stalin e lo stalinismo*, fu fortemente impressionato dal rapido successo del Blitzkrieg tedesco in Polonia nel settembre del '39. E soprattutto dalla mancata reazione militare di Francia e Gran Bretagna che pure avevano dichiarato guerra alla Germania. In quel settembre 1939, cominciò addirittura a «temere», secondo McCauley, «che la Wehrmacht non si sarebbe fermata sulla linea di confine della Polonia», concordata pochi giorni prima. Allo stesso modo, otto mesi dopo, Stalin fu sorpreso e scosso da come, nel maggio del '40, Hitler piegò la Francia nel giro di poche settimane. Stalin pensò che il modo giusto di reagire a quelle notizie fosse quello di mostrarsi ligio al patto Molotov-Ribbentrop. Così in febbraio il comunista tedesco Walter Ulbricht da Mosca aveva impresso un marchio d'infamia su coloro che avessero ordito «intrighi ai danni dell'amicizia tra i tedeschi e il popolo sovietico». Chi si mostrava «nemico del popolo tedesco» doveva essere considerato «complice dell'imperialismo inglese». Nella pratica, secondo Weber, questo voleva dire che i partiti comunisti occidentali non solo dovevano «giustificare la guerre lampo di Hitler», ma persino accogliere «con favore» gli invasori nazisti. Bernhard Bayerlein, studioso del comportamento delle formazioni comuniste europee in quella fase storica, ha fatto notare che mentre la Wehrmacht occupava Danimarca, Belgio, Paesi Bassi, Francia e Norvegia, i partiti comunisti di quei Paesi si produssero in imbarazzanti dichiarazioni di plauso alle aggressioni. Istigati dal Comitato esecutivo del Komintern, i comunisti danesi definirono l'invasione tedesca come la «risposta alla grave violazione della neutralità dei Paesi scandinavi da parte dell'Inghilterra e della Francia». Nei Paesi Bassi il partito guidato dal segretario generale Paul de Groot, dopo l'attacco nazista, esortò a «combattere contro la Gran Bretagna» e a non opporre resistenza ai tedeschi. In Norvegia, il 15 maggio 1940, i comunisti pubblicarono un appello che, «nell'interesse dei lavoratori», esortava a un'intesa con l'esercito di occupazione, dal momento che l'occupante avrebbe garantito «un nuovo ordine europeo».

In Francia, su disposizione di Stalin, i comunisti – guidati da Maurice Tréand e Robert Foissin – avviarono una trattativa con l'ambasciatore tedesco, Otto Abetz, per la «legalizzazione» del partito e la ripresa delle pubblicazioni del loro giornale, «L'Humanité». Abetz pose loro la condizione che il Pcf esortasse la popolazione a collaborare attivamente con gli occupanti. Tréand e Foissin accettarono, sia pure a fatica, queste umilianti condizioni. Il 4 luglio del 1940, «L'Humanité» tornò nelle edicole con un grande titolo in prima pagina: *Lavoratori francesi e soldati tedeschi.* «In questi tempi difficili,» era scritto nell'articolo «è particolarmente incoraggiante vedere come molti lavoratori parigini chiacchierino amichevolmente con i soldati tedeschi, sia per la strada che al bistrot dell'angolo.» Poi proseguiva con queste parole: «Bravi, compagni, avanti così, anche se questo non piace a certi borghesi tanto stupidi quanto cattivi; la fratellanza tra i popoli non rimarrà sempre una speranza, ma è destinata a diventare una realtà vissuta».

L'articolo e il comportamento di alcuni dirigenti del Pcf generarono sconcerto nella parte meno settaria della base comunista. Tant'è che poco tempo dopo il Komintern inviò un telegramma al gruppo dirigente del partito in cui si raccomandava che, «nei casi in cui membri, politici locali, responsabili di sindacati o di comitati di soccorso erano legalmente o semi legalmente attivi», fosse «evitato tutto quanto poteva dare l'impressione di essere solidali con gli invasori». Stalin pretese dai compagni francesi quella che gli storici hanno definito un'«acrobazia politica». Dovevano dare una mano agli occupanti ma senza che si vedesse. Abetz colse l'occasione e interruppe le trattative anche perché allo stato maggiore tedesco non erano piaciute quelle effusioni dell'«Humanité». Quel che serviva alla Germania nelle settimane immediatamente successive all'invasione – un maggior consenso da parte della popolazione e la rottura definitiva del fronte antifascista – adesso non veniva più considerato utile. Qualche militante comunista finì di nuovo agli arresti. A quel punto, da Mosca, dove si era rifugiato, il segretario del partito Maurice Thorez si appellò ai militanti francesi affinché imboccassero la via della battaglia – ideologica – contro la «supremazia dell'imperialismo tedesco». Successivamente i comunisti francesi entreranno nella clandestinità e nella resistenza armata. Ma, ovviamente, solo dopo l'aggressione della Germania nazista all'Urss (giugno 1941).

I dubbi iniziali di Rosenberg

Anche in Germania la sorpresa fu grande all'annuncio dell'accordo Molotov-Ribbentrop. Ci fu addirittura qualche manifestazione di sdegno per quel patto con i bolscevichi. Poche. A Monaco alcuni militanti si tolsero dal braccio la fascia con la svastica e la gettarono a terra davanti alla sede del partito, il Braunes Haus. Più prudentemente altri affidarono dubbi e perplessità a pagine di diario. Ulrich von Hassell, ex ambasciatore a Roma, scrisse sul proprio taccuino privato che Germania e Unione Sovietica assieme avrebbero formato una «banda di gangster». Il ministro della Propaganda Joseph Goebbels si limitò a una considerazione: «Siamo in emergenza e in emergenza non si va tanto per il sottile». Il teorico del razzismo ariano Alfred Rosenberg, che pure mal tollerava l'«affettuoso abbraccio» con il «bolscevismo ebraico», fu più preciso. «Ieri, poco prima di mezzanotte è arrivata la notizia del patto di non aggressione» annotò. Poi aggiunse: «Nonostante la mia avversione per i diari voglio fermare sulla carta la mia prima impressione». Ammise che la politica estera di Berlino era ora «facilitata», che era venuta meno la minaccia dell'aviazione russa, che si spalancava la via per quello che definiva il «conflitto tedesco-polacco» (cioè l'aggressione alla Polonia), che la Germania avrebbe goduto di un «alleggerimento sul Baltico» e si sarebbe più facilmente rifornita di materie prime.

Certo, proseguiva Rosenberg, il viaggio di Ribbentrop a Mosca comportava un «ridimensionamento» della «considerazione etica della nostra lotta ormai ventennale». Un «ridimensionamento» anche «nei confronti dei nostri raduni di partito, nei confronti della Spagna» dove si era appena conclusa una guerra civile durata tre anni (1936-1939) che aveva opposto i comunisti ai nazisti. Il Führer – ricordava Rosenberg – aveva detto quattro anni prima che mai sarebbe andato a Mosca dal momento che «non è possibile vietare al popolo tedesco di rubare e al tempo stesso essere amici dei ladri». Cosa avrebbe pensato adesso il popolo tedesco? Poi una stoccata all'uomo salito alle stelle nella considerazione di Hitler proprio per aver firmato quell'accordo con Molotov: «A Ribbentrop non importerà nulla di tutto questo perché, a parte il suo odio per l'Inghilterra, non ha alcuna idea politica».

Ma la parte più interessante delle annotazioni di Rosenberg è un'altra. «Ho la sensazione» scriveva «che questo patto di Mosca prima o poi si ritorcerà contro il nazionalsocialismo.» «Non è stato un passo falso fatto per libera scelta, ma un atto compiuto in una situazione di necessità, un'istanza presentata da una rivoluzione al capo di un'altra rivoluzione che, secondo il ribadito ideale di una battaglia durata vent'anni, bisognava debellare.» Come possiamo «parlare ancora di salvare e dare forma all'Europa se dobbiamo chiedere aiuto a coloro che l'Europa la distruggono»? Era «necessario» che la Germania si mettesse in questa situazione? Possibile che la questione polacca dovesse essere risolta «adesso e in questa maniera»? Domande a cui Rosenberg fingeva di non saper dare risposta.

Nei giornali tedeschi si registrò qualche eccesso di zelo per giustificare l'intuizione di Hitler. Il «Völkischer Beobachter» sostenne che si era ricostituita la «condizione naturale» di prossimità tra il popolo russo e quello tedesco. «Das Schwarze Korps» individuò un «carattere germanico» nell'impero zarista e fece risalire quella «fratellanza di sangue» all'occupazione di parte della Russia dei Variaghi scandinavi nell'VIII secolo: Goebbels si allarmò di queste esagerazioni e corse a metter fine sul nascere a quelli che definì «goffi tentativi» di «ingraziarsi Mosca».

Hoffmeyer e la creazione di «spazi vuoti»

Ribbentrop morì nell'ottobre 1946 condannato all'impiccagione dal tribunale di Norimberga. Molotov ha vissuto invece altri quarant'anni, fino al novembre del 1986. Per un lungo periodo gli fu concesso di affidare le sue memorie allo scrittore Feliks Čuev che le trascrisse in un libro, *Conversazioni con Molotov. 140 incontri con il braccio destro di Stalin*, pubblicato in Russia dopo la dissoluzione dell'Urss. L'ex commissario agli Esteri di Stalin rimaneva attestato sulla versione menzognera circa la non esistenza dei protocolli segreti (di cui Gorbačëv avrebbe rivelato di lì a breve l'esistenza). «Secondo me» diceva Molotov a Čuev «queste voci sono state create ad arte per rovinarci la reputazione.» «Un accordo segreto di questo genere non avrebbe potuto esserci [...] io ho partecipato alla cosa molto da vicino, di fatto ero direttamente coinvolto, e le posso assicurare che si tratta senza dubbio di un falso.» Poi però si lasciava sfuggire un'affermazione rivelatrice. «Era mio compito da ministro degli Esteri ampliare i confini della nostra madrepatria [...] e, con il senno di poi, pare proprio che io e Stalin abbiamo svolto questo compito molto bene.» In effetti, nel corso del periodo che andò dal settembre 1939 al giugno del 1941, l'Unione Sovietica ampliò il suo impero di 422.000 chilometri quadrati (la metà circa degli ottocentomila conquistati dalla Germania).

Normalmente si parla di questi «ampliamenti territoriali» come di qualcosa che ha riguardato solo l'Europa Centrorientale. La storia di quel patto, osserva Weber, «continua a essere spesso considerata una questione che riguarda gli europei dell'Est, senza tener conto che i cosiddetti *Blitzkrieg* altrimenti non sarebbero stati possibili e che l'alleanza esercitò un considerevole influsso sull'evolversi del regime d'occupazione tedesco». Il Terzo Reich occupò la Francia, bombardò l'Inghilterra, invase gli Stati del Benelux e parte della Scandinavia nel periodo in cui il patto rimase in vigore e proprio grazie a esso. Mentre l'Unione Sovietica inghiottì parte della Polonia, i Paesi baltici, la Bessarabia e la Bucovina settentrionale. La prima fase della Seconda guerra mondiale, non meno aggressiva della seconda, fu resa possibile proprio dall'accordo tra Hitler e Stalin.

Come procedeva l'«ampliamento dei confini della madrepatria» di cui alle memorie di Molotov? I tedeschi appresero dai sovietici qualcosa circa l'arte dello «spostamento di popolazioni». In una riunione a Cracovia il 27 gennaio del 1940, Horst Hoffmeyer, uno dei principali collaboratori di Himmler, raccontò di come i russi grazie alle deportazioni avevano ottenuto nel proprio territorio vasti «spazi vuoti» che, con un buon rapporto di collaborazione, la Germania avrebbe potuto utilizzare nel proprio interesse. Per capire meglio i vantaggi di questa «cooperazione» si doveva conoscere e valutare correttamente tutto quello che accade in territorio sovietico «nelle sue dimensioni e nella mostruosità dei suoi modi di attuazione». Hoffmeyer descriveva ammirato le modalità di nazionalizzazione delle terre: «espropri senza risarcimento, privazione di mezzi di pagamento» che avrebbero portato «a eliminare il consumo, a rendere disorganizzata la distribuzione dei beni, alla chiusura ermetica del territorio, in breve alla fame, alla miseria e alla fredda eliminazione di vasti strati di popolazione indesiderata». Hoffmeyer, secondo Weber, «ammirava e al tempo stesso osservava atterrito la spietata politica demografica dello stalinismo». E pur con qualche cautela proponeva di sviluppare in questa direzione la «collaborazione improntata a disponibilità» con i russi. La lezione di quel che aveva appreso nelle terre occupate dai sovietici era, a detta di Hoffmeyer, che «gli spazi vuoti ottenuti con questi metodi possono contribuire, in modo diverso rispetto al reinsediamento tedesco, anche a ripulire i confini orientali della sfera di interesse del Reich».

L'andamento della guerra fu a tal punto soddisfacente per entrambi i dittatori che li condusse fin là dove «i due programmi di grande potenza si scontrarono». Fu quello «un decisivo punto di svolta che mise in evidenza le linee di frattura e di conflitto». Secondo Weber la parabola discendente del patto Hitler-Stalin iniziò un anno prima dell'aggressione tedesca all'Unione Sovietica, durante la primavera del 1940, nel momento del massimo «successo» hitleriano: la conquista dell'Europa. Fu proprio la «facilità» di queste vittorie che avrebbe indotto il Führer a compiere, nel giugno del '41, l'errore che per lui si sarebbe rivelato fatale.

Berlino: a cena con i russi sotto le bombe

La Polonia Orientale invasa il 17 settembre 1939 fu inondata di volantini russi. «La potente Unione Sovietica» c'era scritto «vi tende le mani dell'aiuto fraterno, non opponetevi all'esercito degli operai e dei contadini [...] Non veniamo come conquistatori, ma come fratelli di classe, venuti a liberarvi dall'oppressione dei latifondisti e dei capitalisti; la grande e invitta Armata rossa porta nelle sue bandiere la fratellanza operaia e la vita felice.» Alla fine di ottobre i russi organizzarono le elezioni dei delegati delle assemblee nazionali dell'Ucraina Occidentale e della Bielorussia Occidentale. Partecipò, documenta Timothy Snyder in *Terre di sangue. L'Europa nella morsa di Hitler e Stalin*, più del novanta per cento degli aventi diritto. In parte, sostiene Weber, «costretti e sotto minaccia». L'unico compito dei delegati eletti in questa circostanza era quello di implorare Mosca perché li accogliesse nelle repubbliche sovietiche di Ucraina e Bielorussia. Cosa che avvenne all'inizio di novembre con il decreto del Soviet supremo «sull'acquisizione della cittadinanza dell'Urss da parte degli abitanti dei distretti occidentali delle repubbliche ucraina e bielorussa». Subito dopo le forze speciali dell'Nkvd istituite da Berija arrestarono in ondate successive decine di migliaia di presunti «nemici della sovietizzazione».

Un anno dopo le cose erano radicalmente diverse. Il ministro degli Esteri sovietico si recò nella capitale tedesca per aggiornare i patti di collaborazione e per comprendere meglio che cosa era cambiato. Molotov e il suo seguito giunsero a Berlino il 12 novembre del 1940.

Secondo il segretario di Stato al ministero degli Esteri tedesco Ernst von Weizsäcker quella delegazione russa di «gente male in arnese» faceva venire in mente «uno stuolo di comparse in un film di gangster». In «uno spettacolo più unico che raro», scrive Ian Kershaw in *Hitler 1936-1945*, «la capitale del Reich vide sventolare accanto alla svastica la falce e martello delle bandiere sovietiche». Non venne però eseguita l'*Internazionale* a ogni evidenza, annota Kershaw, «per non correre il rischio che qualche berlinese, ricordandosi le parole, si mettesse a cantarla». A simboleggiare il fallimento di quei due giorni di negoziato, la cena conclusiva presso l'ambasciata sovietica terminò nello scompiglio, «tra il lamento delle sirene che segnalavano un'incursione aerea». William L. Shirer, all'epoca corrispondente a Berlino della radio statunitense, in *Gli anni dell'incubo 1930-1940*, ricostruisce sulla base di testimonianze dirette quanto accaduto al termine di quella serata. Molotov aveva appena brindato all'amicizia e Ribbentrop si era appena alzato per rispondere, quando entrarono in funzione gli allarmi e gli ospiti furono costretti ad allontanarsi velocemente. Non c'era un vero e proprio rifugio aereo all'ambasciata russa, così Ribbentrop suggerì di riparare nel suo bunker al ministero degli Esteri. Ma le automobili ufficiali erano state messe al sicuro, così «gli eminenti personaggi furono costretti a percorrere a tentoni in piena oscurità e tra i calcinacci che cadevano (magari anche le bombe, non si poteva mai dire) quei cinque o seicento metri che li separavano dall'Unter den Linden e dalla Wilhelmstrasse».

Giunto nel bunker del suo ministero, Ribbentrop,

«a ennesima conferma del suo istinto infallibilmente rozzo» (Kershaw), cavò di tasca la minuta di un accordo impegnandosi in un ultimo vano tentativo di convincere Molotov a una spartizione del mondo intero ideata da Hitler. Proponeva, Hitler, che l'Urss entrasse nel patto anti Komintern e partecipasse alla spartizione dell'impero di quella Gran Bretagna data ormai per sconfitta. Molotov – anche in considerazione del fatto di aver dovuto, pochi minuti prima, fuggire dalla sua ambasciata a causa di bombe sganciate da aerei inglesi (lo fece anche notare ai suoi interlocutori) – rifiutò di affrontare il tema della spartizione delle «spoglie dell'impero britannico». E ribadì, imbarazzato, che le mire sovietiche vertevano su «obiettivi più limitati». Sui quali però esigeva un impegno formale. In quel soggiorno berlinese, scrive Roj Medvedev in *Tutti gli uomini di Stalin*, «Molotov si guadagnò il dubbio onore di essere l'unico leader sovietico che avesse stretto personalmente la mano di Hitler». Ma, prosegue Medvedev, non si fermò a riflettere sul senso delle strane proposte che aveva ricevuto. E «ignorò del tutto i numerosi indizi che testimoniavano i progetti tedeschi di invasione dell'Urss». Anche l'ambasciatore russo a Berlino, Vladimir Georgievich Dekanozov, intuì qualcosa. Ma, come scrive Michael Burleigh in *Il Terzo Reich. Una storia vera*, «carrierismo, timore dei superiori e prudenza, endemici nella classe dirigente sovietica, lo dissuasero dal comunicare le sue preoccupazioni a Stalin in persona». Dekanozov era stato fino a poco tempo prima una sorta di vice del potentissimo Berija; tra il '37 e il '38 aveva supervisionato le epurazioni nell'esercito. Oltre a Stalin, fu Berija a volerlo mandare nel '40 a Berlino, come diplomatico ma soprattutto come responsabile delle operazioni informative. Molti storici ritengono che capì quel che stava cambiando nella testa di Hitler ma si guardò bene dal riferire a Stalin cose che il dittatore georgiano non voleva sentirsi dire. Avessero colto quei segnali, i dirigenti sovietici avrebbero avuto sei mesi per prendere in considerazione l'eventualità dell'aggressione hitleriana. Che invece, nel giugno 1941, li colse del tutto impreparati.

La grande menzogna di Gorbačëv

Il primo alto rappresentante tedesco ad ammettere in pubblico l'esistenza dei protocolli segreti fu – il 21 maggio 1946, al processo di Norimberga – l'ex segretario di Stato al ministero degli Esteri Weizsäcker. Ma il procuratore sovietico Roman Andreevič Rudenko sostenne che quello citato da Weizsäcker era «un documento del tutto sconosciuto». Il giorno successivo, il 22 maggio, una copia dei protocolli fu pubblicata dal quotidiano americano «St. Louis Post-Dispatch». I sovietici reagirono dicendo che si trattava di un falso. Poco dopo il procuratore capo sovietico Nikolaj Dmitrievič Zorja fu trovato ucciso nella sua stanza d'albergo. Zorja era stato presente alla testimonianza del giurista Friedrich Wilhelm Otto Gaus (ex capo dell'ufficio legale del ministero degli Esteri tedesco), uno degli estensori materiali del testo dei protocolli. La versione ufficiale fu che la morte di Zorja era dovuta alla «manipolazione incauta di un'arma». Non ne sappiamo ancor oggi niente di più. Tranne che con lui scompariva dalla faccia della terra l'unico russo che avrebbe potuto essere costretto ad ammettere di avere avuto un «contatto», sia pure indiretto, con i protocolli. Infatti, dopo la sua morte, nessun cittadino sovietico che avesse un pur minimo ruolo pubblico ammise di aver saputo qualcosa di quel documento segreto. Neppure Gorbačëv di cui, dopo che uscì di scena, si verrà a sapere che ne era venuto a conoscenza, anzi ne aveva addirittura preso visione. Come, probabilmente, tutti i suoi predecessori al vertice del Partito comunista dell'Urss.

Il 21 gennaio 1948 il dipartimento di Stato americano diede alle stampe *Nazi-Soviet Relations 1939-1941*, una raccolta di documenti che comprendeva i protocolli. I sovietici risposero con un opuscolo di ottanta pagine intitolato *I falsificatori della storia* che imputava ai Paesi occidentali di essersi fatti complici di Hitler ai tempi della Conferenza di Monaco (1938) e accusava gli Stati Uniti di aver pubblicato il loro libro al solo scopo di «diffamare» l'Urss. Da allora, per quarant'anni, gli storici del mondo occidentale diedero per acquisiti i protocolli segreti mentre quelli del mondo comunista sostennero che non ne era provata l'esistenza e sostanzialmente negarono che le due parti avessero sottoscritto quelle clausole infamanti.

La questione si ripropose alla vigilia dell'agosto 1989 quando l'Unione Sovietica di Gorbačëv era alle prese con il cinquantenario del patto Molotov-Ribbentrop e dello scoppio della Seconda guerra mondiale. La Polonia da una parte e le tre repubbliche baltiche (Estonia, Lettonia e Lituania) dall'altra premevano a che fosse fatta luce su ogni risvolto del patto. Gorbačëv, previdente, aveva istituito qualche mese prima una commissione presieduta da Aleksandr Jakovlev. Compito della commissione era di ribadire che nel primo patto Molotov-Ribbentrop, quello di «non aggressione», aveva prevalso la «logica di difesa dello Stato». E come tale quel trattato, anche cinquant'anni dopo, era meritevole della più totale giustificazione. Ci si poteva invece spingere fino ad ammettere che nel secondo trattato (quello di «amicizia», firmato il 28 settembre 1939) aveva prevalso la «logica dell'opportunismo» e accusare Stalin di aver deviato dai «principi leninisti». Delle clausole segrete si sarebbe dovuto continuare a sostenere che, in assenza di una documentazione depositata negli archivi sovietici, erano da considerarsi mai esistite. Nell'aprile del 1989 l'autorevolissimo ex ministro degli Esteri sovietico Andrej Gromyko concesse un'intervista a «Der Spiegel» nella quale sosteneva che, fossero quei protocolli realmente esistiti, qualcuno avrebbe contestato al processo di Norimberga le dichiarazioni di Rudenko. E Ribbentrop li avrebbe usati per la propria autodifesa.

Fu il Soviet supremo dell'Estonia, il 18 maggio del 1989, a rompere l'incantesimo chiedendo al Cremlino di dichiarare nullo «dal momento della stipula» il patto Molotov-Ribbentrop «insieme al protocollo segreto allegato». Il 31 maggio, il segretario del Partito comunista lituano, Algirdas Brazauskas mise in dubbio la legalità dell'annessione degli Stati baltici all'Urss. Gorbačëv tornò sulla sua versione: aveva messo a soqquadro gli archivi sovietici ma quei protocolli «non erano saltati fuori da nessuna parte». Fu a quel punto reintegrato nel Partito comunista – da cui era stato espulso vent'anni prima – lo storico Roj Medvedev che cercò di placare i baltici concedendo che non era vero che Estonia, Lituania e Lettonia fossero entrate a far parte dell'Urss «di propria volontà». Ma ormai era tardi.

Toccò a Jakovlev compiere il passo successivo, quello dell'ammissione. Il presidente della commissione chiamata a indagare sull'agosto del 1939 sostenne pubblicamente che la politica estera dell'Urss quando venne stipulato il trattato «di non aggressione» aveva «perso il suo carattere messianico» per acquisire «chiari tratti imperialistici». Il «punto di svolta di questa evoluzione», aggiunse Jakovlev, «furono i vergognosi protocolli segreti del patto Molotov-Ribbentrop». Tra l'altro esisteva una prova dell'esistenza di quei protocolli: un atto dell'archivio Molotov in cui si affermava non solo che esistevano, ma che erano stati trasferiti dall'archivio del ministero degli Esteri a quello del Comitato centrale del Pcus. Il riconoscimento ufficiale dei protocolli avvenne al secondo Congresso dei deputati del popolo (12-24 dicembre 1989). La notizia non ebbe il meritato risalto perché fu data mentre, a seguito della caduta del muro di Berlino, l'impero comunista nel suo insieme proprio in quei giorni stava andando in frantumi.

L'originale dei protocolli fu poi trovato nel 1992, quando Boris El'cin aveva preso il posto di Gorbačëv. Assieme a essi c'erano note e ordini di servizio probanti del fatto che Gorbačëv ne aveva preso conoscenza da tempo. Toccò a Volkogonov fare la scoperta. Volkogonov ne riferì a El'cin che chiamò Jakovlev per comunicargli che quei documenti «cercati in tutto il mondo erano nell'archivio presidenziale e che Gorbačëv ne era a conoscenza». Resta senza risposta una fondamentale domanda di Antonella Salomoni: quali ragioni indussero Gorbačëv a persistere fino all'ultimo «in una negazione che appariva essere una inutile menzogna»? Probabilmente, intenzionato a passare alla storia come l'uomo della *glasnost* e della *perestrojka*, l'ultimo segretario del Pcus non voleva ammettere di aver mentito su un caso così clamoroso. Quando già aveva preso visione dei protocolli, Gorbačëv aveva riproposto al plenum del Comitato centrale del Pcus (ottobre 1987) la versione tradizionale dell'origine del conflitto con un esplicito atto d'accusa nei confronti degli storici occidentali: «Si ricorre a ogni tipo di menzogna per scaricare sull'Unione Sovietica la responsabilità della Seconda guerra mondiale, la cui strada sarebbe stata aperta dal patto di non aggressione Ribbentrop-Molotov». Era invece lui, Gorbačëv, che, due anni prima del crollo dell'intera impalcatura comunista, faceva ricorso ancora una volta a una bugia.

Va aggiunto a questo punto che in qualche modo la storia ha dato ragione all'ultimo segretario del Pcus. Tant'è che ancor oggi Gorbačëv viene ricordato esclusivamente per *glasnost* e *perestrojka*. Qualche nostalgico del «socialismo reale» gli rinfaccia l'improvvida opera riformatrice che fece venir giù il sistema. Ma della sua non irrilevante menzogna in merito ai protocolli, si è persa memoria.

Gli ammiccamenti dell'Italia fascista a Stalin

I rapporti tra l'Italia fascista e l'Unione Sovietica comunista tra il 1922 e il 1939 furono molto più intensi e cordiali di quanto ci si potrebbe immaginare. In particolare, tra il '29 e il '34. Tra l'Italia di Mussolini e l'Urss di Stalin fu addirittura stipulato (il 2 settembre 1933) un trattato di non aggressione, amicizia e neutralità. Questi scambi proficui – scrive Maria Teresa Giusti in *Relazioni pericolose. Italia fascista e Russia comunista* – si verificarono a dispetto di «contraddizioni inevitabili, vista l'inconciliabilità tra i due regimi». Ma tali contraddizioni furono «abilmente e consapevolmente celate da Roma e da Mosca, in nome degli interessi comuni». Interessi comuni ai quali si aggiunse però qualcosa in più: «L'odio senza appello per le democrazie liberali e per il parlamentarismo». E di conseguenza «gli atteggiamenti negativi manifestati verso i regimi presso i quali paradossalmente cercavano credito e legittimazione».

Un tema, questo, che aveva già affascinato Rosaria Quartararo con *Italia-Urss 1917-1941*, Giorgio Petracchi in *La Russia rivoluzionaria nella politica italiana. Le relazioni italo-sovietiche 1917-1925* e Matteo Pizzigallo in *Mediterraneo e Russia nella politica italiana (1922-1924)*. Luciano Zani nel saggio dedicato alle «rivoluzioni antagoniste», quella bolscevica e quella fascista – pubblicato in un volume curato da Emilio Gentile, *Modernità totalitaria. Il fascismo italiano* –, ha preso nota delle curiose «inaspettate simmetrie» tra lo Stato comunista e quello fascista.

Fin dal 1922 Mussolini lascia trapelare la volontà di riconoscere lo Stato sovietico. Puntava – scrive Giusti – a reinserire la Russia comunista nella comunità internazionale «in modo che essa potesse appoggiarlo nello sforzo di controbilanciare il controllo di Francia e Gran Bretagna nel Mediterraneo e in Europa Orientale». Particolarmente «in quell'area lasciata sguarnita dal crollo dell'impero austroungarico». Mussolini condivideva questa sorta di pragmatismo con Grandi e Bottai. I quali lo incoraggiavano a tener distinto l'aspetto ideologico dello Stato sovietico dai vantaggi che la Russia poteva portare sotto il profilo pratico. In qualche realtà neanche lo scoppio della Seconda guerra mondiale (1939) e l'ingresso dell'Italia nel conflitto (1940) interruppero questi rapporti. L'Italia fascista fornì know-how ai sovietici fino al 1941, quando la Germania hitleriana invase l'Urss. Del resto, peccò di ingenuità lo stesso Stalin se si considera che l'ultimo treno merci dall'Urss, carico di materie prime per la Germania, attraversò il confine sovietico nella notte tra il 21 e il 22 giugno del 1941. Cioè l'immediata vigilia dell'attacco nazista.

Cosa pensavano i comunisti russi dell'Italia dei primi anni Venti? Criticavano aspramente i socialisti italiani, «ritenuti incapaci di fare alcunché». Fra i liberali salvavano solo Giovanni Giolitti. Sulla leadership fascista avevano una discreta considerazione di Mussolini ma ritenevano che fosse «circondato da incapaci e da profittatori». Giudicavano la nostra politica estera asservita all'Inghilterra (in particolare Carlo Sforza). Quell'Inghilterra che sarà la prima al mondo a riconoscere il governo dei soviet «battendo di pochi giorni l'Italia di Mussolini». E risulta che il premier britannico James Ramsay MacDonald avesse provato a coordinarsi con il governo italiano suggerendo l'invio non già di ambasciatori, ma solo di incaricati di affari. Ma probabilmente si trattava di un tentativo inglese di rallentare le operazioni per dare al proprio Paese l'opportunità di muoversi per primo. Mossa che fu annunciata con grande enfasi dalla «Pravda», organo ufficiale del Pcus, la mattina del 6 febbraio 1924.

L'Italia (liberale), pur senza riconoscerla, aveva già firmato un importante accordo commerciale con la Russia nel dicembre 1921, dieci mesi prima della marcia su Roma. Ma i contatti risalivano al marzo del 1920, quando il rappresentante russo a Roma Vodovozov accompagnò a Copenaghen – nelle vesti di interprete – una delegazione dei socialisti guidata da Nicola Bombacci (di lì a qualche mese tra i fondatori del Partito comunista d'Italia), che avrebbe dovuto incontrare i sovietici. Prima di lasciare l'Italia Vodovozov aveva incontrato Francesco Saverio Nitti assieme a Salvatore Contarini (l'uomo che nel 1909 aveva organizzato la visita in Italia dello zar Nicola II). I due lo pregarono di informare la delegazione russa a Copenaghen della disponibilità a ristabilire rapporti politici ed economici con Mosca. Lenin accolse con favore questa offerta e a gennaio del '21 nominò un altro rappresentante a Roma: Vaslav Vorovskij. Il quale entrò immediatamente in dissidio con Vodovozov (da lui considerato un informatore del Komintern) e ne chiese la rimozione.

Vorovskij ottenne dal ministro degli Esteri del suo Paese, Georgij Čičerin, i pieni poteri per condurre la trattativa sull'accordo commerciale preliminare con l'Italia firmato il 26 dicembre del 1921 – ma concluso nell'autunno del 1923 e ratificato nel febbraio del 1924 – con il quale riprendevano i rapporti commerciali ed economici tra i due Paesi. Se si osservano queste date ci si rende conto di come i sovietici considerassero irrilevante il fatto che nel frattempo erano giunti al potere i fascisti di Mussolini (ottobre '22).

Ma non tutto filò liscio. Tra la fine del 1922 e i primi mesi del 1923 – ricostruisce Maria Teresa Giusti – si verificò un inasprimento dei rapporti italo-sovietici «causato dalle rivelazioni sui continui tentativi del Komintern di interferire negli affari italiani attraverso l'azione del Partito socialista e del neonato Pcd'i». Oltreché della repressione anticomunista intrapresa dal regime. Malgrado il «promettente incontro» tra un rappresentante russo e Mussolini dei primi di dicembre 1922, l'«Avanti!» il 29 di quello stesso mese aveva pubblicato un manifesto proveniente dal Komintern che inneggiava alla «resistenza contro il fascismo». Furono subito arrestati alcuni dirigenti comunisti, tra cui il fondatore del partito, Amadeo Bordiga, trovato in possesso del manifesto del Komintern. Fu poi sospesa l'attività della società Lloyd Triestino di navigazione in Russia, bloccata l'esportazione di merci russe in Italia con successivo sequestro.

Vorovskij perse le staffe e scrisse al Cremlino avvertendoli che qualunque «stupido incidente» avrebbe compromesso i negoziati a dispetto anche delle buone intenzioni di Mussolini. Quindi, riferendosi al sequestro in casa di Bordiga del proclama del Komintern, concludeva: «L'idiozia dei nostri cari compagni non ha confini». Poi il delegato russo in Italia – in contrasto con Anon M. Heller, delegato del Komintern in Italia – usò parole sprezzanti nei confronti dei comunisti italiani accusandoli di essere deboli e di agire «lentamente e con stanchezza».

Vorovskij fu allora convocato da Mussolini: provò a convincerlo che il Komintern e il vertice del partito in Russia erano cose separate. Mussolini finse di credergli, forse perché sapeva che Lenin aveva avuto un malore (sarebbe morto nel gennaio del '24) e immaginava che quei conflitti interni fossero condizionati dalla lotta per la successione. Comunque, nel febbraio del 1923 Vorovskij si mostrò preoccupato dell'azione del Komintern in Italia. «Se noi riuscissimo a trovare un modus vivendi con Mussolini e a firmare con lui un accordo,» scrisse a Maksim Litvinov, benvoluto da Stalin e vice di Čičerin (destinato tra l'altro a essere nel '30 il suo successore), «le qualità personali di Mussolini nonché gli interessi del nazionalismo italiano farebbero sì che nel caso in cui in qualsiasi altro Paese dovesse spuntare l'idea di intervenire e combattere contro il bolscevismo l'Italia sarebbe l'ultima a aderire a questo movimento.» A Vorovskij fu consentito, da Mosca, di spingersi oltre. Prese contatto con dirigenti del Partito comunista per convincerli della «necessità» per l'Urss di stipulare «un accordo ufficioso con il governo fascista sui limiti e sulle forme della propaganda da diffondere da entrambe le parti». E ottenne un loro assenso di massima.

Ma il 10 maggio del 1923, Vorovskij fu ucciso da un ufficiale della guardia bianca a Losanna. Al suo posto in luglio fu nominato Nikolaj Jordanskij. Mussolini temette che si dovesse ricominciare daccapo. Non fu così. A sorpresa nel novembre del 1923 Nicola Bombacci (che vent'anni dopo, lasciato il Partito comunista, seguirà Mussolini a Salò per essere infine, il 28 aprile 1945, fucilato dai partigiani a Dongo) pronunciò un discorso in Parlamento per cantare le lodi di un riconoscimento italiano della Russia bolscevica. Non è chiaro, scrive Giusti, se «il discorso fosse una sua iniziativa oppure se fosse stato imbeccato da Jordanskij per sondare il clima e trasmettere all'aula parlamentare i propositi di Mosca verso l'Italia». Ma il Pcd'i seguì Bombacci e il 5 dicembre del '23 diede alle stampe un comunicato in cui sosteneva la necessità di procedere a quel reciproco riconoscimento allo scopo di difendere gli interessi del proletariato russo. Grande fu lo scandalo tra i partiti antifascisti. Anche perché le conseguenze di quel riconoscimento furono per certi versi sorprendenti.

Clamoroso è ad esempio il caso di come i comunisti russi pochi mesi dopo la morte di Lenin furono (o si sentirono) costretti a «prendere atto» senza batter ciglio del rapimento e dell'uccisione di Giacomo Matteotti. Il 14 marzo del 1924 Konstantin Jurenëv, neorappresentante plenipotenziario dell'Urss in Italia, si disse «felice» di inaugurare «senza dubbio» una «nuova era nelle relazioni italo-sovietiche». Due mesi dopo Mussolini gli annunciò che lo avrebbe invitato a colazione. E quando il 10 giugno venne rapito Matteotti, Jurenëv si guardò bene dall'annullare quell'appuntamento. Qualche esponente del Partito comunista – non sappiamo chi – gli segnalò l'inopportunità di quel genere di incontro. Ma lui reagì con un'alzata di spalle. L'8 luglio scrisse a Georgij Čičerin, commissario agli Esteri sovietico: «Oggi ci ha fatto visita un compagno del posto chiedendomi se il ricevimento ci sarà lo stesso; quando glielo ho confermato si è rabbuiato in viso». Poi aggiunse: «Considerando la possibilità che questi "riferisse ai superiori"', gli ho ripetuto ancora una volta che la situazione lo impone e non potevo evitare quell'impegno». Sembra, scrive Maria Teresa Giusti, «che la scomparsa di Matteotti non fosse una questione di tale importanza da dover interrompere o compromettere la recente ufficiale ripresa delle relazioni italo-sovietiche». La conferma di quella colazione fu decisa, come hanno scritto Mihail Geller e Aleksandr Nekrič in *Storia dell'Urss dal 1917 a oggi*, malgrado la percezione dell'evidente imbarazzo che una posizione di indifferenza dell'Unione Sovietica di fronte a quell'orribile delitto avrebbe causato all'immagine dello Stato socialista. E nonostante le proteste sia della sinistra sia dei liberali.

Jurenëv invia a Čičerin diverse relazioni per descrivergli la situazione politica italiana in quel preciso frangente. «La debolezza dei gruppi e dei partiti politici, la loro incapacità di approfittare della situazione politica vantaggiosa,» scriveva l'ambasciatore il 17 giugno «hanno in un certo senso tranquillizzato Mussolini.» Le manifestazioni antifasciste in Francia avevano in un certo senso avvantaggiato il dittatore. Difatti la stampa fascista era scesa in campo sostenendo che «il caso Matteotti è una questione che riguarda solo gli italiani e che ogni vero patriota ha il compito di difendere la propria nazione respingendo gli attacchi di insolenti socialisti e dei governi di Paesi stranieri». In un rapporto successivo (18 luglio) Jurenëv prevedeva una sorta di stabilizzazione del fascismo.

Certo, la stampa russa (i settimanali «Ogonëk» e «Prozhektor», quest'ultimo allegato alla «Pravda») descriveva Mussolini come carnefice e Matteotti come vittima. Ma l'ambasciatore non indietreggiava. La diplomazia russa e lo stesso Čičerin non facevano alcun affidamento sull'azione dei comunisti italiani giudicati «incapaci e a tratti pericolosi per le loro azioni di propaganda antifascista legata al Komintern». Del resto, prosegue Giusti, il Partito comunista d'Italia (Pcd'i) «si trovava in una posizione a dir poco scomoda e ambigua». Il Partito comunista era perseguitato all'interno dal regime, lo stesso regime che all'esterno trattava con l'Urss per la ripresa delle relazioni politiche e commerciali. Mussolini seppe approfittare di questa ambiguità e chiese insistentemente al commissariato agli Esteri russo di fermare l'azione di propaganda antifascista promossa dal Komintern e dai partiti della sinistra italiana. Il suo scopo evidente era quello di creare malumori tra l'Internazionale comunista e il ministero degli Esteri nonché di scompaginare le forze dell'opposizione. E fu (purtroppo) coronato da successo. Tentativi di gemellaggio tra regimi autoritari.

Goebbels, per un giorno successore di Hitler

Tra il suicidio di Adolf Hitler e il conferimento dei poteri all'ammiraglio Karl Dönitz, l'uomo che l'8 maggio del 1945 avrebbe firmato la resa nazista, la Germania ebbe un governo guidato da Joseph Goebbels. Un governo che ebbe brevissima durata, poco più di un giorno: dal pomeriggio del 30 aprile quando Hitler si uccise (tra le 15,15 e le 15,30), alla sera del 1° maggio quando Goebbels si suicidò assieme alla moglie, Magda, dopo aver avvelenato con una capsula di cianuro i suoi sei figli. Quasi sempre i libri di storia trascurano quella giornata. La trascurano nonostante nel corso di quella notte tra il 30 aprile e il 1° maggio 1945 i successori di Hitler abbiano tentato una mediazione in extremis con i sovietici meritevole di una qualche attenzione. Ed è a questo tentativo di patteggiamento che Giovanni Mari ha dedicato un'accurata ricostruzione, *Il governo Goebbels. Trenta ore di morte e menzogne.*

Nelle intenzioni del Führer, il suo successore avrebbe dovuto essere Hermann Göring. Ma una settimana prima di darsi la morte, Hitler, in un accesso d'ira, accusò Göring e Heinrich Himmler di «alto tradimento» per aver trattato sottobanco la resa con gli angloamericani. E li espulse dal partito. Poi, con un'ordinanza specifica, predispose la propria successione con un atto che prevedeva Karl Dönitz alla presidenza del Reich mantenendo il comando supremo delle forze armate, l'ex ministro della propaganda Goebbels a capo del governo e Martin Bormann «ministro del partito» (un incarico equivalente a quello di segretario, ma con un ruolo subalterno a quello del cancelliere). Hitler stilò anche una dettagliata lista di ministri. Così facendo il dittatore nazista sdoppiò le cariche di capo dello Stato e cancelliere che lui stesso aveva unificato, con una forzatura, nel 1934. Nella letteratura «anche di alto livello» scrive Mari, «e talvolta persino in quella accademica», si indica il «governo Dönitz» come l'entità succeduta alla dittatura hitleriana. Errore. Grave errore. Si dovrebbe invece parlare di «governo Goebbels», anche se durò soltanto una trentina di ore. E non è una questione di dettaglio, come ben si intuiva già da tre libri: *La disfatta. Gli ultimi giorni di Hitler e la fine del Terzo Reich* di Joachim Fest; *La fine del Terzo Reich* di Ian Kershaw; *Goebbels: una biografia* di Peter Longerich.

Goebbels, infatti, appena si insediò al posto di Hitler, avviò, tramite il capo di stato maggiore Hans Krebs, trattative per concedere a Stalin – alle cui truppe mancava solo un giorno o due per espugnare completamente Berlino – qualche ora di ulteriore vantaggio sugli angloamericani. In cambio sperava di ottenere un riconoscimento, un attestato di legittimità, nonché – ma questo è più controverso – l'attenuazione del dispositivo di una resa che lui stesso forse considerava ormai quasi inevitabile. In quel momento Dönitz, trovandosi altrove, non sapeva né della morte del Führer né di essere stato designato da Hitler suo successore. Goebbels era padrone assoluto e – come tutti – si accendeva nervosamente sigari e sigarette nelle stanze del bunker hitleriano in cui fino a pochi momenti prima era tassativamente vietato fumare. Giunsero, la sera del 30 aprile, il capo della Gestapo Heinrich Müller e il pilota Hans Baur, al quale – come riferiscono Uwe Bahnsen e James O'Donnell in *Il bunker di Hitler. Reportage sulla fine della cancelleria del Reich* – Goebbels si rivolse con queste parole: «Hitler è di là che brucia; si è sparato alla tempia ed è caduto sul pavimento». Era evidente in ognuno dei presenti, a cominciare dallo stesso Goebbels, uno stato di alterazione.

Bormann cercava ancora una via di fuga per se stesso. Goebbels no. Si capì immediatamente che, ove mai non fosse riuscito a trattare con i russi (causa che perorava già dal 1943), si sarebbe suicidato all'istante. E forse anche se fosse riuscito a intavolare quella trattativa. Il generale Krebs era l'uomo adatto per la disperata missione dell'ultima ora: aveva vissuto a Mosca, come primo assistente dell'addetto militare del Reich in Unione Sovietica, e parlava bene il russo. Aveva anche incontrato Stalin. All'incontro fu convocato il generale Helmuth Weidling il quale, a riprova che era l'unico ad avere ancora un qualche senso della realtà, sostenne che difficilmente i russi avrebbero accettato di negoziare con un governo in cui il maggiore esponente del nazionalsocialismo (Goebbels) ricopriva la carica di cancelliere. Goebbels, racconta Mari, «si offese enormemente» e «servì l'intervento di Krebs per placarlo». Fu accolta da tutti la proposta di trasmettere un messaggio radio in chiaro così che il quartier generale russo potesse intercettarlo con estrema facilità. Questo messaggio – come ha raccontato Andrew Tully in *Le ultime ore di Berlino* – conteneva la richiesta di un incontro con il capo supremo dell'Armata rossa, il maresciallo Georgij Žukov. Il quale Žukov, per certi versi inaspettatamente, disse di sì. E delegò il generale Vasilij Ivanovič Čujkov a occuparsi della trattativa.

A questo punto i tedeschi scelsero un ufficiale, Ernst Seifert, perché stabilisse il contatto preliminare con il comandante del IV corpo d'armata sovietica, generale Vasili Glazunov. Scopo di quel contatto era quello di predisporre l'incontro con Krebs. Glazunov chiamò Čujkov, che era a cena con amici nella palazzina occupata dall'alto comando all'aeroporto Tempelhof. Čujkov autorizzò addirittura un momentaneo cessate il fuoco per rendere possibile lo spostamento di Krebs. Dönitz, che non aveva più visto il Führer dal 21 aprile, come si è detto in quel momento non era neanche a conoscenza del fatto che Hitler era morto e quando saprà di essere stato designato presidente del Reich sarà alquanto sorpreso delle contemporanee nomine di Goebbels e di Bormann. Le respingerà e addirittura ordinerà l'arresto dei due.

E siamo al faccia a faccia Krebs-Čujkov. I russi chiesero al generale tedesco di consegnare la pistola. Ma Krebs rifiutò invocando il codice non scritto sul «comportamento del soldato coraggioso durante le trattative». Un colonnello russo – ricostruiscono Jean-Christophe Brisard e Lana Parshina in *L'ultimo mistero di Hitler. L'inchiesta definitiva sugli ultimi giorni e la morte del dittatore nazista* – lo prese a male parole e minacciò di strappargli l'arma con la forza: dovettero «intervenire in molti per evitare che si passasse alle mani». Alla fine, Krebs e

Čujkov poterono incontrarsi. Quest'ultimo stava cenando con lo scrittore Vsevolod Višnevskij (che avrebbe trascritto l'intero dialogo tra il generale russo e quello tedesco), un giornalista della «Pravda», Evgenij Dolmatovskij, e il compositore Matvej Blanter che – come ricostruito da Antony Beevor in *Berlino 1945. La caduta* – provò ad ascoltare la conversazione nascondendosi all'interno di un armadio. Poi però ebbe un mancamento e si fece scoprire provocando tra i convenuti un certo imbarazzo.

Krebs diede al generale russo la notizia che Hitler si era suicidato e che i poteri erano passati a Dönitz e a Goebbels. Čujkov finse di esserne già a conoscenza. A quel punto il tedesco chiese una tregua per consentire una riunione del nuovo governo. Il russo rispose che prima gli eredi di Hitler avrebbero dovuto arrendersi. La stessa risposta che Eisenhower aveva dato a Himmler. Čujkov racconta nelle sue memorie – *La fine del Terzo Reich* – che Krebs provò a insistere: dateci «la possibilità di iniziare relazioni con il governo sovietico» così l'Urss risulterà «lo Stato che ha vinto la guerra». Aggiungendo: «Non mi trovo nelle condizioni di iniziare altre trattative».

I termini della questione vengono sottoposti a Žukov che a sua volta, alle cinque del mattino del 1° maggio, con un fonogramma li riporta a Stalin. Il quale però si interessa solo alla parte della comunicazione che riferisce dell'avvenuto suicidio di Hitler. «Ha avuto quel che si meritava, il mascalzone,» è il commento del dittatore georgiano «peccato che non siamo riusciti a prenderlo vivo.» A questo punto l'incontro potrebbe dirsi del tutto infruttuoso se i russi a sorpresa non proponessero di stabilire una linea telefonica diretta tra loro e il quartier generale di Goebbels. Krebs accetta dal momento che anche Goebbels gli aveva detto che avrebbe apprezzato la possibilità di comunicare di persona con i russi. Allestire quella linea telefonica fu complicato ma la conversazione ci fu, a mezzogiorno del 1° maggio. Da un capo del filo c'era Krebs, che era restato con i russi, dall'altra Goebbels. Questi, quando capì che la trattativa non aveva fatto nessun passo avanti, chiese di poter parlare direttamente con Čujkov il quale prese in mano la cornetta e maltrattò platealmente l'interlocutore. Goebbels scoraggiato chiese a Krebs di rientrare per poter esaminare con lui, istante per istante, parola per parola, come erano andati i colloqui.

Ma qui ci fu una sorpresa. I sovietici decisero di offrire ai tedeschi quella che giustamente Mari definisce «un'ultima inattesa e clamorosa possibilità». In cambio della capitolazione di Berlino i russi sarebbero stati disposti ad agevolare l'annuncio pubblico del nuovo governo, mettendo anche a disposizione una stazione radio ed eventualmente un'auto o un aereo per stabilire il contatto con Dönitz. L'obiettivo dei russi – ai quali, ricordiamolo, mancava pochissimo per far capitolare definitivamente Berlino – era, secondo Mari, quello di «ottenere nelle loro mani una resa pesante dei nazisti, la prima ufficiale da parte dell'alto comando, per di più nella capitale del Reich». Un segno di vittoria «immenso, in anticipo rispetto ai tempi previsti, in netto vantaggio sugli angloamericani e persino nel giorno del Primo maggio, la storica data della festa dei lavoratori sentitissima e celebratissima in Urss». I tedeschi avrebbero ottenuto quello a cui Goebbels più teneva, un pieno riconoscimento del suo governo. Ma ancor prima che Krebs potesse tornare al comando tedesco – inizialmente a bordo di un carro armato sovietico, poi a piedi – Goebbels iniziò a preparare il suicidio suo e dei suoi familiari. Evidentemente, scrive Mari, «non si rese conto dell'alto valore politico delle contropartite». Di più, quando Krebs si presentò al suo cospetto non gli risparmiò «ingenerose critiche» accusandolo di non essersi prodigato «abbastanza per mettere Čujkov di fronte a un aut-aut». E di avergli fatto «promesse non concordate». Accuse deliranti. Intervenne il generale Weidling dichiarandosi favorevole alle condizioni poste dai russi giudicandole – come notarono Anthony Read e David Fisher in *La caduta di Berlino. L'ultimo atto del Terzo Reich* – «adeguate». Ma Goebbels rispose: «Le prossime poche ore che mi restano da vivere da cancelliere del Reich non le sprecherò per sottoscrivere un atto di capitolazione». Poi diede la morte a sé e ai suoi familiari, scrive Mari, «senza che nessuno avesse saputo del suo cancellierato». Un governo che – anche per questa accelerazione di Goebbels nel darsi la morte – «la Storia dimenticherà».

Nella notte tra il 1° e il 2 maggio l'intero apparato nazista crollò. E con esso la città di Berlino. Quella stessa notte Krebs si uccise (ma sulla sua morte c'è qualcosa che non torna, quantomeno nei resoconti dei soldati sovietici). Le numerose carte che avrebbero potuto costituire gli atti del pur brevissimo «governo Goebbels» furono bruciate. Bormann provò a fuggire e fu ucciso. Il suo cadavere fu ritrovato solo nel 1973. Era stato colpito in maniera «compromettente e non medicabile». Poi, per non cadere in mano ai nemici, aveva ingerito una capsula di cianuro. Al generale Weidling spetterà la firma della capitolazione di Berlino. Preso in consegna dai sovietici, Weidling verrà condannato nel 1952 a venticinque anni di reclusione. Morirà in prigione nel 1955.

Toccò invece a Dönitz – nei panni di capo dello Stato di Flensburg (un piccolo territorio tedesco al confine danese) firmare la resa finale. Da quell'istante l'impegno di Dönitz fu quello di far arrendere i suoi connazionali nelle mani degli statunitensi e non dei sovietici. Fu arrestato il 23 maggio e successivamente processato a Norimberga. Nonostante si fosse macchiato di gravissimi crimini di guerra, fu condannato a soli dieci anni che trascorse nel carcere di Spandau a Berlino Ovest. Uscito di prigione sopravvisse, libero, fino al 1980. Morì di morte naturale trentacinque anni dopo il suicidio di Goebbels.

Mussolini, l'evitabile nascita di una dittatura

Nelle sue memorie – *I giorni di un liberale. Diari 1907-1923* – il direttore del «Corriere della Sera» Luigi Albertini definì la marcia su Roma «un'indegna commedia». Un altro grande giornalista, Mario Missiroli, in *Il fascismo e il colpo di Stato dell'ottobre 1922* ironizzò sul fatto che la conquista del potere da parte di Mussolini fu «fin troppo facile» e il tutto si risolse senza «nemmeno la simulazione di una resistenza». Anche la «marcia» del 28 ottobre 1922 ebbe un carattere bizzarro e a tratti ridicolo come ricostruisce Marco Mondini nell'interessante e assai ben documentato *Roma 1922. Il fascismo e la guerra mai finita.*

Trascorsi oltre cento anni, è chiaro che nelle intenzioni di Mussolini la «marcia» doveva essere nient'altro che «una clamorosa, roboante messa in scena». Un «insieme di spregiudicata violenza e di intimidazione, una spedizione punitiva su scala nazionale, pensata per spaventare molto più che per vincere una battaglia», scrive Mondini. Allo scopo «di far precipitare la crisi rapidamente verso una soluzione extraparlamentare» mettendo fuori gioco ogni tentativo di «compromesso che prevedesse il ritorno di Giolitti o di qualche altra figura di garanzia». La «fretta e il cinismo» di Mussolini fecero sì che «quella che avrebbe dovuto essere l'ultima tappa gloriosa della rivoluzione venisse improvvisata più che pianificata». Un «misto di dilettantismo e di faciloneria» il cui scopo era sostanzialmente quello di «esibire il maggior numero di camicie nere (possibilmente rumorose e minacciose)» senza «dar loro una qualsiasi possibilità come forza eversiva». I «quadrumviri» (Italo Balbo, Emilio De Bono, Cesare Maria De Vecchi e Michele Bianchi) ebbero appena il tempo di abbozzare un piano operativo. Alquanto dilettantesco, a dire il vero. Il comando generale dell'operazione fu installato all'hotel Brufani di Perugia da dove, per distanza e a causa di strade malridotte, non ci fu mai «la possibilità di coordinare alcunché».

Quando Balbo illustrò il piano a Dino Grandi, la reazione di quest'ultimo fu di sconcerto. In *Il mio Paese. Ricordi autobiografici*, Grandi racconta d'aver esclamato: «Tutto questo è una follia!». Ancor più significative le memorie del giovanissimo squadrista toscano Mario Piazzesi che racconta di «migliaia di ragazzini costretti a spostarsi alla spicciolata per raggiungere le zone di ammassamento distanti spesso centinaia di chilometri» che «finirono per disperdersi». Poco o nulla coordinati da un comando della milizia che aveva occupato Perugia senza colpo ferire ma di lì, «isolato a duecento chilometri dalle basi di partenza della marcia e senza comunicazioni o quasi», non riusciva a coordinare un bel niente. La mancanza di regia fu tale che, scrive Mondini, a Pisa, Firenze e Cremona «i fascisti locali attaccarono prefetture e palazzi delle poste con ore di anticipo seminando il panico tra i quadrumviri». I quali – nei ricordi di Balbo in *Diario 1922. Le camicie nere alla conquista del potere* – per qualche istante ritennero il piano «compromesso» e cominciarono a considerare l'idea di far abortire il tutto.

Anche quando riuscirono a raggiungere le «zone di ammassamento» gli squadristi diedero di sé un'immagine assai disordinata. «Ventidue chilometri sotto la pioggia battente, ché tanti sono tra Civitavecchia e Santa Marinella,» ricordava Piazzesi «digiuni da ieri, in una dispensa trovammo degli scatoloni di biscotti per cani e ci trasformammo in tali.» Il punto è che, secondo Mondini, «nessun fascista sarebbe riuscito a vedere le mura romane, almeno fino al 30 ottobre». Era bastato distaccare alcune centinaia di fanti, genieri e carabinieri lungo le arterie che portavano a Roma per sbarrare le rotabili, divellere i binari e interrompere, senza praticamente sparare un colpo, l'intera «marcia». Ventiduemila fascisti vennero bloccati lungo un perimetro che nel migliore dei casi (per gli squadristi) era esterno all'attuale Grande raccordo anulare e nel peggiore addirittura fuori dal Lazio.

Fu solo nelle ore successive a quelle in cui Mussolini era giunto a Roma per essere incaricato da Vittorio Emanuele III di dar vita a un nuovo governo (30 ottobre), che «inzaccherati, esausti, furibondi, i militi della rivoluzione facevano il loro ingresso nella capitale, sfidando la resistenza dei quartieri popolari per avere almeno la soddisfazione di poter raccontare una battaglia». Lo scontro si ebbe nel quartiere di San Lorenzo che «si difese con ogni mezzo, contò alla fine una dozzina di morti ma almeno poté proclamare che quella Roma non aveva accolto il fascismo a braccia aperte». Fu l'unica resistenza degna di questo nome contro le camicie nere trionfanti.

Sul fronte dello Stato, secondo la testimonianza di Emanuele Pugliese, comandante della divisione di fanteria di Roma – nel libro *Io difendo l'esercito* –, il governo si era mostrato «totalmente disinteressato a tutto ciò che riguardava la protezione della capitale». A fine settembre Pugliese elaborò un piano. Ma il comando del corpo d'armata ci mise venti giorni per trasmetterlo al ministero (ufficialmente «perché il comandante, tenente generale Edoardo Ravazza, era in licenza»). Poi se ne dovette discutere. Solo il 24 ottobre, mentre quarantamila fascisti partecipavano a Napoli a un'adunata che venne da molti considerata l'«anticamera dell'insurrezione», il piano fu approvato. Questi preparativi, scrive Mondini, si svolsero «nel più totale disinteresse dei membri del governo» – a partire dal presidente del Consiglio Luigi Facta – «perlopiù scettici sulla realtà di una spedizione fascista sulla capitale». Quando le comitive dei partecipanti che tornavano dall'adunata partenopea transitarono dal nodo ferroviario di Roma senza provocare scontri, Facta sentenziò che non c'era più nessun pericolo («credo ormai tramontato progetto marcia su Roma» furono le sue parole).

Dei giorni caldi Pugliese avrebbe ricordato «il sempre più esasperante clima di indifferenza che circondava ogni discussione sui problemi concreti posti dai militari e dagli addetti alla direzione generale di pubblica sicurezza». Pugliese, «ufficiale di mestiere con alle spalle un brillante servizio in guerra, lealista di ferro come tutti i militari provenienti dalla comunità ebraica piemontese», non riusciva a spiegarsi come mai nessuno avesse pensato ad affidare subito alle forze armate i pieni poteri per la difesa della capitale. Gli parve incredibile che i reparti dell'esercito rimanessero chiusi in caserma fino al 27 ottobre, impediti a muoversi senza un'autorizzazione esplicita di questura e prefettura. Armando Diaz e Pietro Badoglio garantirono al re che l'esercito avrebbe fatto il suo dovere (anche se era consigliabile «non metterlo alla prova»). Ma la preoccupazione era assai diffusa. Nell'estate di quello stesso 1922 Arturo Labriola, esponente di spicco del socialismo riformista, aveva detto: «La prima domanda che un uomo di governo si fa quando si deve adoperare l'esercito per un fine di ordine pubblico è questa: l'esercito risponderà?». Quello di Labriola, secondo Mondini, era un modo indiretto di «descrivere la degenerazione delle forze armate, sempre più politicizzate e sempre meno inclini a obbedire al potere civile legittimo». A un secolo di distanza, prosegue lo storico, «le sue parole descrivono ancora bene l'angoscia di una classe dirigente ormai convinta di non avere più mezzi per difendere la legalità».

Da notare che Badoglio approfittò dell'occasione per conquistare favori politici, così da ottenere che gli fosse restituita la carica di capo di stato maggiore che gli era stata tolta, l'anno precedente, dai suoi parigrado. «La leggenda di Badoglio antifascista e garante della tradizionale apoliticità dei militari» nota Mondini «nacque così, dal tentativo di un generale ambizioso e intrigante di accreditarsi come difensore delle istituzioni.» Salvo poi «rinnegarlo negli anni Venti, quando Mussolini lo richiamò ai vertici delle forze armate», e, dopo la caduta del fascismo, «rispolverarlo, come merito agli occhi della nuova Italia democratica». In ogni caso Vittorio

Emanuele III tagliò corto, nel giro di poche ore rifiutò di proclamare lo stato d'assedio e conferì a Mussolini l'incarico di formare il nuovo governo.

Ma, prosegue Mondini, le vere fotografie che ritraggono l'accaduto non sono quelle del 28 ottobre, bensì le immagini del 4 novembre allorché, prima confuso nella folla davanti a Santa Maria degli Angeli e poi al sacello del Milite ignoto, si celebra l'anniversario della vittoria italiana nella Prima guerra mondiale. Lì non ci sono tracce della «rivoluzione» della settimana precedente. Il duce è confuso in una piccola folla di personalità che paiono non rendersi conto di quel che è appena accaduto e sta ancora per accadere. Lo sguardo di Mussolini, sceso dalle grandi scalinate del Vittoriano, fissa poi l'obiettivo del fotografo e, dopo essere stato uno tra i tanti che hanno partecipato alla cerimonia, «è di nuovo il capo indiscusso e trionfante, ma generoso, che invece di stravincere ha radunato intorno a sé un governo di uomini savi per il solo bene dell'Italia». Mussolini sapeva bene – come notò Guglielmo Ferrero in *Da Fiume a Roma. Storia di quattro anni (1919-1923)* – che il suo governo era nato non già da una rivoluzione bensì da un «duello di impotenze»: «L'impotenza dell'ordine legale a fermare un movimento eversivo e l'incapacità di quest'ultimo di rovesciare con la violenza le istituzioni». A dispetto delle celebrazioni della «marcia» che avrebbero caratterizzato l'intero ventennio, a qualsiasi testimone con un minimo di buon senso fu evidente fin dall'inizio che la nascita di quel governo presieduto da Mussolini «non era dovuta a un colpo di Stato e men che meno alla minaccia della grottesca armata delle camicie nere». Già Renzo De

Felice in *Mussolini il fascista* si fermò a riflettere su quel primo governo in cui, oltre allo stesso duce (che però manteneva per sé anche i portafogli di Interno ed Esteri) c'erano solo tre esponenti del Pnf. Gli altri ministri erano popolari, liberali, nazionalisti, indipendenti. In molti, per una lunga fase iniziale, diedero un qualche credito all'avventura iniziata il 28 ottobre del 1922. Persino un grande antifascista come Giovanni Amendola – lo ha evidenziato Emilio Gentile in *E fu subito regime. Il fascismo e la marcia su Roma* – sostenne che era «onesto non negare la sua buona volontà» e aggiunse: «Vedremo alla prova la capacità, i risultati».

La fiducia al governo venne votata da una maggioranza amplissima dei deputati (trecentosei a favore, in pratica si opposero soltanto socialisti, comunisti e repubblicani). E quasi altrettanti furono, a fine novembre, un mese dopo la marcia su Roma, i voti che conferivano allo stesso governo poteri eccezionali. Poi, nel gennaio del 1923, Vittorio Emanuele III firmò il decreto istitutivo della Milizia. Da quel momento, scrive Mondini, «senza che i ministri non fascisti sollevassero alcun problema, il governo del re rinunciò al monopolio della violenza legittima per condividerlo formalmente con una milizia di partito». Un'anomalia «non certo solo italiana nella turbolenta Europa novecentesca», ma che «poneva nuovi dubbi sulla natura dello Stato di diritto». Commentatori e intellettuali dell'epoca si divisero tra coloro che ritenevano quell'esperienza un bene perché «avrebbe consentito al Paese di uscire dal caos» e altri, «compresi democratici sinceri e colti come Gaetano Salvemini», convinti che Mussolini e i suoi «sarebbero comunque caduti di lì a qualche tempo», ciò che poteva considerarsi «un peccato perché erano comunque meglio della vecchia casta parlamentare inetta e corrotta». Più che con la marcia su Roma, si può rilevare come sia con le imbarazzanti eredità dei due anni successivi che siamo ancora costretti a fare i conti.

La «marcia su Roma» fu quindi soltanto l'antefatto della presa del potere di Benito Mussolini intesa come trasformazione dell'Italia in un regime totalitario. Antefatto di un percorso che, come spiega Antonio Carioti in *L'agonia della libertà. Mussolini da presidente a dittatore 1922-1929*, si dispiegò lungo l'arco di sette anni – dal '22 al '29 appunto – al termine dei quali l'operazione poté dirsi davvero conclusa. A che servirono quegli anni? Furono necessari per trovare un equilibrio di convivenza con due istituzioni, la monarchia e la Chiesa cattolica, che, qualora si fossero messe di traverso, avrebbero potuto far vacillare in ogni momento il sistema di potere mussoliniano. E forse provocarne perfino il crollo.

Per capire quanto la ricerca di tale equilibrio fosse un'esigenza specifica dell'Italia mussoliniana, giova ricordare che gli altri regimi totalitari della prima metà del Novecento – quello staliniano e quello hitleriano – non ebbero alcuna necessità di trovare un accordo con istituzioni altrettanto potenti. E neanche soltanto con una delle due. Non è neppure immaginabile un rapporto dialettico di Hitler con un Kaiser o di Lenin con uno zar. Certo, anche i bolscevichi in Unione Sovietica e i nazisti in Germania dovettero scendere a patti, ad esempio, con l'esercito. O, gli uomini della svastica, con industriali che a tratti manifestarono una relativa autonomia. Ma per loro, come del resto anche per i fascisti italiani, fu relativamente semplice – con il ricorso talvolta alla persuasione, talaltra alla forza – venire a capo dell'autonomia sviluppata dalle forze armate o dai grandi imprenditori. Ed è evidente che monarchia e Chiesa rappresentarono in Italia qualcosa di ben più potente e insidioso di quanto lo fossero in Russia l'esercito o in Germania gli industriali.

Basti pensare – ragionando sul periodo successivo a quello qui preso in esame – che negli anni Trenta alcune formazioni ispirate dalla Chiesa rappresentarono nell'intero Paese l'unica forma di resistenza diffusa e organizzata al fascismo (o comunque la più diffusa e a suo modo organizzata). Né può essere trascurata la circostanza che il colpo decisivo al regime mussoliniano sarebbe stato inferto il 25 luglio del '43 da una cospirazione ordita nell'entourage di Casa Savoia. La gestione di un potere parzialmente condiviso – pur in un contesto totalitario – con due giganti di questa stazza richiese perciò del tempo. Il tempo necessario per un'operazione complessa il cui esito – ricordiamolo – non era affatto scontato. E sono, appunto, i sette anni di cui si occupa il libro di Carioti.

Vittorio Emanuele III e papa Pio XI, i capi delle due istituzioni con le quali Mussolini fu costretto a cercare un compromesso, erano ben consapevoli delle loro prerogative. Il re aveva fatto a Mussolini l'immenso dono di non firmare, nell'ottobre '22, lo stato d'assedio e di chiamarlo alla guida del governo nonostante il capo del fascismo disponesse di un minuscolo drappello di deputati. A dispetto della modesta entità delle proprie truppe parlamentari, Mussolini – anche in virtù di un'indubbia abilità politica – fu in grado di conquistare immediatamente una grande maggioranza in un Parlamento, quello eletto nel '21, che avrebbe potuto – e teoricamente dovuto – essergli ostile. Un Parlamento che avrebbe potuto – o dovuto – mettersi di traverso, se non altro in misura ben maggiore di quel che avvenne. Dopodiché Mussolini, in meno di due anni, riuscì – nelle elezioni del 1924 – a trasformare quella maggioranza parlamentare in una maggioranza elettorale di proporzioni davvero impressionanti. Ciò che è riconducibile solo in parte alle forzature della «legge Acerbo» e ai brogli denunciati poi da Giacomo Matteotti.

Dopo il rapimento e l'uccisione di Matteotti, il re fece a Mussolini il secondo grande dono di questa stagione politica: quello di consentirgli di giungere indenne al 3 gennaio del 1925, data in cui il duce tenne il celebre discorso con il quale il regime sarebbe entrato in una fase esplicitamente dittatoriale. Va detto che nei sei mesi della seconda metà del 1924 – un lasso di tempo assai lungo – coloro che si opponevano al fascismo non seppero offrire al sovrano una credibile via d'uscita dalla crisi. Toccava – anche se non soprattutto – a loro trovare una soluzione che stesse in piedi e che fosse adottabile dal re senza precipitare nel caos un Paese reduce dall'aver appena votato. Non furono capaci di farlo – purtroppo anche a causa delle loro divisioni interne – pur trovandosi a dover reagire a un'impresa delinquenziale, riconducibile a stretti collaboratori del duce, di cui si parlava apertamente su tutti i giornali. Nel '22, Mussolini aveva offerto al re una soluzione, se stesso, che avrebbe risolto immediatamente la crisi ricevendo l'approvazione del Parlamento. Chi, due anni dopo, fu in grado di offrire al re qualcosa di simile? Nessuno. L'opposizione, neanche tutta, pretendeva che fosse il monarca a trovare una via d'uscita sbarazzandosi di Mussolini. Qualcosa di assai simile si sarebbe riproposto nell'Italia repubblicana allorché – più volte – le opposizioni, incapaci di trovare una via d'uscita «politica» da una qualche crisi, avrebbero chiesto al presidente di esser lui a cavarle d'impaccio, risolvendo problemi che loro stesse non sapevano come risolvere. I presidenti della Repubblica sono stati (quasi) sempre all'altezza di questa impropria richiesta. Vittorio Emanuele III purtroppo non lo fu. In quell'occasione Mussolini gli prese per così dire le misure e da quel momento lo imprigionò in un ruolo fortemente ridimensionato. Ma non fino al punto da renderlo del tutto innocuo. Tant'è che nel luglio del '43 il sovrano poté con le sue sole forze e l'aiuto dei gerarchi ribelli mettere alla porta il Duce.

Un discorso diverso va fatto per Achille Ratti, papa Pio XI. Con il miraggio della pacificazione tra Stato e Chiesa, i collaboratori del papa accettarono di aiutare il decollo dell'impresa fascista consentendo che esponenti del Partito popolare prendessero parte al primo governo guidato da Mussolini. In seguito, nel nome del dialogo, sacrificarono la figura di don Sturzo, l'unico che forse avrebbe potuto e saputo tener testa a Mussolini stesso. E che lo contrastò apertamente al momento del varo della «legge Acerbo», cioè il sistema maggioritario con il quale il capo del fascismo vinse le elezioni del '24. Gli storici più benevoli nei confronti di papa Ratti sostengono ancor oggi che – essendo asceso al soglio pontificio nel febbraio del '22, pochi mesi prima della marcia su Roma – quel pontefice non avesse gli strumenti per comprendere appieno il senso delle trame vaticane di quel periodo. E che tutto o quasi tutto di quel che accadde in quel delicatissimo frangente storico – in riferimento al rapporto tra mondo cattolico e fascismo – sia riconducibile principalmente al cardinale Pietro Gasparri e al gesuita Pietro Tacchi Venturi, i quali (come ben spiega Carioti) tennero i rapporti con il duce. O al capo della destra del Partito popolare (nonché ministro del Lavoro nel primo governo Mussolini) Stefano Cavazzoni. In un certo senso l'uccisione ad Argenta (provincia di Ferrara) di don Giovanni Minzoni nell'agosto del '23 poteva essere per il mondo cattolico quello che l'anno successivo avrebbe potuto essere l'assassinio di Matteotti. Ma non lo fu.

La collaborazione tra Chiesa e regime proseguì fino all'11 febbraio del 1929 allorché furono firmati i patti lateranensi per porre fine al contenzioso tra Regno d'Italia e Santa Sede che datava dal 1870, dalla presa di Roma. Due giorni dopo la firma dei patti, Pio XI tenne un discorso all'Università cattolica di Milano in cui lodò la conciliazione dello Stato con la Chiesa e sostenne che per raggiungere quell'accordo «ci voleva forse anche un uomo come quello che la Provvidenza ci ha fatto incontrare [...] un uomo che non avesse le preoccupazioni della scuola liberale». Carioti fa osservare come sia «semplicistico» sostenere – come è stato ampiamente fatto – che in quell'occasione il pontefice abbia definito il duce «uomo della Provvidenza». Il senso del discorso di Pio XI era a ogni evidenza un altro. Però – al di là di ciò che ne disse il papa – quello fu per Mussolini un successo di proporzioni incalcolabili.

Contro quell'accordo, Benedetto Croce, il 27 maggio del 1929, prese la parola in Senato. «Parlai solo io contro i patti ma anche allora dichiarai nettamente che non combattevo l'idea della conciliazione tra Stato e Chiesa» avrebbe poi spiegato il filosofo. La sua posizione, specificò, si riferiva a un accordo «effettuato non con un'Italia libera ma con un'Italia serva e per mezzo dell'uomo che l'aveva asservita». Il quale «compiva quell'atto per trarne nuovo prestigio e rafforzare la sua tirannia». Al Senato – che a differenza della Camera dei deputati era di nomina regia – i patti furono approvati con trecentodiciassette voti su trecentoventitré votanti. Mussolini fece sapere d'essersi irritato per i sei voti che mancarono all'appello. Ma fu un espediente per sottolineare che la quasi totalità dei senatori nominati da Vittorio Emanuele III aveva votato in qualche modo a suo favore.

In quei momenti del 1929 il duce potrà dire compiuto il disegno che – avrebbe scritto in seguito – gli era ben chiaro fin dal 14 gennaio del 1923, giorno in cui, dopo l'approvazione all'unanimità da parte del Gran consiglio, il governo aveva istituito la Milizia volontaria per la sicurezza nazionale. «La creazione della Milizia» dirà Mussolini in tempi successivi «è il fatto fondamentale, inesorabile, che poneva il governo su un piano assolutamente diverso da tutti i precedenti e ne faceva un regime… un regime totalitario.» L'aver «armato» il partito aveva in realtà soltanto aperto la via in questa direzione. Per portare a termine il disegno si sarebbe dovuto trovare il compromesso stabile con monarchia e Chiesa di cui si è detto. Monarchia e Chiesa che ancora negli anni Trenta avrebbero creato momenti di tensione con il fascismo. Ma che – alla fine del settennio 1922-1929 – possiamo dire si siano lasciate inquadrare nel regime totalitario.

I conti di Fritz Bauer con il nazismo

La Germania Occidentale fece grande fatica a fare i conti con il passato hitleriano. «In meno di sei anni la Germania, commettendo crimini che nessuno avrebbe ritenuto possibili, ha distrutto la struttura morale del mondo occidentale mentre i suoi conquistatori hanno ridotto in cenere le testimonianze visibili di più di mille anni di storia tedesca» scriveva Hannah Arendt in *Ritorno in Germania* parlando del proprio Paese come di una «terra devastata e amputata». Winfried G. Sebald in *Storia naturale della distruzione* ha messo in evidenza come l'annientamento della Germania «entrò negli annali della nuova nazione, che andava allora costituendosi, soltanto sotto forma di vaghe generalizzazioni e sembrò non aver quasi lasciato postumi dolorosi nella coscienza collettiva». Il tema fu affrontato da Karl Jaspers quando, nel 1946, tornò a Heidelberg (dopo otto anni d'esilio a Basilea) e tenne una serie di lezioni universitarie raccolte poi in *La questione della colpa. Sulla responsabilità politica della Germania*. Jaspers affrontò il tema della corresponsabilità di coloro – quasi tutti – che non avevano fatto l'impossibile per impedire i crimini nazisti. Ma il suo divenne in qualche modo un paradigma interpretativo assolutorio. Almeno in parte. Parlare delle colpe di tutti poteva far sì che non fosse adeguatamente affrontato il tema di quei molti che ebbero responsabilità specifiche nella produzione del male. Di questo si occupa Tommaso Speccher in *La Germania sì che ha fatto i conti con il nazismo.*

Conti fatti con grande difficoltà. A cominciare dai processi successivi a quelli di Norimberga, celebrati dai vincitori negli anni che seguirono alla fine della guerra. Adesso toccava ai tedeschi.

Protagonista indiscutibile della «stagione dei conti giudiziari con il nazismo» è, secondo Speccher, Fritz Bauer, un giurista ebreo nato a Stoccarda nel 1903 che era stato, già sul finire degli anni Venti, il più giovane magistrato della Repubblica di Weimar. Dopo l'ascesa al potere di Adolf Hitler, nel 1933 era stato licenziato e successivamente, per otto mesi, rinchiuso, in quanto socialista, nei campi nazisti di Oberer Kuhberg e Heuberg (assieme a Kurt Schumacher, che nel '46 sarà il rifondatore del Partito socialdemocratico tedesco). Nel 1936 Bauer era riuscito a fuggire in Danimarca e nel '40 in Svezia, dove assieme al futuro cancelliere Willy Brandt diede vita alla «Sozialistische Tribüne». Rientrò nel suo Paese soltanto nel 1949 per essere nominato direttore generale di uno dei tre tribunali del Land Niedersachsen. Da notare, scrive Speccher, che «per ben quattro anni l'opzione di un posto nella magistratura tedesca gli era stata più volte sorprendentemente negata dagli americani stessi». Probabilmente «anche a causa di certe ritrosie dei vecchi colleghi». Appena tornato al posto che gli spettava, Bauer si imbatté nel «caso Hannibal». L'ex poliziotto delle Sa Wilhelm Hannibal era stato giudicato da una

Corte alleata britannica colpevole di «crimini contro l'umanità e sequestro di persona» per reati commessi a partire dal 1933. Ma una Corte d'Appello tedesca l'aveva poi assolto e rimesso in libertà. A giudizio dei magistrati tedeschi, Hannibal «non poteva avere consapevolezza di commettere un atto illegale, visto che stava eseguendo degli ordini nella sua funzione di ufficiale di polizia». Bauer si oppose a questa decisione. Fece riaprire il processo e ottenne una condanna di Hannibal a tre anni di carcere per «privazione illegale della libertà, a partire da un esercizio di un atto arbitrario e consapevole di natura terroristica e criminale». Bauer stabilì che Hannibal aveva «preso parte alla perpetrazione di tali delitti come membro dell'organizzazione criminale nazista». Una sentenza clamorosa (anche se la condanna fu relativamente poco severa) dal momento che il verdetto, del 1950, riprendeva il filo giuridico del processo di Norimberga. Con questo atto giudiziario, Bauer metteva in evidenza il conflitto già portato alla luce da Ernst Fraenkel – in *Il doppio Stato. Contributo alla teoria della dittatura* – «tra la legalità di uno Stato produttore di leggi e l'illegittimità strutturale di uno Stato arbitrario e sovvertitore di qualsiasi legge». Nel 1952 la Corte Suprema tedesca tornò su quella decisione e cancellò in maniera «definitiva» la condanna di Hannibal. Ma nel frattempo lo sconfitto Bauer si era già imbattuto in un nuovo caso, quello di Otto Ernst Remer.

Remer era il principale rappresentante del Sozialistische Reichspartei, un partito che nel secondo dopoguerra si proponeva la riabilitazione dell'esercito tedesco per il ruolo «indipendente» che aveva avuto nella Seconda guerra mondiale. La Srp si richiamava a Karl Dönitz, ultimo capo supremo della Wehrmacht dopo la morte di Hitler. Nel corso di un comizio, Remer arrivò a sbeffeggiare Claus von Stauffenberg che il 20 luglio 1944 aveva attentato al Führer, pagando poi con la vita il proprio atto di resistenza. Stauffenberg e i suoi complici, aveva detto Remer nel comizio, «furono essenzialmente dei traditori della patria». Formulò poi la previsione (auspicio) che, «ben presto», sarebbe venuto il giorno «in cui ci si vergognerà di aver fatto parte» di quel gruppo di cospiratori. Il processo contro Remer fu assai complesso. La posta in gioco, come è evidente, era la «restituzione dell'onore» alla Wehrmacht, i cui reduci intendevano presentarsi come «non compromessi con Hitler», ma si metteva anche in discussione la legittimità della Resistenza tedesca. Tra il 1950 e il 1951, ricorda Speccher, molti tribunali avevano respinto i processi di revisione delle condanne naziste nei confronti di quelle poche formazioni che si erano battute contro il regime (Herbert-Baum-Gruppe, Rote Kapelle). L'imputato Remer chiamò a testimone perfino il criminale di guerra Erich von Manstein (tale deposizione venne però respinta dalla Corte). Il processo si concluse con la condanna di Remer a tre mesi di carcere per diffamazione. Poco tempo dopo, su input del cancelliere Konrad Adenauer, la Srp fu messa al bando. Ma ex ufficiali collegati al partito di Remer e a Manstein ebbero un ruolo decisivo al momento della ricostituzione, nel 1955, dell'esercito tedesco.

Bauer tornò poi all'attacco con il cosiddetto «processo agli Einsatzgruppen» di Ulm che ebbe con oggetto le atrocità commesse dai nazisti in Europa Orientale a partire dal 1941. Un processo breve: durò appena sessanta giorni, dal 28 aprile al 29 agosto del 1958. Fu l'occasione di portare, per la prima volta, sul banco degli imputati alcune figure di spicco delle Ss e diversi loro collaboratori. Gli atti, tremilacinquecento pagine, costituiscono una preziosa documentazione sui crimini hitleriani. Fondamentale fu in questa occasione il ruolo del procuratore Erwin Schüle il quale, scrive Speccher, «intuì che non era possibile studiare i singoli crimini caso per caso, come era consuetudine del diritto penale quando si trattava di omicidi». Era invece «indispensabile considerare l'intera attività dell'Einsatzkommando di Tilsit». Sul banco degli imputati sedevano personalità di rilievo medio alto come Hans-Joachim Böhme, Werner Hersmann, il poliziotto lituano Pranas Lukys. Il processo mise in luce la loro complicità nella fucilazione di un centinaio di ebrei (gli imputati, sottolinea Speccher, si erano poi «fotografati a vicenda vicino alle fosse comuni, prima di ubriacarsi in una locanda, pagando il conto con i soldi rubati alle vittime e regalandosi tra loro bottiglie di whisky e sigarette»). Nell'arringa finale il procuratore Schüle chiese un castigo severo ma gli imputati vennero condannati solo per «complicità in omicidio» con pene dai quindici ai tre anni e, scrive Speccher, «il verdetto di Ulm fu tristemente esemplare per i processi successivi».

Bauer a questo punto si persuase che in Germania fosse impossibile processare davvero e fino in fondo i criminali nazisti. E decise di passare al governo israeliano informazioni fondamentali per la cattura in Argentina nel 1960 di Adolf Eichmann. Il processo Eichmann, tenutosi nel 1961 a Gerusalemme contro colui che tra l'altro era stato il braccio destro del viceprotettore della Boemia e Moravia, Reinhard Heydrich (soprannominato «il macellaio», ucciso a Praga dalla Resistenza nel 1942), fu un processo che ebbe carattere di unicità. Assai diverso a ogni evidenza da quelli tedeschi degli anni Cinquanta. Ha messo in luce Annette Wieviorka – in *L'era del testimone* – che questo dibattimento segnò la comparsa sulla scena della ricostruzione giuridica, nei tribunali e nei processi affidata a persone che avevano assistito ai crimini, ai loro parenti, ai sopravvissuti «le cui dichiarazioni non vennero più soltanto lette separatamente, ma pronunciate nel corso del processo da uomini e donne in carne e ossa». La condanna a morte nei confronti di Eichmann fu eseguita nel maggio del 1962. Da quel momento fu impossibile anche in Germania procedere contro gli ex nazisti nella maniera assai indulgente con cui si era fatto fino a quel momento.

E per Fritz Bauer venne l'ora della rivincita. L'occasione gliela diede quello passato alla storia come il «secondo processo di Auschwitz». Il «primo processo di Auschwitz» si era tenuto a Cracovia nel 1947. Era stato un processo sommario di breve durata, conclusosi con l'impiccagione di ventuno capi del campo di concentramento, l'ergastolo per altri otto imputati, pene detentive per dieci e un'assoluzione. Il secondo, quello di Bauer, fu affidato a tre giovani magistrati (Joachim Kügler, Georg Friedrich Vogel, e Gerhard Wiese) dell'età media di trentatré anni. Iniziò nel dicembre del 1963 per concludersi nell'agosto del 1965.

La storia di questo processo aveva avuto inizio nel gennaio del 1945, pochi giorni prima della liberazione di Breslavia da parte dell'Armata rossa. Gli edifici delle

Ss e della Gestapo erano stati dati alle fiamme dalla polizia hitleriana. Durante il rogo alcuni documenti erano volati dalle finestre ed erano finiti nelle mani di un ex prigioniero di Auschwitz: Emil Wulkan. Per tredici anni Wulkan tenne nascoste quelle carte. Nel 1958 le consegnò al capo redattore del giornale «Frankfurter Rundschau», Thomas Gnielka, che prese contatto con Bauer. Il quale comprese immediatamente l'importanza di quei documenti. Si trattava, scrive Speccher, «delle liste di controllo di Auschwitz dove erano state documentate varie fucilazioni, compiute dal turno di guardia delle Ss, con date di esecuzione e descrizioni dettagliate». Stavolta Bauer non fu affatto precipitoso e sulle carte di Wulkan riuscì a costruire «non solo il più significativo suo personale successo professionale, ma anche il più grande processo della storia della Bundesrepublik».

Gli imputati erano ventidue, sei dei quali alla fine furono condannati all'ergastolo (gli altri a pene minori). Anche stavolta in secondo e terzo grado molte delle condanne vennero poi ridotte se non revocate. Ma il processo Eichmann aveva insegnato che la cosa più importante sarebbero state le modalità del dibattimento: centottantatré sedute processuali, lettura pubblica delle settecento pagine dell'accusa, audizione di trecentosessanta testimoni (di cui centosettanta sopravvissuti del campo di concentramento). Il processo ebbe un enorme risalto mediatico e, scrive Speccher, «rappresentò un punto di non ritorno nella percezione collettiva».

Nel 1966 la Germania comunista si sentì in dovere di allestire in fretta un proprio, analogo, «processo Auschwitz». La procedura si basò sulla messa in stato di accusa dell'industria IG Farben – nella persona di Horst Paul Fischer – accusata di essere diretta responsabile della morte ad Auschwitz di settantacinquemila persone. Il processo, «definitosi nelle logiche di propaganda tipiche della Ddr», nota Speccher, «fu caratterizzato da un'assoluta mancanza di esercizio del diritto processuale», tanto che all'imputato non venne concesso alcun tipo di difesa. Fischer fu condannato a morte e giustiziato nel luglio 1966.

Quanto a Bauer, finito il «processo Auschwitz», gli furono posti impedimenti e, utilizzando la sua omosessualità, gli vennero fatte pressioni a che non proseguisse lungo la strada intrapresa. Fu poi trovato morto nella vasca da bagno il 1° luglio del 1968. Nel corpo fu riscontrata la presenza di sonniferi. Il medico legale indicò il suicidio come causa probabile del decesso. Aveva sessantacinque anni. Cinquant'anni dopo furono fatte inchieste giornalistiche che giunsero, tutte, alla conclusione che le indagini sulle cause del suo decesso erano state affrettate. Questo potrebbe dimostrare quanto il suo conto con il nazismo fosse ancora aperto.

Lo scomodo antitotalitarismo di Gaetano Salvemini

La «campagna» di Gaetano Salvemini contro Giovanni Giolitti durò una ventina d'anni e anche oltre. Coinvolse il «Corriere della Sera» di Luigi Albertini, «la Voce» di Giuseppe Prezzolini e il fior fiore degli intellettuali italiani. Contro Giolitti, Salvemini scrisse un libro che fece epoca: *Il ministro della mala vita.* Poi con l'avvento del regime mussoliniano, Salvemini fondò il primo periodico antifascista, «Non mollare», firmò il manifesto promosso da Benedetto Croce (1925), lasciò l'università ed espatriò. A Parigi fu, assieme a Carlo Rosselli, tra i fondatori di Giustizia e libertà. Emigrò poi negli Stati Uniti dove restò, alternando l'attivismo politico all'insegnamento universitario, fino alla seconda metà degli anni Quaranta. Di questa sua complessa attività offre un eccellente profilo Sergio Bucchi in *La filosofia di un non filosofo. Le idee e gli ideali di Gaetano Salvemini.*

Il rientro di Salvemini in Italia nel dopoguerra non fu trionfale come ci si sarebbe potuto attendere in considerazione dei suoi meriti. La sua riammissione all'Università di Firenze fu lenta, assai tribolata. E quando finalmente riuscì a tornare, l'accoglienza fu entusiasta tra i suoi seguaci ma ci fu qualche segno di ostilità da parte di Benedetto Croce e di Palmiro Togliatti. Forse per quella lontana polemica antigiolittiana. Forse anche per qualcos'altro.

Ma facciamo un passo indietro e torniamo a quando Salvemini era ancora negli Stati Uniti. Nel 1943 le *Lezioni di Harvard* (ripubblicate poi con il titolo *Le origini del fascismo in Italia*) fornirono a Salvemini, scrive Bucchi, «la cornice in cui formulare da storico il giudizio espresso da tempo nell'aspra requisitoria del *Ministro della mala vita*». Salvemini accusava ancora l'ex presidente del Consiglio liberale di esser stato «un tenace conservatore che voleva comprare l'appoggio riformista con il minimo di concessioni possibili». E di aver ereditato dai suoi predecessori «il costume di "manipolare" le elezioni». Gli riconosceva però – e in termini espliciti – di esser stato «il primo statista italiano a considerare i sindacati come associazioni legali, lo sciopero un diritto dei lavoratori e non un delitto della lotta di classe». Il primo «a sostenere che nei conflitti del lavoro il governo doveva rimanere neutrale».

In quello stesso 1943 Salvemini accettò di scrivere la prefazione a un libro di Arcangelo William Salomone, giovane storico americano di origini italiane allievo dell'orientalista Giorgio Levi della Vida, anche lui fuoruscito, espulso dall'università italiana per aver rifiutato nel '31 di prestare giuramento al regime fascista. Il libro, *Italian Democracy in the Making* (pubblicato poi nel '49 in Italia con il titolo *L'età giolittiana*), riprendeva una considerazione di Piero Gobetti secondo il quale quella contro Giolitti era stata una «crociata» a cui Salvemini aveva preso parte «con l'entusiasmo dell'apostolo». Riportando il passo gobettiano Salomone tradusse «crociata» con «crusade» e «apostolo» con «crusader». Un «crusader» che si opponeva al capo del governo, secondo Salomone, per una forma di «incompatibilità psicologica tra il tipo dell'italiano ispirato da alti scopi morali e da ideali disinteressati e il tipo realistico rappresentato al meglio da Giolitti mosso essenzialmente da moventi politici». «Crociato» era però un termine che non giovò a Salvemini. Coloro «che per ovvi motivi erano rimasti all'oscuro degli sviluppi del pensiero di Salvemini nei venticinque anni dell'esilio», scrive Bucchi, «accolsero la sua introduzione come un atto di pentimento e di ripudio delle posizioni assunte un tempo».

Nel 1949 – quando il libro di Salomone fu dato alle stampe in Italia con la prefazione salveminiana – uscì in libreria anche *Il ministro della buona vita. Giovanni Giolitti e i suoi tempi* di un celebre giornalista: Giovanni Ansaldo. Si trattava di un pamphlet nel quale si tessevano le lodi dell'uomo che aveva guidato l'Italia negli anni precedenti alla Prima guerra mondiale. «Dall'alto del suo storicismo», ricostruisce Bucchi, Ansaldo rimproverò a Salvemini di «non aver saputo cogliere "tutto l'elemento di necessità" che caratterizzò l'azione di Giolitti, motivo per cui la condanna dei metodi giolittiani non fu altro che un "fervore di giustizia" che lo spinse a "travedere e farneticare"». Si accusava in sostanza Salvemini di essersi scagliato contro Giolitti sulla base di una sorta di impazzimento «provocato dall' aver perso nel 1912 il lume della ragione per le malaugurate elezioni di Molfetta». Ansaldo, secondo Bucchi, dimostrava «di non aver neppure letto il libro salveminiano di cui si apprestava a fare il controcanto». Infatti si lascia sfuggire gravissime inesattezze: la campagna salveminiana contro Giolitti era iniziata nel 1902, molti anni prima dell'insuccesso elettorale di cui parla Ansaldo; l'8 marzo del 1909 Salvemini aveva pubblicato sull'«Avanti!» un articolo, *I misfatti del governo a Gioia del Colle*, in cui si denunciavano le sopraffazioni di un esponente giolittiano, Vito De Bellis, nelle elezioni di quell'anno; *Il ministro della mala vita* era stato poi pubblicato nel 1910 (e si basava su considerazioni riferite alle suddette elezioni del 1909); Salvemini, infine, si candidò a Molfetta nel 1913 e dichiarò fin da principio d'esser sceso in lizza per poter meglio denunciare i «metodi giolittiani», mai però pensando di poter essere eletto. Era sufficiente tenere a mente questi dati incontrovertibili per escludere che *Il ministro della mala vita* fosse stato scritto per il risentimento di un Salvemini trombato alle elezioni.

In ogni caso, le malignità di Ansaldo sarebbero forse passate pressoché inosservate se Benedetto Croce – che di Giolitti era stato ministro – nel salutare «acidamente» (scrive Bucchi) l'uscita del libro di Salomone non avesse rilanciato le insinuazioni di cui si è detto. Avvalorando la tesi secondo cui quello definito da Croce il «violento libello» salveminiano altro non era che il frutto avvelenato della sconfitta di Salvemini all'elezione di Molfetta. E adesso, secondo Croce, «dopo una quarantina d'anni», con quella prefazione al libro di Salomone il «crociato» Salvemini era costretto a «riconoscere d'avere sbagliato».

I rapporti tra Croce e Salvemini erano improntati da oltre un decennio alla reciproca diffidenza. Eugenio Di Rienzo – in *Benedetto Croce. Gli anni dello scontento 1943-1948* – ricorda quella volta in cui, incontrandosi a Parigi in casa Rosselli, Salvemini chiese a Croce di promuovere una raccolta di fondi presso gli industriali italiani per finanziare il movimento Giustizia e libertà. Croce sostenne d'essere il meno adatto per un compito del genere e Salvemini reagì dicendogli: «Allora la borghesia merita di andare in fondo a un pozzo!». Croce ne restò turbato e avrebbe ricordato in seguito: «Io per Salvemini ero diventato l'esponente della borghesia meridionale meritevole di affogamento!». Il banchiere amico di Croce Anton Dante Coda – nelle memorie dal titolo *Un malinconico leggero pessimismo. Diario di politica e di banca (1946-1952)* – riferisce che in uno di quegli incontri parigini Salvemini disse a Croce: «Se alla vostra libertà non unite qualcosa di concreto, nessuno vi capirà». Croce avrebbe reagito con parole gelide: «La libertà è un principio morale e non la fetta di pane di un sandwich a cui bisogna aggiungere il prosciutto e il formaggio». Secondo Coda, Salvemini imputava a Croce di essere rimasto in Italia e di non aver preso la via dell'esilio perché «amante dei suoi libri e del dialetto napoletano». Nel 1946, in un opuscolo dal titolo *Che cosa è un liberale italiano* (assai elogiato da Norberto Bobbio), Salvemini scrisse che Croce era diventato «il nume indigete del liberalismo italiano» e i liberali nient'altro che i «conservatori italiani» i quali portavano in giro Croce in Italia e all'estero «come se fosse il santissimo sacramento».

In una lunga e assai celebre lettera inviata da Cambridge nel Massachusetts il 10 aprile del 1947 a Ernesto Rossi – che si può leggere nel carteggio tra i due dal titolo *Dall'esilio alla Repubblica* – Salvemini tornò ad accusare lo statista liberale: «Giolitti ai suoi tempi diceva che il popolo italiano era gobbo e lui non poteva fare a un gobbo che un abito da gobbo. E, certo il popolo italiano era gobbo. Ma Giolitti lo rese più gobbo che non fosse prima, invece di fare quanto sarebbe stato possibile per farne non dico un bel tipo diritto come un fuso, ma un gobbo meno gobbo di quello che egli aveva trovato». Per poi aggiungere parole amare sui propri compatrioti: «Sissignori, il popolo italiano non era famoso sotto Giolitti, diventò peggiore sotto Mussolini, ed è diventato peggiore in questi quattro anni di regime postfascista». Negli anni intercorsi tra il '43 e il '47 gli italiani sarebbero dunque peggiorati rispetto a quel che erano stati nel ventennio precedente. Un giudizio ancor più severo andava a colpire l'Italia liberale, il cinquantennio che aveva preceduto la Prima guerra mondiale.

Ad assestare un ulteriore colpo a Salvemini al suo ritorno in Italia fu un intervento del segretario del Partito comunista italiano Palmiro Togliatti (a Torino il 30 aprile 1950). Sergio Bucchi se ne era già occupato curando la riedizione del *Ministro della mala vita*. Il nodo essenziale per Togliatti, secondo Bucchi, «non risiedeva nella veridicità o meno dei fatti denunciati da Salvemini, vale a dire nella condotta elettorale giolittiana, quanto piuttosto nel comprendere come la contraddizione tra quella politica sostanzialmente democratica di Giolitti rivelasse il tratto specifico non di un uomo ma di un tempo e di un sistema». Ma, a conclusione del ragionamento, Togliatti non aveva rinunciato a colpire Salvemini parlando di «inconsistenza delle condanne dettate da pura ispirazione moralistica». Una stoccata destinata a lasciare il segno.

Anche con Togliatti Salvemini aveva un conto aperto. Innanzitutto, per essere stato e rimasto uno dei pochi a essere a un tempo antifascista e anticomunista. Poi per un fatto specifico. Tornato a insegnare nell'Università di Firenze, nel discorso inaugurale per l'anno accademico 1949-1950, Salvemini ricordò d'aver avuto in quello stesso ateneo come «alunni e amici» Nello Rosselli e Camillo Berneri: «Il primo con suo fratello Carlo doveva essere assassinato nel 1937 da sicari francesi per mandato italiano [...] il secondo doveva essere soppresso in Spagna dai comunisti nel 1937». Su «Rinascita» Togliatti, con lo pseudonimo Roderigo di Castiglia, accusò Salvemini di aver divulgato una «tra le più infamanti calunnie della libellistica anticomunista». In tempi successivi Pier Carlo Masini nel saggio *Il caso Berneri*, in appendice al libro dello stesso Berneri *Pietrogrado 1917-Barcellona 1937. Saggi scelti*, e Mimmo Franzinelli in una nota al libro di Salvemini *Dai ricordi di un fuoruscito 1922-1933* hanno dato torto a Togliatti e ragione alla ricostruzione salveminiana. All'epoca però tutti (o quasi) gli intellettuali progressisti non dissero una parola in difesa di Salvemini.

Il quale, secondo Gaetano Arfé, all'epoca impegnato ad aiutarlo a raccogliere gli scritti sulla questione meridionale, non restò indifferente alle parole di Croce e Togliatti. Disse, riferì Arfé, che «in un Paese dove anche i comunisti diventavano, in veste di storici, crociani e giolittiani in politica, l'antigiolittismo era sempre attuale e andava propinato in dosi massicce». Sostenne nel 1952 Gaetano Salvemini che se tra Giolitti e Mussolini poteva esser rilevata una differenza questa era stata «in quantità e non in qualità». «Giolitti fu per Mussolini quel che Giovanni il battezzatore fu per Cristo: gli preparò la strada.» Fu Giolitti – sempre secondo Salvemini – a ridurre le elezioni a quel che Mussolini avrebbe definito «ludi cartacei». Poi Salvemini provò a dividere Croce da Togliatti: «Chi accetta le istituzioni rappresentative – se le accetta sul serio – non ha il diritto, come fa Benedetto Croce, di passare innanzi ai metodi con cui Giolitti faceva a suo tempo le elezioni ignorandoli o negandoli [...] La posizione di Togliatti è logica, quella di Benedetto Croce è assurda: peggio che assurda, è equivoca».

Sostanzialmente, Salvemini aveva tutte le ragioni nel rintuzzare le ricostruzioni dei fatti di Gioia del Colle di Ansaldo e Croce. Ma, rianalizzata alcuni decenni dopo, la sua tesi – che tra Giolitti e Mussolini ci fosse stata una differenza «di quantità» e non «di qualità» – non regge. Altrettanto lunare è la tesi per cui, quattro anni dopo la caduta del fascismo (e due dopo la fine della guerra), il popolo italiano fosse peggiorato. È un limite di molti intellettuali italiani quello di voler difendere, al di là di ogni evidenza, tesi che hanno sostenuto in passato. Accadde a Salvemini tra la fine degli anni Quaranta e l'inizio dei Cinquanta. Era capitato ad altri prima di lui. Capiterà ancora.

Quel che gli antifascisti non capirono agli inizi del fascismo

C'è stata una lunga stagione nel Novecento, tra la fine degli anni Sessanta e l'inizio dei Settanta, in cui sembrò che perfino il termine avesse fatto il suo tempo. Nel 1968 il collaboratore della *International Encyclopedia of Social Sciences*, Herbert J. Spiro, auspicò che – nella successiva edizione dell'Enciclopedia stessa – la voce «totalitarismo» venisse soppressa. In quello stesso anno Stuart Joseph Woolf – nell'introduzione a un libro da lui curato, *Il fascismo in Europa* – scrisse che, per estensione, anche la parola fascismo forse doveva, «almeno temporaneamente», essere «bandita dal nostro vocabolario». Il termine fascismo, secondo Woolf, era stato in tale misura «caricato di accezioni nuove e più ampie che, per essere inteso nella sua accezione originaria, sembra ormai esigere dallo storico che lo si scriva tra virgolette, quasi a scusarsi». Nel 1973 la rivista accademica tedesca «Neue Politische Literatur» decretò addirittura che il concetto di totalitarismo versava «in uno stato d'agonia». Dieci anni dopo la stessa rivista si sentì costretta a riaprire uno spiraglio. Notò che dappertutto si tornava a parlare di «totalitarismo». E tornò sull'argomento per domandarsi se l'uso di quel termine stesse in qualche modo «rinascendo». Osservò lo storico Walter Laqueur che sarebbe stato sufficiente qualche anno per rispondere in modo convintamente positivo. Nel senso che si sarebbe tornati a parlare di «totalitarismo».

Emilio Gentile, da anni in battaglia per la «riabilitazione» e la valorizzazione di quel termine, nel suo prezioso *Totalitarismo 100. Ritorno alla storia*, spiega perché Laqueur ha avuto ragione. Quel «100» che compare nel titolo sta per un secolo, nel senso che il «totalitarismo» entrò nel dibattito politico, «fu usato per la prima volta e probabilmente coniato» nell'Italia guidata da Benito Mussolini, tra il dicembre del 1922 e il gennaio dell'anno successivo. Nell'uso originario non fu riferito all'ideologia del fascismo, bensì «unicamente alla sua azione pratica, compiuta come partito e come governo, per consolidare il potere conquistato, operando costantemente, con la violenza squadrista e con la repressione governativa, al fine di rendere impossibile ogni attività e manifestazione politica ai partiti avversari, considerati nemici da eliminare».

In riferimento alla obiezione di Woolf, Gentile rileva che «non risulta che sia mai accaduto nella storiografia che una parola o un concetto generati da una nuova realtà storica e adoperati per definirla abbiano indotto qualche dotto studioso a concludere con la richiesta della messa al bando del concetto stesso» perché diventato «oggetto di controversie», perdendo «un significato condiviso». Se tale condizione fosse sufficiente per operare un tal genere di cancellazione, prosegue con ironia lo storico, allora dovrebbero «essere eliminati dalla storiografia concetti altrettanto controversi come "despotismo", "dittatura", "libertà", "rivoluzione", "feudalesimo", "rinascimento", "capitalismo", "democrazia", "repubblica", "bonapartismo", "liberalismo", "comunismo", "socialismo", "conservatorismo", "radicalismo" e tutti gli altri -ismi della storia».

Successivamente il termine totalitarismo fu usato anche in riferimento all'Unione Sovietica. E, in seguito all'ascesa al potere nel 1933 di Adolf Hitler, per la Germania. Nel secondo dopoguerra, dopo il 1945, l'uso della parola «ha subito una dilatazione inflazionistica, essendo applicato a movimenti, regimi, ideologie, mentalità e comportamenti i più vari e diversi, fino a perdere il significato storico originario e la sua connessione con la cosa, cioè il fascismo, dalla quale aveva avuto origine». A partire dagli anni Cinquanta, nota polemicamente Gentile, «ci sono stati studiosi più o meno dotti, i quali senza avere un'adeguata conoscenza né della storia del fascismo né delle origini del totalitarismo, hanno negato la simbiosi tra fascismo e totalitarismo, sostenendo che il fascismo non fu totalitario e che pertanto non ha senso parlare di totalitarismo fascista». Riservando l'uso del concetto di totalitarismo in riferimento esclusivo allo stalinismo e al nazionalsocialismo.

Se torniamo ai tempi in cui si capì cosa fosse davvero il «totalitarismo», è assai interessante la parte del libro che Gentile dedica ai mesi che intercorsero tra l'uccisione di Giacomo Matteotti (10 giugno 1924) e il discorso di Mussolini del 3 gennaio 1925 con il quale il duce rese palese il suo progetto dittatoriale. Nell'estate e nell'autunno del '24 tutti (o quasi) gli antifascisti ritennero che per il regime mussoliniano fosse giunto il giorno del giudizio. Scriveva Filippo Turati ad Anna Kuliscioff il 19 giugno di quell'anno: «Ormai il regime del crimine è minato da tutte le parti, in basso, in alto, a Corte, nel giornalismo, nella maggioranza [...] Scappano tutti, cominciando dagli industriali, sentono odore di morto». Due giorni dopo il leader socialista tornava su quella sua percezione: «Le notizie sono sempre buone, la baracca si sfascia, il mio ottimismo di avant'ieri non era un ottimismo di accidente e di comodo [...] Il capobrigante non conta più, non avendo più gli Interni e non potendo più rappresentare all'estero, ed essendo minato da tutte le parti; anche la Milizia perde valore». Lo storico Guglielmo Ferrero – che aveva appena aderito al progetto di una Unione nazionale dei democratici promosso da Giovanni Amendola – si mostrava ottimista: «Gli avvenimenti precipitano; il regime fascista ha ricevuto un colpo terribile; l'opinione pubblica comincia a capire l'orribile vuoto su cui l'Italia è sospesa con un governo inizialmente screditato da uno scandalo orrendo». Altrettanto fiducioso si mostra Luigi Salvatorelli. Luigi Ambrosini su «La Stampa» del 21 giugno parlava di una per lui già evidente «Caporetto del fascismo». Anche per Ferruccio Parri «la sentenza di fallimento è stata pronunciata esplicita, definitiva, incancellabile». Per poi così proseguire: «Quello che colpisce e colpirà mortalmente Mussolini è ora il disincanto, la diffidenza, la delusione, più o meno confessata, della grande massa; il crollo di quel piedistallo di fiducia inconscia, di ammirazione ingenua e quasi fisica, di stupore estatico sul quale larga parte del popolo italiano contemplava il suo duce dinamico agitarsi e recitare». Per Guido Dorso, «con l'attuale crisi politica e con i rimaneggiamenti teorico-pratici che il partito dominante è costretto a fare, si può dire sia segnato in maniera inequivocabile il crollo dello Stato-partito in Italia». Gaetano Salvemini il 28 luglio sostiene che «ormai la bestia è ferita a morte e non ha molto tempo da vivere [...] darà ancora dei colpi furiosi pazzeschi come quello che costò la vita al povero Matteotti; ma più pazzie fa e più presto si rovina». Un mese dopo, il 28 agosto, Salvemini ribadirà quei concetti: «Siamo alla fine di questa disgustosa tragedia brigantesca e carnevalesca, la bestia è ferita a morte [...] Se non a novembre, a marzo sarà chiuso questo periodo vergognoso». E qui si affaccia una strana sensazione: «Dopodiché ne verrà un altro [periodo vergognoso (*N.d.R.*)]... forse peggiore». A metà di questo agosto 1924 si è tenuto il Comitato centrale del Partito comunista dove Antonio Gramsci ha annunciato che «il fascismo si esaurisce e muore perché non ha mantenuto nessuna delle sue promesse». Così quasi tutti gli antifascisti nell'estate successiva al rapimento e all'uccisione di Giacomo Matteotti.

Soltanto d'estate? No, scrive Gentile, nell'autunno successivo «le previsioni sulla prossima fine del fascismo assunsero tonalità di convinta certezza». Incredibilmente. Amendola il 7 ottobre scrisse che «il torbido miraggio di un regime totalitario era svanito per sempre». E ne trasse conferma dal fatto che il 4 novembre «i fascisti aggredirono e bastonarono ovunque i reduci della Grande Guerra, decorati, mutilati e invalidi che fossero, per impedire la loro partecipazione alle celebrazioni della vittoria». Tutto ciò per il fatto che l'Associazione nazionale combattenti aveva espresso il proprio dissenso nei confronti del governo mussoliniano. Stessa sensazione manifestarono don Sturzo, Treves, Orlando e con qualche maggior cautela il capo della destra liberale Salandra. Identici concetti si trovano ancora nel carteggio Turati-Kuliscioff. «Ogni giorno è un fatto nuovo, anzi molti fatti nuovi che confermano la putrefazione del cadavere e quindi la sua completa dissoluzione» era l'impressione del leader socialista. Il 23 novembre Amendola scriveva: «La giornata del fascismo sta per tramontare». E Turati da questa affermazione traeva il convincimento che «l'aurora» fosse «vicina». Quanto gli sembrava stesse avvenendo, insisteva Amendola, ha «l'imponenza e la vastità di una frana [...] che sta smantellando e raderà al suolo un edificio, non costruito sulle solide basi del consenso, e mal cementato dalle violenze esercitate sulle genti italiane».

Non tutti avevano idee chiarissime su quello che stava accadendo. Scriveva Antonio Gramsci: «Oggi siamo in linea per la lotta generale contro il regime fascista. Alle stolte campagne dei giornali delle opposizioni rispondiamo dimostrando la nostra reale volontà di abbattere non solo il fascismo di Mussolini e Farinacci, ma anche il semifascismo di Amendola, Sturzo, Turati». Il leader dei comunisti nel settembre del 1924 valutava Amendola, Sturzo e Turati come «semifascisti» da «abbattere» né più né meno di Mussolini e Farinacci. Anche Amendola, pur più lucido, non aveva messo a fuoco alla perfezione il momento storico in cui si trovava l'Italia. Il 1° dicembre su «Il Caffè» contrastava l'ipotesi comunista di un'azione rivoluzionaria per abbattere il regime fascista con queste parole: «Un regime che sia la negazione del fascismo non si dà all'Italia con i colpi di mano, coltivando o tollerando il crescente pullulare nell'esercito antifascista di oscuri fermenti, lasciando maturare le cosiddette "situazioni" rivoluzionarie». Ancora: «Le "situazioni" rivoluzionarie nell'Italia di oggi si risolvono in situazioni confusionarie: Bengodi di tutte le scorie demagogiche». Per poi concludere: «Di fascismi è bastato il primo: non vogliamo un neofascismo antifascista». In quegli stessi giorni Turati scriveva alla Kuliscioff: «Ho veduto Amendola che era molto tranquillo [...] Egli pure prevede una soluzione prossima, tantoché ci si deve rivedere per intenderci se fossimo consultati e per agire d'accordo». Il 31 dicembre del '24 Turati scriveva ancora alla Kuliscioff: «Ti prego di stare ancora tranquillissima, siamo quasi certamente alla fine dell'ignominia che soffriamo da tanto tempo».

E invece la situazione stava per evolvere in peggio. Molto peggio. Ma neanche il discorso di Mussolini del 3 gennaio 1925 riportava gli antifascisti al principio di realtà. L'appropriazione fascista del termine «totalitario», scrive Gentile, «favorì la sua diffusione, soprattutto tra gli antifascisti, che l'adoperarono con il suo significato originario per definire non programma e progetti del fascismo, ma la sua azione pratica e l'organizzazione del suo sistema di potere e di dominio». Gentile nota l'uscita in quello stesso 1925 di un libro scritto da Gustavo Ingrosso, un giudice napoletano militante dell'Unione nazionale di Amendola, *La crisi dello Stato*. L'originalità del libro, sostiene Gentile, «era nell'uso che veniva fatto per la prima volta dei concetti di Stato-partito e di "prassi totalitaria"». Lo Stato fascista, scriveva Ingrosso, «si è rivelato essere non lo Stato forte che gli incauti fiancheggiatori del fascismo avevano sognato, ma nient'altro che lo Stato-partito». Notevole intuizione.

Nel maggio del 1926 a Londra fu dato alle stampe in inglese il libro di don Sturzo *L'Italia e il fascismo*. Mussolini, notava Sturzo, era dipendente dal re, ma il re non era «più moralmente libero di cambiare il capo del governo», poiché non aveva «nella struttura politica dello Stato, altra forza di equilibrio sulla quale poggiare per operare un cambiamento». Dopodiché il sacerdote antifascista si concentrava sulle analogie tra fascismo e bolscevismo, pur considerandoli «fenomeni di eccezione». In quello stesso 1926 il giurista tedesco Hermann Martin stabiliva una volta per tutte: «I fascisti sono diventati padroni del potere in Italia, il loro sistema si chiama totalitarismo fascista». Finalmente qualcosa diveniva più chiaro.

Anche se nei decenni successivi a poco a poco andò smarrendosi la conoscenza di dove, quando e come la parola e il concetto di totalitarismo erano nati. Non era smarrimento di poco conto, conclude Gentile: «Non lieve è stato il danno che l'ignoranza delle origini della parola e del concetto hanno prodotto per la comprensione del fenomeno che all'una e all'altro aveva dato origine». Ma siamo ancora in tempo per porre riparo a quel danno. Quantomeno sotto il profilo storiografico.

TRACCE DI AUTORITARISMO NEL PASSATO

Artemisia, la «tiranna» guerriera

Nella storia antica c'è una figura del tutto anomala che stranamente non ha mai ispirato nessun poeta, romanziere o compositore musicale. Vive ai tempi delle guerre persiane. I tratti di autoritarismo in lei sono strettamente connessi con la necessità, appunto, di cimentarsi con la guerra. Oltretutto, come vedremo, è considerata dalla tradizione come una «tiranna». Stiamo parlando di una donna, Artemisia, sovrana di Alicarnasso (oggi Bodrum, Turchia). Una donna destinata a essere ricordata per le sue doti di esperta navigatrice. Premessa: Erodoto – anch'egli nato ad Alicarnasso – racconta che ad Artemisia, per volontà del Gran re dei persiani Dario – in una data anteriore al 486 a.C. (cioè, in uno degli anni antecedenti alla morte dello stesso Dario) – viene concesso di sottomettere Coo nonché le isole filelleniche Nìsiro e Calimno. Cadmo, tiranno di Coo, è da lei umiliato e costretto a riparare in Sicilia alla corte di Gelone di Siracusa. Nel 480 a.C. poi Artemisia prenderà parte, come alleata dei persiani, a una delle battaglie più celebri dell'antichità, quella di Salamina al fianco, appunto, di Serse. Il quale Serse, sconfitto, riconoscerà al cospetto dei propri generali che Artemisia aveva avuto ragione a sconsigliargli di impegnarsi militarmente in quell'impresa. E, in aggiunta al pubblico elogio, Serse le affiderà il compito di riportare in patria i suoi figli. Cose inaudite per il V secolo a.C. A lei è meritoriamente dedicato un importante libro di Lorenzo Braccesi, *Artemisia la regina corsara.*

Di Artemisia sappiamo che era figlia di Ligdami, tiranno di Alicarnasso, e di una cretese. Sappiamo altresì che, alla morte del padre (e del marito di cui non è stato tramandato nulla, nemmeno il nome), assunse la reggenza della città in nome del figlio ancora adolescente. Una governante, dunque, «di stirpe ellenica» posta sotto la «sovrannazionale sovranità persiana». Può essere definita una «tiranna». Ma, avverte Braccesi, il termine «tirannide» non ha, nella sua definizione arcaica, «quella nota dispregiativa con la quale è bollata tanto nella tradizione antica quanto in quella moderna». Non è l'equivalente di «dispotica». Il «tiranno» dell'epoca in cui vissero Ligdami e Artemisia è un «capoparte rivoluzionario» che «con l'adesione del popolo si impadronisce a forza del potere presentandosi nell'agone cittadino come il difensore tanto degli interessi della nuova borghesia mercantile quanto delle vecchie comunità contadine sempre più stritolate dalla concentrazione del latifondo». In un secondo tempo, i ceti che hanno tratto profitto dall'opera di questi loro capi si adopereranno per lo smantellamento della tirannide. Tirannide «che, il più delle volte, alla sua terza generazione, esaurisce la sua funzione storica degenerando in forza statica intenta soltanto alla conservazione e alla propria sopravvivenza».

Artemisia è dunque figlia di un tiranno «rivoluzionario» e, dopo la morte del padre nonché del marito, diventa a sua volta tiranna in quanto vedova e madre. Può essere considerata «l'esponente di spicco di una serie di vedove di potere – con Tamiri, Semiramide e Zenobia – di fatto più diffusa in Oriente anziché in Occidente». Ma è «una personalità di spicco difficilmente classificabile a causa dell'ambivalenza esistenziale che la rende espressione vivente di notevoli contraddizioni culturali». Nel senso che «è donna ma esercita con successo un potere maschile, si compiace di abbracciare il mestiere delle armi e per giunta esercitando, come fosse una corsara, la guerra sul mare». Da sottolineare poi che «come vassalla del Gran re di Persia guida in proprio la sua piccola flotta nella giornata di Salamina distinguendosi per coraggio e virile ardimento, seppure il suo sesso la dispensasse dal partecipare alla spedizione contro la lega panellenica».

La tradizione storica vuole che premessa delle guerre persiane sia stata l'insurrezione delle città greche della Ionia contro Dario «nel nome della libertà». Braccesi non è d'accordo. Chi combatte contro i persiani a Mileto, Maratona, alle Termopili o a Salamina sceglie un destino di possibile morte non per «un ideale panellenico di libertà» (come «sarà nell'oratoria e nella tradizione patriottarda di epoche successive»). Vuole soltanto evitare «la schiavitù». La quale, per gli sconfitti, avrebbe comportato il «trasferimento in catene nel cuore dell'impero persiano». Ed è da presumere poi che la cobelligeranza al fianco dei persiani da parte di Ligdami prima e di Artemisia poi sia stata determinata da una loro «valutazione negativa dell'insurrezione ionica». Non erano «asserviti alla Persia», né «nemici della libertà». Questo può spiegare, almeno in parte, perché Erodoto scelga di offrire «alla compatriota Artemisia che milita nelle schiere del barbaro una connotazione in parziale distonia dalla vulgata sulle guerre persiane».

Scrive Erodoto a proposito della battaglia di Salamina: «Degli altri comandanti non faccio menzione, ma soltanto di Artemisia [...] moltissimo l'ammiro per aver partecipato, pur essendo donna, alla spedizione contro la Grecia». La ammira perché fu lei a fornire «le navi più attrezzate di tutta la flotta e di tutti gli alleati». E perché «fu lei che dette al re i consigli migliori». In che senso? Perché, alla viglia di Salamina, parlò come donna libera nell'assemblea presieduta da Mardonio, cugino di Serse. Il re di Persia aveva radunato i più importanti condottieri della sua armata per deliberare se e come affrontare la flotta greca nelle acque di Salamina. E in quell'occasione Artemisia, dissentendo dagli astanti, sconsigliò quel genere di scontro. Disse apertamente al re: «Risparmia le navi, non combattere sul mare». I più si aspettavano che Serse l'avrebbe travolta con la propria ira. Invece, scrive Erodoto, il re «si compiacque grandemente del consiglio di Artemisia e, se già prima la giudicava persona di valore, a quel punto la apprezzò molto di più». Tuttavia «comandò di seguire il consiglio della maggioranza, pensando che i marinai della flotta si fossero comportati da vili in Eubea [un precedente scontro navale (*N.d.R.*)] perché lui non era presente». Stavolta le cose sarebbero andate diversamente perché lui «si apprestava ad assistere di persona alla battaglia». Battaglia che invece si concluderà tragicamente per i persiani. Ma Artemisia, pur come s'è detto «figura anomala», ottiene qualcosa di sorprendente: il «plateale encomio verbale del Gran re, inaspettatamente sconfitto». E successivamente addirittura le lodi di Erodoto il quale, nonostante si tratti di una dichiarata nemica della grecità, la descrive come una persona molto intelligente oltre che un'eroica signora della guerra.

Racconta negli *Stratagemmi* Polieno – teorico militare macedone vissuto nel II secolo d.C. al tempo degli Antonini – che Artemisia, una volta al comando di una nave da guerra, «teneva con sé non solo le insegne dei barbari, ma anche quelle dei greci». Quando era lei che andava all'inseguimento di una nave greca, issava «il vessillo dei barbari». Allorché invece era inseguita da un'imbarcazione greca, alzava le insegne dei greci «sicché gli inseguitori desistessero dal darle la caccia considerando la sua una nave ellenica». Quanto alle insegne delle flotte in combattimento, specifica Braccesi, «non dobbiamo pensare a moderni stendardi, bensì ad altri distintivi lignei apposti sulle prore». Ovviamente, per poter ricorrere a questi trucchi, Artemisia, prosegue Braccesi, doveva manovrare con imbarcazioni agili e, all'occorrenza, superveloci. Per cui non stupisce che Erodoto «ascriva alla sua modesta flottiglia il merito di esser composta dalle navi migliori fornite dall'armata del Gran re, seconde solo a quelle della fenicia Sidone». Si trattava di cinque triremi, imbarcazioni leggere di invenzione corinzia, che «si giovavano della propulsione di tre file di rematori», in aggiunta «alla consueta e poco maneggevole vela rettangolare». Navi non comuni. Del primo costruttore di questo genere di navi, il corinzio Arminocle, Tucidide in forma insolita cita il nome quasi a voler sottolineare l'importanza della sua innovazione tecnica nella cantieristica navale.

Ma la furbizia di Artemisia non è solo quella di issare vessilli diversi a seconda delle navi con cui deve scontrarsi. C'è un episodio specifico che attira l'attenzione di Serse ed è quando la corsara di Alicarnasso, per depistare i greci, affonda la nave dell'alleato Damasitimo. Serse in un primo momento pensa che Artemisia stia speronando una nave nemica. Poi il re di Persia ha modo di conoscere la verità dei fatti e si limita a dire: «Gli uomini mi sono diventati donne e le donne uomini». Erodoto si sofferma sullo stratagemma. E plaude.

Anche Paola Angeli Bernardini, in *Donne e dee nel Mediterraneo antico*, mette in risalto l'«ammirazione» di Erodoto nei confronti di Artemisia. Angeli Bernardini ricorda che ci fu un'altra donna dell'antichità che si distinse per perizia nella navigazione: l'egiziana Arsinoe II, figlia di Berenice I e moglie del proprio fratello Tolomeo II Filadelfo. Arsinoe II – vissuta tra il 316 e il 270 a.C. – può essere considerata «la creatrice di una navarchia generale, una flotta di guerra permanente» affidata al suo protetto Callicrate di Samo. Esistono diverse dediche di epoca tolemaica che celebrano lo stretto legame tra Arsinoe II e Iside, «protettrice della navigazione e dea venerata in tutto il Mediterraneo per il suo potere sulle acque marine». Successivamente ci saranno altre regine, soprattutto ellenistiche, che armarono a proprie spese una flotta. Nella stirpe reale macedone si distinguerà Teuta (ne parla Polibio nelle *Storie*), sovrana dell'Illiria. Vedova del re Agrone, guiderà truppe mercenarie e provocherà l'intervento romano lungo le coste dalmate. Verrà sconfitta dai romani e si suiciderà nel 228 a.C.

Ma Artemisia è forse la più importante. Anche se sarà colpita da una sorta di leggenda nera. Una tradizione denigratoria che Braccesi è «tentato di dire» sia «figlia del suo anomalo mestiere delle armi, da sempre di esclusiva nonché orgogliosa pertinenza maschile». Ammiano Marcellino nel IV secolo d.C. arriverà a paragonarla – assieme a Semiramide, Cleopatra e Zenobia – a una «meretrice», una «prostituta della plebe cittadina», una «vecchia lupa». Se ne arguisce che la signora di Alicarnasso è stata dannata per secoli da «una lunga scia diffamatoria». Accuse infamanti in «totale distonia dalla caratterizzazione di Erodoto». Il quale – ripetiamolo – «seppure si tratti di una dichiarata nemica della grecità», la connota «in forma eroica come un'ardimentosa signora della guerra». Braccesi ipotizza che la tradizione denigratoria si possa far risalire agli abitanti di Coo e delle isole limitrofe. Si tratterebbe di una vendetta contro la «traditrice degli ideali filelleni» (i loro). La quale per giunta, dopo averli umiliati militarmente per ben due volte, li aveva sottomessi.

Dopodiché, scrive Braccesi, «il dispotismo persiano, anche in virtù della vittoria di Salamina, si arricchisce nel tempo di connotazioni negative che esaltano e propagandano fino ai nostri giorni l'opposizione tra l'Occidente e l'Oriente accentuandone le differenze culturali, sociali e religiose». In «questa temperie, lunga due millenni, non ha proprio spazio la storia di Artemisia, la cui memoria anche nella disimpegnata cornice esoticheggiante di opere letterarie, teatrali e musicali, doveva essere annullata perché troppo controcorrente rispetto al conformismo politico e alla morale benpensante».

O forse perché sarebbe stato impossibile parlare della signora di Alicarnasso senza essere costretti a mettere in risalto il giudizio positivo che ne diede Erodoto. Trasformate le guerre persiane in un «mito continuamente sfruttato fino all'età moderna in funzione di tutte le lotte di libertà», scrive Braccesi, «la pagina erodotea, perché sorda alle loro istanze, non è più stata compresa nella sua reale essenza». E «ha infastidito gli esegeti che più non trovavano rispondenza con ciò che si erano proposti di ritrovarci, cioè con il loro immaginario». Ecco perché gli storici si sono sentiti costretti a dimenticare Artemisia, tiranna di Alicarnasso.

Tribuni della plebe, antenati della Rivoluzione francese

L'immagine del tribuno della plebe è stata per secoli associata a politici di stampo populista. Altrimenti la si è studiata – scrive Thibaud Lanfranchi nel libro *In nome del popolo romano? Storia del Tribunato della plebe* – «cercando precedenti storici al diritto di sciopero, alla funzione del difensore civico o alla protezione giuridica dei parlamentari». Una figura successiva e sotto certi aspetti diversa, il tribuno del popolo, ha poi preso il posto di quella originaria. Ne è stata messa in evidenza prevalentemente la novità di un «potere» che si costituisce «in opposizione ai poteri regolari precedenti e concorrenti». Ed è stato fatto soprattutto da parte di «pensatori politici che teorizzavano forme di resistenza ai poteri costituiti con i quali si confrontavano». Questa interpretazione, però, ha oscurato il ruolo effettivo dei tribuni della plebe nel corso della Repubblica romana. Tribuni che «non si sono mai accontentati di un potere protettivo» e «sono stati, fin dall'inizio, una fonte di proposte e di sviluppo». Anzi, come spiegò Niccolò Machiavelli furono decisivi nel far diventare la Repubblica «più perfetta».

Giovanni Niccolini nei fondamentali studi *Il tribunato della plebe* e *I fasti dei tribuni della plebe* – scritti quasi un secolo fa – si rese conto di quanto fosse difficile ricostruire la loro storia, dal momento che – concorda Lanfranchi – questa magistratura risale «a un periodo per il quale le testimonianze in nostro possesso appaiono scarse e poco affidabili». Le fonti storiografiche sono infatti tutte «molto più tarde» e risalgono «alla fine della Repubblica o all'inizio dell'impero». Quelle epigrafiche sono «quasi inesistenti» e i reperti archeologici («anche se offrono numerose indicazioni per questo periodo») sono spesso «difficili da interpretare». E «hanno poco a che fare con gli aspetti politici e istituzionali».

Il tribunato – secondo le fonti che almeno su questo sono unanimi – fu creato poco dopo la «cacciata» di Tarquinio il Superbo e l'istituzione della Repubblica (509 a.C.). Poco importa se tale passaggio avvenne per via rivoluzionaria o per una più articolata evoluzione. Come scrisse Santo Mazzarino in *Dalla monarchia allo Stato repubblicano. Ricerche di storia romana arcaica* «c'è qualcosa di vero nella teoria "rivoluzionaria" e in quella "evoluzionista"»; «la prima ci avvicina di più ai "fatti", la seconda al senso e al significato dei "fatti"». L' episodio specifico che diede origine alla istituzione dei tribuni fu la prima secessione della plebe (494 a.C.). Tito Livio e Dionigi d'Alicarnasso, nota Lanfranchi, concordano sulla circostanza che la rivolta dei plebei «fu motivata soprattutto dal problema dell'indebitamento, ulteriormente aggravato dall'atteggiamento dei patrizi dopo la morte in esilio di re Tarquinio». Stanchi di «non avere prospettive di miglioramento», i plebei «si ritirarono sul Monte Sacro (o sull'Aventino) aprendo una crisi politica a Roma».

Con il passaggio alla Repubblica scompare la figura del re e inizia la stagione di quelli che vengono definiti «magistrati». Magistrati, consiglio e assemblea popolare costituiscono i tre elementi principali della città Stato. Secondo Francesco De Martino – in *Storia della costituzione romana* – il re sarebbe stato sostituito da un dittatore annuale fino al 451. Ma non è affatto certo. Il patriziato rimaneva comunque un corpo sociale «che non aveva ancora acquisito i suoi contorni definitivi». La storia successiva della Repubblica racconta che i patrizi furono un gruppo chiuso che non accolse nuovi membri prima dell'intervento in tal senso da parte di Cesare e poi del regime di Augusto. Probabilmente i plebei – «ossia tutti coloro che non potevano rivendicare elementi di legittimità politico-religiosa (cioè la maggior parte della popolazione)» – trovarono inizialmente «protettori e sostenitori» fra i re etruschi. La caduta del sistema monarchico e il passaggio alla Repubblica «mutarono la situazione politica a tutto svantaggio dei plebei e portarono a una graduale compattazione di un gruppo la cui base era molto diversificata». Alla secessione del 494 (a.C.) ne seguirono altre (l'ultima più di due secoli dopo, nel 287 a.C.) e furono tutte scosse di assestamento del nuovo sistema istituzionale. I tribuni furono elemento dinamico e fondamentale di questo processo di stabilizzazione.

Allo stato delle nostre conoscenze, risultano «impossibili da dimostrare», secondo Lanfranchi, «le molte teorie che hanno cercato di fare dei tribuni della plebe una derivazione dei capitribù o dei magistrati militari comandanti della lega latina». O «di collegarli con i tribuni militari con potestà consolare». Per quanto ingegnose possano essere, «tali teorie», sostiene Lanfranchi, «sembrano basate su pericolosi cumuli di ipotesi». Meglio stare all'unico dato certo, ed è che li vediamo comparire per la prima volta in una testimonianza di Diodoro Siculo relativa al 471 (a.C.). Anche se, come si è detto, la loro istituzione era già avvenuta a ridosso della prima secessione della plebe. Secessione che – scrive Lanfranchi nella parte più raffinata e originale del libro – fu «un fenomeno politico di carattere rivoluzionario», tant'è che «impose con forza questa nuova magistratura». Fu «per una decisione unilaterale della plebe che i patrizi si trovarono costretti a cedere». Il potere dei tribuni «si basò dapprima sulla forza dei numeri – incarnata nel giuramento iniziale – e non sulla legge». E nemmeno su «un accordo di pace». Di fatto i tribuni della plebe «non erano in senso stretto una magistratura del popolo romano». Dal punto di vista del diritto pubblico, «erano e rimasero sempre magistrati speciali, solo successivamente assimilati ai magistrati del *populus Romanus*». La loro elezione era di esclusiva competenza plebea: ciò li poneva «su un piano teorico diverso» da quello degli altri magistrati, «superiori e a un tempo inferiori». La carica di tribuno rimase inoltre sempre «preclusa ai patrizi», secondo una regola che non conobbe eccezioni nel corso della Repubblica. Mai. I principali poteri dei tribuni erano quello di assistenza individuale (*ius auxilii*), il diritto di riunire la plebe e di agire con essa (*ius cum plebe agendi*), il diritto di coercizione (vale a dire di punire e di trarre in arresto), il diritto di opporsi preventivamente all'azione di un magistrato (*prohibitio*), il diritto di veto contro le decisioni dei magistrati superiori (*intercessio*), e, più tardi, la facoltà di sospendere il lavoro dei comizi (*obnuntiatio*). Poteri di natura, per così dire, oppositiva. Ma che ben presto divennero un formidabile mezzo di pressione politica.

Il potere dei tribuni è stato spesso concepito come un «esempio paradigmatico di potere negativo». Ma se in poco tempo tali capacità si arricchirono e consolidarono, vuol dire che «i mezzi essenziali d'azione dei tribuni della plebe esistevano sin dalla creazione della loro funzione». Questo discorso vale, in particolare, per le tre principali capacità che fungevano da condizioni preliminari di tutte le altre: il diritto di agire con la plebe, il veto e la coercizione. Più complesso è il rapporto dei tribuni con il Senato. Ebbero, i tribuni, il diritto di intervenire nelle sedute senatorie ma non quello di convocare o addirittura di presiedere il Senato stesso. Risulta poco credibile, scrive Lanfranchi, che durante il V secolo un Senato a maggioranza patrizia consentisse ai tribuni della plebe di intervenire, «anche se tali interventi sono menzionati nelle fonti già nel 490 a.C., un'epoca in cui i tribuni erano esclusi dal Senato». Questo diritto però lo ottennero certamente nel IV secolo.

A loro protezione la cosiddetta «lex sacrata» li ammanta nella *sacrosanctitas*. Alla quale si accede – come è ben spiegato da Paolo Prodi in *Il sacramento del potere. Il giuramento politico nella storia costituzionale dell'Occidente* – con una sorta di «giuramento plebeo». Giuramento che, spiega Prodi, consiste in un'invocazione della divinità «come testimone e garanzia della verità\veracità di un'affermazione-dichiarazione o dell'impegno\promessa di compiere una certa azione piuttosto che di mantenere un certo comportamento in futuro». Invocazione «con la quale il singolo accende un rapporto con il gruppo a cui appartiene (o, eventualmente, i gruppi accendono un rapporto fra di loro), ponendo in gioco la propria vita corporale e spirituale in base a comuni credenze che attingono alla sfera della metapolitica».

Il tribuno della plebe non porta una toga orlata di porpora, mentre la indossano tutti coloro che sono investiti di cariche pubbliche. Perché? Forse, ipotizzò Plutarco, per il fatto che il tribunato della plebe «non rappresenta una carica pubblica a tutti gli effetti». Infatti, prosegue l'autore delle *Vite parallele*, «non hanno littori, non trattano gli affari stando seduti sulla sedia curule, non entrano in carica all'inizio dell'anno come tutte le altre cariche pubbliche, non cessano dall'ufficio quando viene eletto un dittatore». Ma, «mentre quello si assume ogni carica, essi soli rimangono, proprio come se non rivestissero una carica pubblica e avessero un altro ruolo». C'è dell'altro. Al console e al pretore «si addice l'orgoglio», osserva ancora Plutarco, «ma il tribuno della plebe deve lasciarsi calpestare e non essere solenne all'aspetto, né di difficile approccio, né aspro con la gente, bensì pronto al servizio degli altri e alla mano con le persone». Perciò «è usanza che la porta della sua casa non sia chiusa, ma resti aperta giorno e notte come porto e rifugio per chi ne ha bisogno». Quanto più «egli si presenta umile nel portamento», tanto più «cresce nel suo potere». Infatti, è universalmente ritenuto «giusto» che il tribuno «sia disponibile alla necessità e accessibile a tutti come un altare». Ciò che lo rende «sacro, santo e inviolabile». Se, mentre procede in pubblico, ha qualche contatto anomalo, «è norma che si pulisca e purifichi il corpo come se fosse stato contaminato».

Il corpo del tribuno doveva essere accessibile giorno e notte. Per questo la sua casa era aperta a tutti. Qualcosa di originale dal momento che le fonti concordano sul fatto che, invece, le residenze degli altri magistrati erano, al contrario, chiuse anche durante il giorno. Il tribuno poteva agire solo se sollecitato «di persona». E, per agire, doveva essere presente «fisicamente». I tribuni non disponevano del potere di «impartire ordini tramite esecutori». Erano obbligati a comunicare direttamente con il destinatario delle loro ingiunzioni, «toccandolo con le mani». Una condizione quasi paradossale, osserva Lanfranchi, dal momento che «pur dovendo egli ottenere un contatto fisico, non doveva a sua volta essere toccato da altri».

Con il tempo – come ha messo in evidenza Arnold J. Toynbee in *Roma e l'Italia prima di Annibale* – i tribuni cessarono di «essere uno strumento di riforme politiche e sociali» e divennero un'arma, «efficace proprio perché ben mimetizzata», per «difendere gli interessi costituiti della classe di governo». Parole che non devono essere lette in senso negativo ma servono a farci capire come i tribuni divennero man mano un elemento di stabilità e di rafforzamento del sistema. Tant'è che sopravvissero, pur se in forme assai diverse da quelle originali, in età augustea e persino nei secoli iniziali del primo millennio. Ma elemento fondamentale per la costruzione del sistema lo erano stati fin dall'inizio, secondo l'originale lettura della loro funzione che diede Niccolò Machiavelli. Il quale nei *Discorsi sopra la prima deca di Tito Livio* considera «positive» anche le tensioni (e persino i disordini) che spesso accompagnavano l'azione dei tribuni fin dalla prima fase della loro attività. Concetto che, secoli dopo, fu ripreso da Jean Jacques Rousseau: nel *Contratto sociale* reinventa la figura del tribuno che «non deve avere alcuna porzione del potere legislativo, né dell'esecutivo». Rendendo con ciò la sua figura ancora più importante. Il tribuno è detentore del vero potere, quello di «impedire tutto». Il destino del tribuno rousseauiano è – proprio per questo – di essere «più sacro» e «più riverito» del principe e dello stesso corpo sovrano. Prendendo esempio da Roma antica, dove «quei fieri patrizi che disprezzavano sempre e indiscriminatamente il popolo, furono costretti a inchinarsi davanti a un semplice funzionario del popolo». Da Rousseau il passo è breve a quel François-Noël (Gracchus) Babeuf che nel 1794, anno cruciale della Rivoluzione francese, sceglierà come testata del proprio periodico ultraradicale: «Tribun du peuple».

Catilina e le trame autoritarie dei suoi nemici

La congiura dell'aristocratico Lucio Sergio Catilina – che sconvolse Roma nel 63 a.C. concludendosi nel gennaio dell'anno successivo con la morte del capo dei congiurati nella battaglia di Pistoia – è ancora oggi uno dei casi più intriganti della storia antica. Apparentemente tutto è chiaro: un avventuriero con grandi complicità nel suo ceto di provenienza ordisce e mette in atto un colpo di Stato; Cicerone si erge a difensore dell'ordine repubblicano, convince Roma a reagire con il massimo dispiego della forza e a debellare il sovversivo. La Repubblica sopravviverà. Ancora per poco. Ma già Sallustio – il primo a scriverne, una ventina d'anni dopo i fatti – lasciò intuire che non tutto era stato così lineare. Tant'è che ancor'oggi «sulle dimensioni e sulla durata della "congiura" né gli antichi né i moderni hanno certezze», scrive Luciano Canfora in *Catilina. Una rivoluzione mancata.* Allo stesso modo non è del tutto chiaro quale fosse l'autentico «programma» politico di Catilina. Quanto al fatto che l'aristocratico ribelle tramasse da anni, prima ancora di essere sconfitto alle elezioni del 64 a.C., «è soltanto un modo non benevolo di descrivere una circostanza ovvia». Cioè, che Catilina come molti altri «capi» della sua epoca – ma anche di altre, perfino della nostra – avesse un «seguito strutturato», fin dall'inizio della sua avventura politica, anni prima di ordire la celebre «congiura». In ogni caso, prosegue Canfora, possiamo considerare un dato acquisito che Catilina «ha imboccato la strada senza ritorno dell'insurrezione armata, quando ha constatato che per la terza volta consecutiva erano riusciti a impedirgli di vincere le elezioni».

Lo storico dedica grande attenzione a Dione Cassio che si occupa della congiura tre secoli dopo gli accadimenti. Dione ha scritto la maggiore opera storiografica su Roma dopo quella di Tito Livio e concentra la sua più che benevola attenzione su Pompeo. Pompeo che, mentre è in atto l'insurrezione di Catilina, tenta, per interposta persona, un autentico colpo di Stato.

Durante l'intera vicenda catilinaria, si allunga sulla Repubblica quella che Jérôme Carcopino – in un libro scritto nel '36 e ripubblicato più volte anche in Italia, *Giulio Cesare* – ha definito l'«ombra di Pompeo». La notizia della morte di Mitridate (63 a.C.) è giunta a Roma mentre Pompeo si trova a Gerico e si prepara all'assedio del Tempio di Gerusalemme. L'uomo che aveva sconfitto il re del Ponto e conquistato l'Asia per conto di Roma, impresa davvero grandiosa sotto il profilo politico oltreché militare, era atteso dalla sua città come il più grande dei condottieri. La vicenda politica a quel punto è consistita, scrive Canfora, in «una lotta contro il tempo in vista del prevedibile rientro di Pompeo e del suo esercito». La scomparsa definitiva di Mitridate era un fatto «epocale», il conseguente prestigio di Pompeo «enorme». Secondo Carcopino, Catilina e i suoi affrettarono i tempi della loro impresa proprio per prevenire il rientro di Pompeo. A

Canfora questa non appare un'ipotesi convincente dal momento che l'atto di insubordinazione dei catilinari «fu, semmai, la reazione alla reiterata sconfitta elettorale». Plausibile gli appare invece che la repressione militare delle truppe catilinarie ammassate in Etruria sia stata affrettata con l'obiettivo – da parte ottimate, tra l'altro – di chiudere la partita prima che Pompeo tornasse. O meglio, decidesse di «affrettare il rientro in Italia» e di «mantenere in funzione le sue legioni» a motivo di un perdurante stato di guerra nella penisola. Va ricordato che Cesare in quel momento è schierato con Pompeo e lo sarà ancora a lungo.

Nel gennaio del 62 a.C. Metello Nepote, con l'appoggio di Cesare, propone due *rogationes* (progetti di legge) per affidare a Pompeo poteri eccezionali, cioè un comando straordinario per affrontare l'esercito di Catilina. Plutarco è esplicito nel denunciare la finalità «eversiva» del progetto. Concorderà anche Dione Cassio. Per i due storici la motivazione addotta («salvare Roma da Catilina») era pretestuosa «mentre il vero fine era quello di conferire a Pompeo poteri dittatoriali». Strumento di tale presa del potere sarebbe stata, scrive Canfora, l'elezione in assenza di Pompeo al consolato. Magari «senza collega e comunque con effetto immediato». Il che avrebbe di fatto comportato «la decadenza (o sospensione?) di Silano e Murena, molto faticosamente eletti alla fine del 63 per il 62». All'autore sembra evidente che l'operazione fosse orchestrata da lontano dal medesimo Pompeo. Ed è proprio in contrasto con Pompeo che Catone organizza la resistenza del Senato a questa iniziativa cercando un compromesso con Metello, il quale reagisce minacciando il ricorso alla violenza nel caso dell'ingresso in città delle legioni pompeiane. Catone lo sostiene e giura che si opporrà al ritorno di Pompeo («in armi») finché sarà in vita. Poi Metello viene costretto alla fuga. Lo stesso Cesare è rimosso dalle funzioni di pretore. Ma a essere davvero sconfitto è il tentativo di portare Pompeo al potere violando le regole della Roma repubblicana.

Pompeo nel momento in cui Catilina si ribella potrebbe prendere il potere con facilità. Ma «se ne astiene». Potrebbe essere «destinatario di onori smisurati». Ma li respinge. Sa bene, scrive Dione Cassio, che «tutti gli onori concessi dal popolo ai potenti fanno nascere il sospetto che siano il risultato di uno sperequato rapporto di forze e dell'azione manipolatrice dei potenti stessi».

Di qui l'ammirazione che Dione Cassio ha per Pompeo. Minor simpatia ha lo storico del III secolo d.C. nei confronti di Cesare. Quel Cesare, già raffigurato come «strumentalmente demagogo» viene colto nella sua doppiezza: vuole «abbattere la potenza di Pompeo» ma lo appoggia perché pensa di «ingraziarsi la massa» mostrandosi devoto del rivale. E conta di «rinsaldare così il proprio potere».

C'è infine Cicerone al quale Dione Cassio guarda quasi con disprezzo. Quantomeno fastidio per il modo in cui l'Arpinate ha costruito il proprio personaggio nell'azione politica e nell'autoraffigurazione. Il celebre oratore è (agli occhi di chi ne scrive qualche secolo dopo) inadeguato rispetto alla propria pulsione al comando. Le sue sono miserevoli astuzie. Voleva, è chiaro, «un ruolo di comando nella Repubblica perché se ne considerava all'altezza». Per conseguire tale obiettivo, però, aveva scelto «una linea di condotta strumentalmente ambigua». Cicerone in altre parole intendeva «dimostrare sia al popolo sia agli ottimati che quello tra i due schieramenti al quale egli si fosse accostato avrebbe prevalso». Astuto. Anche troppo.

Un intervento «diretto e risolutivo» di Pompeo nella guerra contro l'esercito dei rivoltosi e dunque uno scontro diretto sul campo di battaglia tra Catilina e Pompeo (con la prevedibile vittoria di quest'ultimo) «avrebbe cancellato o quasi la centralità di Cicerone nella vicenda nonché il suo ruolo brutalmente conquistato e disinvoltamente proclamato di salvatore della patria». Ed è appunto Cicerone il temporaneo vincitore di questa partita giocata dietro le quinte della «congiura di Catilina». Pompeo a questo punto decide di restare a occuparsi del riordino dell'Oriente. Tornerà solo alla fine di dicembre di quel 62 a.C. Fa un ultimo tentativo per far occupare da suoi uomini le «poltrone» consolari. Ma Catone stronca anche questo disegno. A questo punto Pompeo scenderà a patti con Cesare per dar vita – insieme a Crasso – al triumvirato. Triumvirato definito da Canfora «una pesante anomalia costituzionale che apertamente esorbitava dal quadro della tradizionale res publica». Un «mostro a tre teste». Vero. Però per ciò che riguarda Cesare quel patto con Pompeo si rivelerà un «colpo di genio». Cicerone e «il suo scomodo estemporaneo alleato Catone», vincitori nell'immediato, alla fine perderanno la partita proprio «in virtù di quel "colpo di genio"» di Cesare. Che sarà pagato da Cicerone con l'esilio, mentre Catone verrà messo fuori gioco. Il triumvirato porterà «a un vero e proprio mutamento nella prassi di governo: i comandi (militari e non) di lunga durata».

L'impeccabile ricostruzione di Canfora prosegue con storie di spie, lettere anonime, attentati, agguati, strani silenzi, fraintendimenti, ritocchi della cronologia e dei documenti. Cicerone resta un personaggio fondamentale di questa vicenda. Quantomeno finché inizia a maramaldeggiare contro Catilina (ormai in clandestinità) e a enfatizzare il «rischio corso dalla Repubblica». Cicerone sbaglia i calcoli e prevede una sconfitta di Cesare, insinua che quest'ultimo sia pronto per la tirannide, ma alla fine la prudenza gli impone di «salvare» lo stesso Cesare dalle accuse (da lui stesso avallate) di complicità con Catilina. Fino al giorno in cui, a congiura ormai fallita, nel dicembre del 63 a.C. Cicerone ordina l'uccisione immediata degli arrestati ormai condannati. Una mossa sospetta. Pur se, scrive Canfora, «non deve sfuggire quanto radicata fosse in Cicerone la mania omicida verso gli avversari politici». Sarà Publio Clodio Pulcro, entrato in carica come tribuno della plebe quattro anni dopo quei fatti terribili, nel dicembre del 59, a riaprire il dossier delle condanne a morte «eseguite contro le leggi Porcia e Sempronia». Clodio sostenne che Cicerone aveva addirittura falsificato il testo del *senatus consultum* che aveva sancito quelle condanne. L'Arpinate a quel punto si rassegnò a soccombere e «si autoesiliò prima ancora che l'azione promossa contro di lui giungesse a compimento». Il grande oratore andrà, «malvolentieri», a governare per un anno una provincia romana e al ritorno «troverà la guerra civile già quasi in atto». Cercherà di ritagliarsi ancora un ruolo da protagonista e chiede aiuto a Catone («che lo molla»). Continuerà a considerarsi «parte del "gruppo di testa" della Repubblica». Per mesi tentenna tra Cesare, «che lo corteggia», e Pompeo «dal quale non si sente né fino in fondo apprezzato né tantomeno rassicurato». Prova a inserirsi nella lotta contro Antonio e dalla parte di Ottaviano. Ma il suo tempo è scaduto. Non «aveva più la percezione della realtà e pagò con la vita».

E Catilina? Nell'orazione *Pro Flacco*, Cicerone riferisce, tre anni dopo la morte del sovversivo aristocratico, che sarebbe esistita una sua tomba «ricoperta di fiori» sulla quale «uomini sciagurati, nemici della patria hanno festeggiato con un banchetto». Forse era un'invenzione metaforica finalizzata a risuscitare antichi sentimenti «patriottici». Ma può darsi che nel 59 a.C. (quando Cicerone ne parlò) quel sepolcro esistesse davvero. Il valore politico di un monumento funebre, ricorda Canfora, è grande nell'etica e nella prassi romane. Un esempio per tutti: le ceneri di Cesare da poco assassinato – «e prevaleva ancora nell'opinione pubblica l'idea che si fosse trattato di un "tirannicidio" attuato da eroici "liberatori"» – vennero vegliate per notti e notti dalla comunità ebraica di Roma. Comunità memore dell'onta della profanazione del Tempio e del massacro attuato da Pompeo a Gerusalemme vent'anni prima.

Ma questa storia del sepolcro di Catilina è assai strana. A quel che fu tramandato, una volta fallita la congiura, la testa di Catilina venne tagliata e portata a Roma. Forse il corpo fu restituito alla vedova Orestilla (qualcosa del genere, annota Canfora, avvenne sul suolo d'Egitto per il corpo di un altro decapitato illustre: Pompeo). Possibile, dal momento che Orestilla fu affidata da Catilina stesso alla protezione di un avversario che gli era stato amico:

Quinto Lutazio Catulo. Di figli Catilina non ne ebbe. O meglio all'epoca si diffuse la voce che ne avesse avuto uno e che fosse morto di morte violenta. Quella che Canfora definisce una «leggenda nera». Anche questa usata per far rivivere l'ombra di Catilina destinata a incombere sul tramonto della Repubblica.

Gregorio VII, un autocrate rivoluzionario

Tutto è incerto, ambiguo e affascinante nella storia del Medioevo. A cominciare dalle datazioni. Il Medioevo comincia e finisce in periodi ed età diverse a seconda dei punti di vista e dei differenti Paesi, nota Glauco Maria Cantarella nel libro *Inventario medievale. Percorsi, storie e protagonisti dell'età di mezzo.* Nei manuali italiani l'età di mezzo comincia nel 476 d.C., con la deposizione di Romolo Augustolo a opera del barbaro Odoacre. Trascurando il fatto non marginale che Odoacre era un barbaro «integratissimo» (come del resto Flavio Oreste, padre di Romolo Augustolo). Altrove il Medioevo può iniziare nel 300 (Scozia), nel 400 (Galles) nel 1050 (Danimarca), nel 1150 (Finlandia). Stessa incertezza vale per la fine.

Non c'è un personaggio medievale che meglio di Gregorio VII consenta di comprendere l'intimo rapporto tra termini apparentemente in contrasto l'uno con l'altro come restaurazione, innovazione, rivoluzione. Quel papa (1073-1085), conosciuto per aver costretto l'imperatore Enrico IV a umiliarsi a Canossa (1077), è passato alla storia per essere stato un grande restauratore, un grande riformatore e un grande rivoluzionario. Ed è adesso – assieme a pellegrini, monaci, cavalieri, inquisitori, Templari, eretici, ordini mendicanti e molti altri – uno dei protagonisti del raffinato libro di Cantarella, che aveva già dedicato a quel pontefice un'accurata monografia – *Gregorio VII. Il papa che in soli dodici anni rivoluzionò la Chiesa e il mondo occidentale* – in cui, fin dal sottotitolo, aveva scelto di definirlo un «rivoluzionario». A conclusione di quel volume, Cantarella si prese la briga di calcolare l'esatta durata del pontificato gregoriano: dodici anni, un mese e sei giorni; 4416 giorni, 105.984 ore, 6.359.040 minuti, 381.542.400 secondi. Questo, scrisse, «il cronometro che scandì l'avvio della modernità».

Nella storia medievale si danno molti casi di autocrati cristiani destinati, come in questo caso, a passare alla storia non già per come imposero la loro autorità, bensì come «rivoluzionari». Ovviamente Ildebrando di Soana – «che di Soana non era... ma poco importa», ironizza Cantarella a proposito dei suoi natali – all'atto dell'elezione al soglio pontificio (irregolare, come del resto irregolari furono tutte le elezioni di un pontefice tra l'XI e il XII secolo) non poteva sapere che era destinato a diventare uno dei papi più importanti della storia. E che avrebbe dato il via a un'autentica rivoluzione tale da modificare «le strutture della Chiesa cattolica per il millennio a venire». Nelle sue intenzioni voleva essere, anzi, un restauratore. La volontà di accentuare fin dall'inizio del pontificato il carattere piramidale e verticistico della Chiesa non era tra l'altro una sua invenzione. Cinquant'anni prima della sua ascesa al soglio pontificio, Poppone, arcivescovo di Treviri, aveva messo in chiaro che la superiorità gerarchica valeva come una superiorità giurisdizionale e pretendeva che ogni suo sottoposto si comportasse «come se fosse un servo».

Ma Gregorio VII si proponeva come «restauratore» di norme e procedure che, pur previste, quasi mai erano state messe in atto. In qualche caso tali norme e procedure erano state sperimentate, anche con successo. Ma con modalità assai diverse. Non esiste una sola riforma nell'XI secolo: «Le riforme non nascono come insieme di sistema, lo diventano». Gregorio VII si propone di rendere generale e uniforme quel sistema di norme e procedure. Ed è questo il primo passo della sua «rivoluzione». Le riforme gregoriane, scrive Cantarella, «non restaurano un passato che in quanto tale, cioè in quanto essere sistemico, non era mai esistito». Lo inventano. Riforma e restaurazione a questo punto si identificano e generano un clamoroso processo di innovazione. Il cui risultato è, appunto, una rivoluzione.

Quanto al rapporto della Chiesa rivoluzionata con l'impero, per conoscerne l'antefatto si deve tornare indietro di oltre sette secoli, all'11 maggio del 330 d.C., quando fu celebrato ufficialmente il trasferimento della capitale a Costantinopoli. In realtà era da decenni, dalla riorganizzazione funzionale di Diocleziano, che Roma non era più la sede unica dell'impero. Dal 330 d.C., scrive Cantarella, Roma non aveva più il sovrano che si era trasferito a Oriente; l'Occidente ne era rimasto sguarnito, l'unico restato al suo posto nella capitale fondativa era il papa; dunque, si dissero i papi, il sovrano doveva essere il pontefice. E per volontà dell'imperatore, il quale «era l'unico che potesse attribuire le cariche e i regni con piena legittimità (tanto che i re visigoti, ostrogoti e franchi si rivolsero agli imperatori per essere riconosciuti come tali)». Molto tempo dopo fu creato persino un falso documento, la *Donazione di Costantino*, per certificare quel dato di fatto, cioè che il papa avrebbe esercitato il potere temporale, avrebbe cioè «regnato». E lo avrebbe fatto per volontà dell'imperatore. Donazione che prese il nome di *Constitutum Constantini*. La lingua in cui è scritta, afferma Cantarella, ha poco o nulla in comune con l'elegantissimo latino del IV secolo. E Lorenzo Valla nel Quattrocento fu in grado di dimostrare con relativa facilità che si trattava di un falso, come ha ben ricostruito Giovanni Maria Vian in *La donazione di Costantino*. Tuttavia, i termini giuridici stavano a significare qualcosa di preciso, cioè che si trattava di una decisione dell'imperatore formalizzata per iscritto in un atto legittimo. «Constitutum» significa proprio questo. Da quel momento si creò però un problema di «concorde convivenza» tra papato e impero.

E torniamo all'XI secolo. Gregorio VII, in piena età matura, si trova ad avere a che fare con il ventiduenne Enrico IV. Faceva notare Cantarella, nel precedente libro dedicato a Ildebrando, che Gregorio non scriverà mai a Enrico nel suo primo anno di pontificato ma «gli farà giungere tutte le principali espressioni delle sue buone intenzioni». Compresa quella di non porre problemi alla sua incoronazione imperiale.

Gregorio VII ed Enrico IV non avevano la minima intenzione di confliggere fra loro. Anche per il nuovo papa, già pieno di esperienza e navigato in politica, e per il giovane re il modello ideale era quello della «concordia» tra le due massime autorità della cristianità. «Il sole e la luna dell'universo cristiano.» Non è con lui, bensì con il «sistema episcopale del regno» che entrarono in conflitto gli interventi del papa. E il «sistema episcopale del regno» era il nucleo della forza del re, sia in Germania sia in Francia. Di qui, conflitti che diventano progressivamente più acuti, e il re non può chiamarsene fuori. Passo dopo passo, si arriva alle scomuniche, alle deposizioni del papa e del re, all'antiré Rodolfo di Svevia e all'antipapa Clemente III. Siamo alla delegittimazione reciproca: il re non è (più) re, il papa non è (più) papa. Sarà in conseguenza di questo, scrive Cantarella, che Gregorio invertì la simbologia cosmologica e fece del papa il sole. Un'«altra rivoluzione da cui il papato non tornò più indietro».

Non fu la condanna delle investiture che fece deflagrare lo scontro e finì per condizionare «i comportamenti del re che non poteva fare a meno dell'appoggio dei vescovi». Anzi, osserva lo storico, di quella condanna che scatenò la «disputa sulle investiture» noi non abbiamo nemmeno il documento. Sappiamo che si chiuse solo nel 1122 con un compromesso che «facendo uso di veri e propri giochi di parole», riusciva a salvare tanto il papa quanto l'imperatore. Ma l'assenza di un documento è strana dal momento che sappiamo che Gregorio VII curò personalmente la pubblicazione annuale dei suoi atti, decidendo quali dovevano essere salvati nonché resi pubblici, quali no. E in quale ordine quelli salvati dovessero figurare, almeno fino al 1083. Oltretutto, «di preciso non si sapeva nemmeno cosa fosse un'investitura».

A far scoppiare il conflitto tra Gregorio ed Enrico fu l'insistenza del papa a chiedere che il re facesse penitenza per aver avuto contatti con ecclesiastici scomunicati. Sarebbe stato sufficiente che il re avesse preso nette distanze da quegli ecclesiastici e dai consiglieri che avevano favorito quei contatti. Solo che era proprio a quei consiglieri che Enrico IV doveva l'importante vittoria contro i sassoni. Non poteva dissociarsene. Fu in questo contesto che si arrivò a Canossa, «il famoso episodio di cui non si ricorda mai che si trattò di un negoziato intenso». Negoziato che trovò un punto di compromesso in una formulazione ambigua che lasciava le mani libere sia al re sia al papa. Tant'è che non generò una pace e il conflitto riprese subito dopo. L'arcivescovo di Magonza, anche (se non soprattutto) per ridimensionare la portata dell'accordo di Canossa, incoronò Rodolfo di Svevia. E il re fu costretto a riprendere la contesa con il pontefice. Ne vennero fuori una seconda scomunica e l'elezione di un antipapa (Clemente III).

Ma nel frattempo era iniziata la «rivoluzione» di Gregorio VII. L'invenzione dell'ortodossia: «Non sia da ritenere cattolico chi non è d'accordo con la Chiesa di Roma»; «chi non senta in concordanza con i decreti della sede apostolica» dev'essere considerato «eretico». La Chiesa è Roma. Chi non si uniforma sarà combattuto. E quelli che si alleeranno con coloro che non si sono uniformati, verranno anch'essi debellati. Con vigore. A ciò va aggiunta l'imposizione del celibato ecclesiastico, che da allora obbligò i chierici secolari allo stesso statuto di castità previsto per i monaci. Imposizione che fu subito aspramente contestata non soltanto perché giudicata irrealistica, ma soprattutto perché si basava «su un'interpretazione innovativa delle Scritture dei Padri». Quelle proposizioni, osserva acutamente Cantarella, non si trovano in una raccolta canonica o in qualche lettera, scritti destinati a pochi. Bensì in due «repertori di predicazione», di modo che fossero annunciate ai quattro venti e tutti potessero ascoltarle. Ogni essere umano avrebbero saputo che cosa significava «stare con Roma» e che cosa comportava stare «contro Roma».

Tutto sommato, aveva scritto Cantarella nella sua monografia su Gregorio VII, non era neanche un'idea così nuova. Era implicita da tempo. Perlomeno nella «prassi» della sede apostolica. Papa Gregorio VII si era limitato a esplicitarla, «anche se in forme clamorose». La «rivoluzione papale» in realtà non era prevista. Si impose da sé nella progressiva ricerca di una maggiore efficienza ed efficacia del governo della Chiesa universale. Di più: dei necessari controlli di quel governo e dei «sistemi» di governo. Si trattava di dare effettualità alle riforme maturate nei decenni precedenti, nel corso del secolo successivo all'anno Mille. «Le vicende politiche, gli imprevisti, le vere e proprie catastrofi della quotidianità», a detta dello storico, «fecero il resto.»

Cosa è allora che rese diverso il pontificato di quel papa? Il fatto che Gregorio VII si rivelò un genio della comunicazione. Nel senso che intuì la portata dell'arte di diffondere la notizia e se ne impossessò. La sua rivoluzione «più ancora che con la messa a punto di strumenti normativi e pratici di governo» consiste nel riuscire a far percepire Roma (cioè il papa) come «metro di tutto». Dopodiché occorreranno un secolo o due per ottenere la piena realizzazione del progetto gregoriano.

I papi successivi, scriveva Cantarella in *Gregorio VII*, fecero proprie le sue acquisizioni «senza proclami e senza schiamazzi». Soprattutto ebbero «la strumentazione non soltanto teorica (resa sempre più acuminata dalla discussione dialettica) ma pratica, via via aggiustata e messa a punto proprio negli anni incandescenti di Gregorio». Alla morte di Ildebrando di Soana la lotta per le investiture era incontrollabile: durerà per altri trentasette anni e quattro mesi. A parte ogni altra considerazione, fu necessario anche «forgiare gli strumenti teorici» per avviare a conclusione quella lotta. Ma i principi della rivoluzione gregoriana sopravviveranno a quella contesa e resteranno definiti una volta per tutte nell'intero secondo millennio. Ancora oggi, all'inizio del terzo.

I Templari, combattenti per la libertà

Nel gennaio 1129 (forse già nel 1128) si tenne a Troyes, nella Francia Nordorientale, un importante concilio. I lavori si svolsero alla presenza di Matteo di Albano, legato pontificio di papa Onorio II. Scopo delle assise era quello di risolvere alcune dispute che riguardavano il vescovo di Parigi. Ma i convenuti sarebbero passati alla storia per aver accolto l'appello di Ugo di Payns a che fosse riconosciuto come «ordine della Chiesa» quello dei monaci cavalieri impegnati nella difesa della Terrasanta. In un certo senso – spiega con efficacia Jacopo Mordenti in *I Templari. Storia di monaci in armi (1120-1312)* – la via era stata aperta da Urbano II trent'anni prima, a fine novembre 1095, nel discorso di chiusura di un altro concilio, quello di Clermont. Concilio di Clermont con il quale il papa aveva indetto la prima crociata. Mi raccomando a voi, «è necessario che vi sbrighiate a prestare soccorso ai vostri fratelli d'Oriente che più volte vi hanno chiesto l'aiuto di cui hanno bisogno», era stata l'esortazione di Urbano II. Un soccorso, quello invocato, «voluto da Cristo», che avrebbe dovuto impegnare «cavalieri e fanti, ricchi e poveri» per «spazzare via dalle nostre terre quella stirpe malvagia». L'aristocrazia occidentale nel suo complesso (a differenza dei tiepidi sovrani dell'epoca) aveva risposto «con fervore» all'appello del pontefice. Tra l'agosto e il settembre del 1096 partirono per l'Oriente contingenti che contavano, ognuno, «decine di migliaia di persone con equipaggiamento e animali al seguito», scrive Mordenti. Quasi «delle piccole variopinte città in viaggio, speranzose e indebitate, da gestire e soprattutto da rifornire in corso d'opera». Presto si sarebbe posto il problema di qualcuno che difendesse in maniera stabile queste comunità.

Una volta ottenuto il loro scopo, soccorritori e pellegrini avrebbero avuto, infatti, bisogno di una «protezione armata». Fu subito chiaro che tale protezione poteva essere garantita soltanto da un corpo speciale composto da uomini a un tempo monaci e combattenti. Necessità che si rese evidente in maniera definitiva allorché nel 1119 truppe musulmane tesero un'imboscata a un gruppo in visita sul Giordano, uccidendo trecento persone e catturandone sessanta. Fu a quel punto che venne costituito l'Ordine dei Templari il quale, secondo la successiva testimonianza di Giovanni da Würzburg, si insediò in un tempio edificato da Salomone (di qui il loro nome: «Poveri compagni d'armi di Cristo e del tempio di Salomone», abbreviato in «Templari»). E in un certo senso i Templari furono combattenti per la libertà.

Alain Demurger in *Vita e morte dell'Ordine dei Templari* ha ben descritto i problemi che si posero per la loro doppia natura di «monaci» e «combattenti». Demurger ha poi raccontato l'inatteso successo, soprattutto a carattere economico, che quasi fin dall'inizio caratterizzò questa istituzione. L'Ordine, scrive Glauco Maria Cantarella nella prefazione al libro di Mordenti, «ricevette in dono di tutto da ogni categoria sociale; ottimizzò al meglio le risorse e al contempo ne fu ottimizzato nella gerarchia, lungo una catena di comando che si irradiò dall'Oriente latino a Parigi, a Londra, all'Europa intera». I Templari furono «attivissimi nelle attività finanziarie», prosegue Cantarella, «spesso i loro primi clienti furono i papi e i sovrani».

Il loro impero economico – ha scritto Malcolm Barber in *La storia dei Templari. Vita avventurosa, storia e tragica fine dei leggendari monaci guerrieri* – diventerà più importante delle loro imprese militari. E, come ha spiegato Simonetta Cerrini in *L'apocalisse dei Templari. Missione e destino dell'ordine religioso e cavalleresco più misterioso del Medioevo*, per paradosso saranno proprio le loro fortune a causarne, nel giro di due secoli, la fine.

Mordenti è assai circostanziato nel ricostruire la guerra che, a partire dall'autunno del 1307, investì l'Ordine di questi monaci combattenti (ma, a questo punto, soprattutto banchieri). Era già accaduto – ha messo in evidenza Nicholas Morton in *Gli ordini religiosi militari* – che le ricchezze dei Templari venissero confiscate, «in particolare quando le finanze di un regno scarseggiavano». Nel 1263, ad esempio, il principe Edoardo d'Inghilterra (futuro Edoardo I) «aveva fatto irruzione nella casa templare di Londra e rubato», scrive Morton, «ingenti quantità di oggetti di valore». Ma nel 1307 il caso si porrà in termini assai più gravi: il re di Francia Filippo IV detto «il Bello», reduce da guerre assai impegnative – prime tra tutte quelle con le Fiandre e con l'Inghilterra – che gli avevano provocato difficoltà economiche di grandi proporzioni, decise di farli fuori del tutto per impossessarsi del loro patrimonio. A tal fine li accusò di eresia avvalendosi della «confessione» di uno di loro, Ugo di Pairaud. Al cospetto di un inquisitore, il Di Pairaud rivelò di aver «rinnegato Cristo», «sputato sulla sua immagine e sulla croce», «scambiato baci illeciti», «adorato un falso idolo» e «consentito atti di sodomia». Il tutto nel corso di ben quarantaquattro anni di presenza nell'Ordine.

In realtà, come ben spiega Mordenti, la scandalosa confessione giunse a conclusione di un decennio in cui re Filippo – tramite il suo cancelliere Guglielmo di Nogaret – aveva già iniziato a muovere all'attacco dei Templari nell'ambito di un violentissimo scontro con papa Bonifacio VIII. Tale conflitto toccò il culmine nel 1303 con la scomunica da parte di Bonifacio del re francese a cui seguì, ad Anagni con la complicità di Giacomo Sciarra Colonna, l'oltraggio nonché il breve sequestro del pontefice stesso. La partita con i Templari che l'uomo di Filippo il Bello giocherà ancor più esplicitamente dal 1305 non avrà, secondo Mordenti, un carattere esclusivamente finanziario. Sarà soprattutto politica. L'obiettivo di Nogaret era quello di «cucire un bersaglio addosso al Tempio» per «mettere sotto pressione» Clemente V, il successore di Bonifacio (morto nell'ottobre di quello stesso 1303). Tutto ciò «per avviare il processo alla memoria di Bonifacio VIII e risolvere gli strascichi di Anagni che lo vedevano coinvolto in prima persona». Nogaret «lavorò con cura al dossier, raccogliendo le testimonianze di ex Templari e perfino servendosi di alcuni di essi come talpe».

Si giunge così all'estate del 1307. Filippo il Bello muove all'attacco convocando il gran maestro Giacomo di Molay per contestargli le «prove» contro i Templari raccolte da Nogaret. Giacomo di Molay corre ai ripari chiedendo a papa Clemente V di aprire a sua volta un'inchiesta che renda possibile scagionare l'Ordine. Il pontefice risponde di sì, ma il 24 agosto fa sapere che l'indagine inizierà solo a partire da ottobre perché ha bisogno del mese di settembre per curarsi da alcuni suoi gravi malanni. E qui Filippo gioca d'anticipo. Dedica l'intero settembre alla preparazione dell'offensiva e il 13 ottobre – mentre stanno per iniziare i lavori dell'inchiesta papale – fa scattare in tutto il regno di Francia una retata che coinvolge oltre cento Templari. Edoardo II d'Inghilterra e Giacomo II d'Aragona – ricevuta da Filippo una lettera in cui li si informa dell'iniziativa – fanno finta di niente e non prendono provvedimenti. Ma nel giro di poche settimane giunge dalla Francia la notizia che ben centotrentaquattro Templari (su centotrentotto tratti in arresto) hanno confermato il quadro accusatorio che ricalca i modelli della guerra contro l'eresia catara e quella valdese. Il 21 ottobre il Templare normanno Goffredo di Charney nel corso dell'interrogatorio crolla e conferma «almeno in parte» l'esistenza del «rituale segreto» che gli si contesta. Tre giorni dopo è la volta del gran maestro dell'Ordine Giacomo di Molay che ammette il «rinnegamento di Cristo» e lo «sputo sulla croce». Il gran maestro di Molay ordina ai Templari di «dire la verità», nei fatti suggerisce ai suoi di «riconoscere le accuse degli inquisitori». Il 9 novembre è la volta delle ammissioni delle quali si è detto, le più dettagliate e per certi versi definitive, da parte di Ugo di Pairaud. La sua, scrive Mordenti, è una confessione evidentemente «non spontanea»: viene ascoltato nello stesso giorno una prima e poi una seconda volta non per ritrattare ma per «correggere» le proprie affermazioni in modo che non ci siano discrepanze con le altre. Ma ancorché sia una confessione a ogni evidenza estorta, l'effetto è enorme.

Clemente V, preso in contropiede, si rende conto, spiega Mordenti, che è «impossibile fermare il meccanismo messo in moto da Filippo il Bello». L'unico modo che ha di intervenire è quello di provare ad assumere il controllo della macchina infernale ordinando l'arresto di tutti i Templari e mettendo i loro beni sotto tutela ecclesiastica. Immediatamente procede in tal senso con una bolla, *Pastoralis praeminentiae*, emanata il 22 novembre. I sovrani d'Europa si adeguano con maggiore o minore velocità a seconda della loro sintonia con il re di Francia. A questo punto papa Clemente spedisce alla corte del re Filippo due suoi emissari, Berengario Frédol e Stefano di Susy, che chiedono la consegna alla Chiesa dei Templari arrestati. Il re è costretto a obbedire (sia pure solo parzialmente) all'ingiunzione. Deve consegnare ai cardinali Giacomo di Molay, il quale immediatamente (dicembre 1307) ritratta la confessione resa due mesi prima. Trascorrono altri due mesi: Clemente, sulla base della ritrattazione del di Molay e di altri, annulla i procedimenti avviati dal re di Francia e sospende l'azione degli inquisitori. La risposta di Filippo è velocissima: fa diffondere libelli anonimi che accusano il pontefice di eresia e, tra le righe, minaccia di riservargli lo stesso trattamento usato per Bonifacio VIII. Clemente resiste e chiede di poter interrogare personalmente i più importanti tra gli accusati. Ma un primo incontro diretto, a

Poitiers, salta. Poi Filippo accetta. Il colloquio/interrogatorio avverrà nel suo castello di Chinon tra il 17 e il 20 agosto 1308 e sarà presente, assieme ai tre cardinali mandati dal pontefice, anche Guglielmo di Nogaret. A sorpresa – come ben ricostruisce Barbara Frale in *Il papato e il processo ai Templari. L'inedita assoluzione di Chinon alla luce della diplomatica pontificia* – Giacomo di Molay ritratta la precedente ritrattazione, ottenendo per sé e per i suoi l'immediato perdono da parte dei cardinali per conto del papa stesso. Soluzione «politica». Clemente V ribadisce una volta per tutte la propria competenza per quel che riguarda il giudizio ultimo sui dignitari dell'Ordine. Quanto ai beni dei Templari sul suolo di Francia, è Filippo il Bello a esserne «provvisoriamente affidatario», in ragione del fatto che il re tiene sotto custodia i Templari di Francia «su mandato della Chiesa».

A questo punto però è il papa a trovarsi in difficoltà. Più passa il tempo, più vengono alla luce prove dell'inconsistenza delle accuse ai Templari. Clemente V «ne è irritato». Lo scontro in atto con Filippo il Bello, scrive Mordenti, «non consente passi falsi». Perciò, «esasperato dalla generale modestia dei risultati delle commissioni diocesane», il papa decide di rivedere «la forma e la sostanza dei procedimenti contro i Templari». Il caso più spinoso è quello provocato, nel 1311, dall'arcivescovo ravennate Rinaldo da Concorezzo che rifiuta di ricorrere alla tortura e dichiara i Templari innocenti. Il papa gli ordina di riaprire il processo e, in caso di mancate ammissioni, di torturare gli accusati. L'arcivescovo rifiuta. Il compromesso di Chinon si è ritorto contro Clemente V che adesso si ritrova dalla stessa parte della barricata di Filippo il Bello. Anzi, è lui ancor più del re di Francia che si vede costretto a esigere confessioni e torture laddove, come è ovvio, non ci sono prove della colpevolezza dei Templari. Il tutto troverà conclusione nel rogo a cui sarà mandato nel 1314 Giacomo di Molay (assieme a Goffredo di Charney). Una leggenda riferita da Demurger afferma che in punto di morte l'ultimo gran maestro dell'Ordine dei Templari lanciò una maledizione contro Clemente V e Filippo il Bello. I quali di lì a breve, potenza (forse) della maledizione, andranno incontro alla morte. In quello stesso 1314.

Simonino martire anche dell'antiautoritarismo

Il Venerdì Santo del 1475 (24 marzo), al temine delle funzioni religiose, mastro Andreas Unverdorben si avvicinò al principe vescovo Johannes Hinderbach – un umanista, già segretario di Federico III nonché grande amico di Enea Silvio Piccolomini, futuro papa Pio II – e gli chiese di aiutarlo a ritrovare il figlio Simone scomparso la notte precedente. Nelle ore seguenti il bambino, che aveva due anni e mezzo, non fu ritrovato. Il giorno successivo, sabato, vigilia di Pasqua, mastro Andreas suggerì al podestà Giovanni de Salis di «inviare i suoi servi nelle case degli ebrei», dal momento che «aveva sentito in molte parti della città che durante questi giorni sacri gli ebrei cercano, in segreto, di rapire bambini cristiani e ucciderli». Il podestà guidò i suoi uomini alla casa di Samuel, capo della comunità ebraica, ma la loro ricerca non ebbe successo. A trovarlo, morto, nella cantina collegata a un fossato esterno della casa di Samuel, furono l'indomani (domenica di Pasqua) gli stessi ebrei che informarono l'autorità cittadina. Qualcuno riferì di aver notato sul cadavere tracce ematiche. Dettaglio importante dal momento che «i cristiani vedevano in questo un segno divino, perché credevano che le vittime uccise da poco sanguinassero alla presenza dei loro assassini», scrive Ronnie Po-Chia Hsia, storico nato a Hong Kong poi trapiantato negli Stati Uniti, in *Trento 1475. Storia di un processo per omicidio rituale.* Il libro di Po-Chia Hsia è da tre decenni un classico sulle origini dell'antisemitismo cristiano moderno, ma solo di recente può essere letto in italiano. Il podestà ordinò che il corpo di Simonino fosse trasportato nella chiesa di San Pietro e fece arrestare Samuel assieme ad altri cinque israeliti.

Gli imprigionati vennero sottoposti alla tortura della «strappada». La vittima aveva le mani legate dietro la schiena con una lunga corda e veniva poi sollevata in alto da una carrucola; lasciato penzolare a diversi metri da terra, l'imputato si trovava così davanti al giudice, assistito da uno scrivano che riportava il dialogo, e dal carceriere che fungeva da torturatore. Al trattamento fu sottoposto anche l'ottantenne Moses, il quale raccontò che trentacinque anni prima, nel 1440, a Merano qualcuno «aveva collocato» un bambino morto nella casa di un ebreo. In quell'occasione il capitano incaricato delle indagini aveva capito che si trattava di una macchinazione e aveva tratto in arresto il cristiano responsabile d'averla ordita.

Stavolta però le cose andarono diversamente. Gli ebrei furono torturati, costretti a parziali ammissioni e alla fine uccisi. Già dal mese di maggio il principe vescovo Hinderbach promosse il culto del martirio del piccolo Simone, al quale nel giro di poco più di un anno furono attribuiti centoventinove miracoli. Questo culto produsse numerosi episodi di violenza contro gli ebrei. Il doge di Venezia Pietro Mocenigo fu il primo ad allarmarsene e a mettere in dubbio la veridicità del racconto. In soccorso del principe vescovo intervenne però il bresciano Giovanni Mattia Tiberino, uno dei medici che avevano esaminato il corpo del bambino subito dopo il suo ritrovamento. Tiberino scrisse una lunga lettera in elegante latino classico indirizzata al Senato e al popolo di Brescia in cui paragonava le sofferenze del piccolo Simone a quelle inflitte a Cristo. Il testo di quella lettera, trasformato in un opuscolo, scrive Po-Chia Hsia, «divenne l'opera di propaganda antigiudaica sull'omicidio rituale di Trento», non soltanto perché Tiberino era un medico ma per il fatto che quell'epistola, in virtù di una «notevole esibizione di retorica», costruiva «una storia di pathos e di verosimiglianza». A fine giugno, come si è detto, furono condannati a morte nove uomini, tra cui il vecchio Moses che si era già tolto la vita. Due dei condannati all'ultimo minuto chiesero il battesimo che fu loro accordato. Ma subito dopo il battesimo furono entrambi decapitati.

A questo punto ci fu però un imprevisto. Papa Sisto IV (il francescano Francesco della Rovere) in luglio chiese al principe vescovo Hinderbach di sospendere la promozione del culto di Simone e di sottoporre le «prove» alle verifiche di un suo inviato, Battista De' Giudici, vescovo di Ventimiglia. De' Giudici offriva garanzie di «imparzialità» dal momento che era stato sì mandato a indagare su quel caso, ma «predicava e scriveva spesso contro gli ebrei e non aveva mai, in tutta la sua vita, condiviso un pasto o una bevanda con un ebreo». In realtà pensava – come il papa, del resto – che quella storia fosse tutta una montatura. Giunto a Trento ai primi di settembre, De' Giudici fece interrogare dai suoi assistenti tre o quattro testimoni degli «eventi straordinari» attribuiti a Simone e scoprì che i presunti miracoli erano descritti in una maniera «mendace, fraudolenta e ingannevole». Volle allora esaminare gli atti originali del processo ma Hinderbach si oppose (poi però dovette arrendersi). Chiese allora di poter parlare con gli ebrei che erano ancora in prigione ma anche stavolta gli fu risposto di no. In una lettera del 26 settembre, scritta – precisò – in «conformità con il mandato papale», De' Giudici chiese a Hinderbach, pur in «tono amichevole», di liberare gli ebrei ancora imprigionati. Ebrei che erano – a suo avviso nonché a ogni evidenza – innocenti.

La reazione di Hinderbach fu di nominare un proprio inviato, il frate domenicano Heinrich di Schlettstett, perché raccogliesse nel Sud della Germania «prove» di casi analoghi verificatisi in precedenza. L'emissario si diede da fare per tutto il mese di ottobre. Ai primi di novembre De' Giudici tornò alla carica chiedendo che fossero liberate donne e bambini ebrei. I trentini provarono a tirarla per le lunghe ma alla fine misero in libertà i bambini. A fine novembre Hinderbach accusò l'inviato del papa di aver «accettato soldi dagli ebrei». A questo punto Sisto IV nominò una commissione speciale che si occupasse del caso.

Hinderbach corse ai ripari spedendo due suoi emissari, Wilhelm Rottaler e Approvino degli Approvini, da Cristoforo della Rovere, un arcivescovo nipote del papa destinato a essere elevato alla porpora cardinalizia. Fu Cristoforo della Rovere a informare i suoi interlocutori che De' Giudici non era più nelle grazie di papa Sisto e che il pontefice non voleva essere costretto a scegliere tra l'uomo che aveva mandato a Trento e il principe. I due inviati di Hinderbach ottennero qualche risultato nel senso che il papa – pur convinto in partenza che quella di Trento fosse stata una messa in scena – assunse una posizione intermedia, ribadì la proibizione a ogni cristiano di «uccidere o mutilare gli ebrei» ma autorizzò il «culto di Simonino». Culto che poté crescere anche per l'impegno dei francescani.

Dopo la sconfitta della sua causa nella curia, De' Giudici lasciò Roma per diventare governatore di Benevento. Prestò poi servizio, nel 1480, come legato papale in Francia e alla fine tornò nelle grazie della corte papale. Gli fu promesso, nel 1484, l'arcivescovato di Patrasso ma morì quello stesso anno prima di assumere il nuovo incarico. Pochi mesi più tardi, nell'agosto di quello stesso 1484, morì anche Sisto IV. Due anni dopo scomparve Hinderbach, ossessionato fino al suo ultimo giorno di vita dal progetto di canonizzazione di Simone. Senza poter vedere, scrive Po-Chia Hsia, «il suo piccolo martire elevato alla santità». Ma avendo in buona sostanza vinto la partita.

Simonino continuò a «vivere» a lungo. A Trento, una cappella in San Pietro fu dedicata al suo «martirio». Promosso dai francescani osservanti, il suo culto si diffuse in molte comunità dell'Italia settentrionale e della Germania del Sud. Nel corso del concilio di Trento (1545-1563) la cappella dedicata a Simonino fu meta per molti dignitari ecclesiastici. Nel 1588 papa Sisto V autorizzò il culto locale del bambino scomparso alla vigilia di Pasqua del 1475.

Léon Poliakov nella *Storia dell'antisemitismo. Dalle origini del cristianesimo all'Europa del Cinquecento* stabilì un rapporto tra questa incredibile storia e la predicazione di san Bernardino da Feltre. Un santo, scriveva Poliakov, lodato dai biografi «per non essere caduto nelle bizzarrie tipiche dei predicatori della sua epoca, e per non essersi abbandonato ad apocalittiche profezie di guerre, flagelli e altre sanguinose calamità». Tant'è che si asteneva dal profetizzare. «Eccetto che sugli ebrei.» Così, predicando a Trento, avvertiva i fedeli del pericolo ebraico, e precisava che «non passerà la festività della Pasqua senza che voi ne sappiate qualcosa». Tutto ciò alla vigilia della vicenda che riguardò il piccolo Simone. Anche se, precisava Poliakov, è impossibile dire se il caso «sia nato spontaneamente in seguito alla predicazione del beato o se in qualche modo questi vi fu coinvolto più direttamente».

Ai primi del Settecento il protestante tedesco Christoph Wagenseil pubblicò un trattato in cui metteva in dubbio la realtà dei presunti omicidi rituali. Massimo Introvigne in *Cattolici, antisemitismo e sangue. Il mito dell'omicidio rituale*, si è soffermato sulla circostanza che nel 1759, tre secoli dopo i fatti di Trento, il cardinale Lorenzo Ganganelli (futuro papa Clemente XIV) raccomandò al Sant'Uffizio di non prestare fede alle false accuse contro gli ebrei. Avanzando l'ipotesi che quelle storie di israeliti infanticidi fossero nient'altro che leggende. Simili, tra l'altro, a quelle dei pagani contro i primi cristiani. A fine Ottocento il teologo protestante Hermann Strack e lo storico israelita Moritz Stern diedero alle stampe studi che confutavano i processi agli ebrei per omicidio rituale. A quel punto, nel 1902 un sacerdote di

Trento, il canonico Giuseppe Divina, scrisse una *Storia del beato Simone da Trento*, in cui ribadiva la piena credibilità storica della ricostruzione processuale. Ma nel 1903 un brillante studente ventiduenne della facoltà di giurisprudenza di Graz, Giuseppe Menestrina, smontò per intero quella ricostruzione.

Dovevano trascorrere altri sessant'anni prima che, all'epoca del concilio Vaticano II, si riaffacciassero con grande vigore le tesi del cardinal Ganganelli. Il merito va in gran parte al presbitero nonché storico della Chiesa trentina, monsignor Iginio Rogger – autore della *Storia della Chiesa di Trento. Da Vigilio al XIX secolo* – protetto da papa Giovanni XXIII. Nel 1963 Gemma Volli – con *I «processi tridentini» e il culto del Beato Simone da Trento* – addebitò quelle forme di antisemitismo alla predicazione francescana e ai tedeschi immigrati a Trento. Nel 1964 il domenicano tedesco Willehad Paul Eckert pubblicò uno studio che demoliva l'impianto storiografico dell'intera vicenda. Nel '65, dopo il concilio, il culto fu abolito con decreto papale. I resti del piccolo Simone furono rimossi dalla chiesa di San Pietro.

Qualche anno fa un importante medievista dell'università israeliana di Ramat Gan, Ariel Toaff – figlio del rabbino capo di Roma Elio Toaff – scrisse *Pasque di sangue. Ebrei d'Europa e omicidi rituali*, in cui – pur senza riabilitare, neanche in una riga, il culto di Simonino – non escludeva la possibilità che tra il Quattro e il Cinquecento fossero esistite frange estremiste di comunità ebraiche ashkenazite che ricorrevano all'uso magico e superstizioso del sangue a scopi rituali. Le reazioni del mondo israelitico furono a tal punto aspre che Ariel Toaff, in una successiva edizione del libro, si sentì in dovere di precisare meglio il senso di quel che aveva scritto. E di precisarne i contorni. Anche se sostanzialmente tenne il punto, con nuove argomentazioni.

All'inizio del terzo millennio è stata la Chiesa a porre una pietra tombale sull'intera vicenda. Dal dicembre 2019 all'aprile 2020 il museo diocesano di Trento ha ospitato una mostra dal titolo oltremodo significativo: *L'invenzione del colpevole. Il «caso» di Simonino da Trento, dalla propaganda alla storia*. La mostra si chiuse in epoca di pandemia e purtroppo, causa Covid, non ha ricevuto per intero le attenzioni che avrebbe meritato.

Schiavi africani alla corte dei papi

Se la «cancel culture» impone di considerare autoritaria (e soprattutto riprovevole) una società che abbia considerato legittima la schiavitù, va detto che anche i papi ebbero degli schiavi. Pur se la loro storia è molto, molto particolare. Una ventina di anni fa, Salvatore Bono – in *Schiavi musulmani nell'Italia moderna. Galeotti, vu' cumprà, domestici* – ha prodotto uno squarcio in una storia fino a quel momento «taciuta». Sulla base di una documentazione ineccepibile, Bono ha raccontato come l'Italia, prima di diventare uno Stato unitario, conobbe – e a lungo – la schiavitù. Come accadde in gran parte del continente europeo. Dapprincipio in Europa solo una piccola percentuale di schiavi fu di provenienza africana. La maggioranza di loro veniva dal Mediterraneo orientale, dai Balcani, dalla Russia, dai Paesi slavi e dall'Asia Centrale. Una storia che potremmo definire di «schiavitù bianca». Il primo carico di schiavi neri arrivò a Lagos in Portogallo nel 1444 (mancavano quarantotto anni alla scoperta dell'America). Lisbona fu a lungo la città europea che ebbe il più alto tasso di presenza di africani. Presenza che, in età moderna, si stabilizzò su un dieci per cento di popolazione nera. In Spagna, a fine Quattrocento, ci fu qualcosa di analogo (anche se in proporzioni minori).

Con l'aggiunta degli schiavi musulmani di cui si occupava specificamente il libro di Bono. In seguito, per via del dominio spagnolo su buona parte della penisola, anche la futura Italia accolse schiavi di origine africana. Accadde in particolare tra il XVI e il XVII secolo, allorché, attraverso la mediazione degli stati maghrebini costieri – Algeria, Tunisia, Libia che li catturavano nel centro dell'Africa e li smistavano in direzione dell'impero ottomano e del nostro continente – la nostra penisola arrivò a «impiegare» tra i cinquanta e i centomila schiavi. Ai neri si aggiunse un numero cospicuo di musulmani catturati nel corso delle guerre europee contro l'impero ottomano. Napoli divenne uno dei più importanti centri schiavistici del Mediterraneo. La stessa Napoli nel 1661 arrivò a contare oltre ventimila lavoratori in cattività. Poi fu la volta di Livorno. Infine Civitavecchia, il cui porto ospitava la flotta della Chiesa romana. Da Civitavecchia – scrive Marina Caffiero nell'interessantissimo *Gli schiavi del papa. Conversione e libertà dei musulmani a Roma in età moderna* – molti africani e arabi musulmani vennero portati a Roma. Dove divenne man mano sempre più consistente «il numero degli schiavi privati, domestici, sparsi tra corte pontificia e palazzi di aristocratici, prelati, ambasciatori». Ancora all'inizio del diciannovesimo secolo, venivano «registrati» a Roma schiavi musulmani. Ben oltre i tempi dell'abolizione della schiavitù decisa nel corso della Rivoluzione francese. Da noi nei primi decenni dell'Ottocento la schiavitù era praticata ancora da «gran parte degli Stati italiani». In particolare, a Roma essa «ebbe una lunga vita». Anche «più lunga che in altri Stati». Addirittura, fino a metà Ottocento.

La città dei papi aveva alle spalle una lunga storia di grande considerazione nei confronti dell'Africa. Qui però non stiamo parlando di schiavi. I primi cinque africani giunsero a Roma nel 1404 inviati dall'imperatore d'Etiopia Däwit I. L'Etiopia, ricorda Caffiero, era identificata come il Paese governato, nella leggenda, dal famoso Prete Gianni. Agli occhi dei papi era un «mitico regno cristiano che poteva costituire un alleato nella lotta per la riconquista di Gerusalemme e contro i musulmani». Questo interesse romano per l'Etiopia durò a lungo. Interesse di natura «militare, politica, religiosa e simbolica» che indusse i pontefici a considerare ogni etiope alla stregua di «un personaggio di grande riguardo». Paolo III (papa dal 1534 al 1549, precedentemente cardinale protettore degli etiopi) tenne in grandissima considerazione quei suoi protetti africani presenti a Roma. E così fece anche la sua famiglia, i Farnese. Un anno prima della morte, nel settembre del 1548, Paolo III concesse loro in via definitiva l'uso della chiesa di Santo Stefano istituzionalizzando così la presenza di quegli africani nella città eterna. Dopo l'Etiopia fu la volta del Congo, scoperto e cristianizzato dai portoghesi nel 1491. Nel 1608 l'ottavo re del Congo, Nimi Ne-Mpangu Lukeni Lua Nuemba, inviò nella città del papa un suo ambasciatore, Na Vunda (che impiegò tre anni per raggiungere Roma). Paolo V colse «l'occasione di propaganda e di promozione mondiale del cristianesimo», sottolinea Marina Caffiero. E riservò all'ambasciatore, membro della famiglia reale del Congo, un appartamento nel palazzo Vaticano. Poco tempo dopo, nel giorno dell'Epifania, l'ambasciatore morì. E ci fu chi dipinse quel diplomatico come un erede dei re magi (uno dei quali, secondo la tradizione, era nero). Paolo V, in omaggio all'ambasciatore defunto, commissionò allo scultore Antonio Caporale un busto in marmo nero che si trova nel battistero di Santa Maria Maggiore dove Na Vunda fu sepolto.

Un diverso trattamento veniva riservato ai nordafricani provenienti dal mondo islamico. Loro sì schiavi. Una condizione, la schiavitù, a cui non potevano sottrarsi neanche in caso di conversione. Vera o simulata che fosse. Secondo l'Inquisizione, il battesimo non comportava la liberazione dello schiavo convertito. Eppure, nel 1566, a qualche mese dall'elezione, Pio V aveva emanato un *motu proprio* che in un certo senso prevedeva l'emancipazione degli schiavi battezzati. Con tale provvedimento, il papa stabiliva che «coloro i quali, cristiani per nascita o per conversione, si fossero presentati di persona ai Conservatori nel Campidoglio – rappresentanti della municipalità romana – avrebbero ottenuto immediatamente sia la manomissione, sia la cittadinanza romana».

La disposizione papale, fa notare Marina Caffiero, «si opponeva in modo radicale alle norme e alla prassi condivise, tanto nel mondo cristiano quanto in quello dell'islam, nell'area del Mediterraneo». Queste norme, come si è detto, prevedevano che «la conversione degli schiavi alla religione dominante nei territori in cui erano prigionieri non implicasse l'emancipazione». Perché? I «captivi» provenienti dal «campo avverso», catturati nelle guerre o nelle imprese corsare, costituivano una forza lavoro importante. E rappresentavano «una merce di scambio preziosa per i riscatti in denaro». Sicché, nonostante i tentativi di conversione fossero tutt'altro che infrequenti, «i passaggi di fede non dovevano e non potevano implicare come conseguenza immediata la conquista della libertà personale». Ovunque abitassero e qualunque fede decidessero di abbracciare, gli schiavi dovevano rimanere schiavi. Dopodiché, spiega Marina Caffiero, «uno schiavo convertito era percepito come più docile e rassegnato all'obbedienza». E, vista dall'ottica dello schiavo, «la conversione implicava la speranza di un trattamento migliore da parte dei padroni».

Ma nonostante quel che si è detto, si diffuse sempre più la percezione che la città «santa» fosse un «luogo di liberazione». In realtà, sostiene Caffiero, la percezione era più che giustificata. Serena Di Nepi – in *Le* Restitutiones ad libertatem *di schiavi a Roma. Prime note su un fenomeno trascurato 1516-1645* – ha prodotto una fonte da cui si evince che la semplice presentazione di neoconvertiti schiavi al Campidoglio (con l'attestato di battesimo) implicava una deroga alla norma generale. Con l'acquisizione della libertà personale e anche della cittadinanza.

Ma chi erano questi schiavi musulmani? Come appendice al saggio della Caffiero viene pubblicato il prezioso *Libro dei turchi* (un «termine, "turco", che nelle fonti europee era contrapposto a "cristiano" e stava a indicare genericamente i musulmani; molto spesso era usato come sinonimo di "schiavo"»). Il libro consta di sessantasette fogli manoscritti, compilati lungo l'arco di un quarantennio che va dal 1759 al 1802 con l'intermezzo della Prima Repubblica romana (1798-99). Ne è autore il rettore – nel corso di quel quarantennio – della Casa dei catecumeni: Francesco Rovira Bonet. Rovira Bonet è «una figura molto interessante del clero romano di fine Settecento». Assai poco conosciuta, scrive Caffiero, «nonostante sia stato un personaggio di rilievo del gruppo degli intransigenti che circondava papa Pio VI Braschi». Nato a Perpignan, in Francia, nel 1724 (o 1725) «lo troviamo a Roma a metà del Settecento, già ordinato sacerdote». Divenne cappellano e confessore a San Luigi dei Francesi, la chiesa della sua comunità d'origine, e fu membro della prestigiosa Accademia teologica dell'Archiginnasio romano della Sapienza. Era probabilmente «un ebreo convertito come lo furono tutti i rettori della Casa». Godeva, Rovira Bonet, della protezione del cardinale Alessandro Albani. Il suo «Libro dei turchi» consiste in un «elenco di nomi di personaggi sconosciuti». Molti di loro vengono indicati come «schiavi del papa a Civitavecchia». Ma vicino a quei nomi è «appuntata spesso una piccola storia che sul piano metodologico rappresenta un riferimento di rilievo». La lista può essere considerata determinante dal momento che «non contiene soltanto numeri». Anzi, i numeri «ridiventano persone a cui ci si può sforzare di restituire una storia e un nome». Le donne sono solo quattro. Il «Libro dei turchi» è accompagnato da un'attenta presentazione della curatrice Micol Ferrara.

Cosa fu la Pia casa dei catecumeni e dei neofiti di Roma? Fondata nel 1543, aveva il compito di sovrintendere alla conversione degli infedeli, vale a dire ebrei, musulmani e pagani. Fu creata quasi in contemporanea con la nascita dell'Inquisizione romana (1542). Assai prima dell'istituzione del ghetto di Roma (1555). La Casa accoglieva ebrei, musulmani e «pagani», cioè tutti i gruppi classificati come «infedeli». Il suo scopo era di avviarli, dopo un'istruzione religiosa, al «rito di passaggio e di aggregazione» del battesimo.

Le Case dei catecumeni furono, scrive Marina Caffiero, «nuclei di un processo di meticciato, di integrazione, forse anche di assimilazione e certamente di contaminazione culturale» di cui costituiscono un osservatorio d'eccezione. Ricovero di diverse categorie e gruppi di «stranieri», dal punto di vista sia confessionale sia etnico e geografico. Ma unificati dalla definizione complessiva – e ambigua – di «infedeli». Le Case creavano a questo punto solidarietà tra i ricoverati, «strategie di confusione delle appartenenze nonché delle origini», «dissimulazione delle identità» e talvolta «costruzione di identità nuove».

L'istituto era la sede – «un vero microcosmo culturale ed etnico» – in cui «diverse alterità si incontravano, interagivano tra di loro e con il mondo esterno». Ciò che, evidenzia Marina Caffiero, «mette in campo questioni di non piccolo conto storiografico: la mobilità, le dissimulazioni, i cambiamenti di identità, di nomi, di appartenenze, gli scambi culturali, i ruoli delle diverse religioni, le integrazioni o assimilazioni, la creazione di network solidali e pluralistici».

La conversione degli ebrei veniva considerata più «pregiata», più «rilevante sotto il profilo teologico e culturale». Tra il 1614 e il 1797 furono ben centoventisei i cardinali che fecero da padrini a israeliti che «scelsero» di farsi battezzare. Con punte più alte nel Seicento. Il rettore della Casa dei catecumeni, Rovira Bonet, fu egli stesso padrino in una decina di battesimi. In qualche caso, per patrocinare questo tipo di cerimonia, si scomodarono addirittura dei pontefici. Ma, va considerato di un qualche rilievo il fatto che ben trentanove cardinali si fecero promotori di conversioni di musulmani. Anche in questo caso soprattutto nel Seicento.

Strano però che neri e musulmani che compaiono in molti quadri dell'epoca non siano stati oggetto di un apposito studio. Chiara Savattieri – in *Le rappresentazioni dei neri nell'età moderna. Temi e questioni metodologiche* – ha ipotizzato che l'assenza di studi italiani dedicati alla loro rappresentazione nell'arte sia dovuta al fatto che l'Italia è diventato un Paese coloniale solo nel tardo Ottocento. E che, in conseguenza di ciò, la storia dell'arte non ha avuto sensibilità verso temi di questo genere. Marina Caffiero, pur riconoscendo l'importanza del lavoro della Savattieri, è parzialmente in disaccordo. Può darsi, anzi è probabile – sostiene – che gli italiani fossero poco consapevoli della tratta atlantica, ma è ampiamente provato che ben prima delle imprese coloniali ebbero una grande consuetudine con la tratta mediterranea. Forse allora il relativo ritardo di interesse per la rappresentazione di neri e musulmani nell'arte moderna è emblematico di «una mancata presa di coscienza» del ruolo che nell'economia degli Stati italiani ha avuto la «nostra» tratta degli schiavi. Vale a dire di una «sottovalutazione dello schiavismo nella penisola». Si avverte la necessità di ulteriori indagini su quella stessa scia.

Borromeo, l'autocrate santo e il figlioccio uxoricida

Anche un santo venerato dalla Chiesa può aver avuto una ben evidente indole autoritaria. Che gli storici si sono sentiti però in dovere di coprire con un velo. Ma procediamo con ordine. Dicembre 1570. Gian Galeazzo Sanseverino, conte di Caiazzo e di Colorno, da più di un ventennio al servizio della monarchia francese (nonché ufficiale nell'esercito regio contro gli ugonotti), durante una breve sosta nel suo feudo parmense, viene arrestato, trasferito nelle carceri romane dell'Inquisizione e processato per presunta adesione al calvinismo. Un episodio assai anomalo che ha già attirato l'attenzione di qualche storico (Charles Hirschauer, Alain Tallon) ma è adesso oggetto di uno studio ancor più approfondito di Gigliola Fragnito, *Il condottiero eretico. Gian Galeazzo Sanseverino prigioniero dell'Inquisizione.*

L'anomalia del caso consiste nel fatto che il Sanseverino è in realtà digiuno di qualsiasi nozione teologica e il processo a lui intentato si rivela agli occhi dello storico come qualcosa che ha poco a che spartire con le eresie. Si tratta piuttosto di un'iniziativa riconducibile alle iniziative di papa Pio V, al secolo Michele Ghislieri (1566-1572), contro la Francia di Caterina de' Medici sospettata per aver inaugurato un'ambigua politica di rappacificazione tra cattolici e ugonotti. Era sufficiente un pretesto – come ben spiega Elena Bonora in *Giudicare i vescovi. La definizione dei poteri della Chiesa postridentina* – per offrire a Pio V l'occasione di prendere iniziative contro Caterina – dapprima reggente per conto del figlio minorenne Carlo IX, ma anche in seguito. Indiscusso potere del Regno di Francia.

Caterina fu in effetti l'imputata ombra di quel processo al Sanseverino. L'ambasciatore veneziano presso il re di Francia Michele Surian la annoverava tra coloro che erano «contrari alla vera fede». Lei reagì con durezza all'arresto del Sanseverino chiedendone al papa l'immediato rilascio. Vide in quell'atto quel che probabilmente era: un'iniziativa per mandare a monte la politica che, dopo tre guerre religiose, mirava a rendere possibile una pacifica convivenza tra cattolici e calvinisti. Ma intravide altresì una forma di ricatto per costringere la Francia a entrare nella lega antiturca che Santa Sede, Venezia e Spagna avrebbero varato l'anno successivo, nel 1571. Dopo un po' Pio V si rese conto d'aver creato un inutile quanto infruttuoso incidente diplomatico. I francesi mandarono a Roma Jean de Vivonne signore di Saint-Gouard, che ebbe con papa Ghislieri un colloquio dai toni assai bruschi. Il pontefice continuò a definire il Sanseverino un «criminale» e – sempre più minaccioso – disse di Saint-Gouard che era un «ubriaco». Ma alla fine fu costretto a cedere. Gian Galeazzo venne restituito alla corte di Parigi, dove fu nominato membro del consiglio privato di Carlo IX (1572). Prese poi parte, con onore, all'assedio della roccaforte ugonotta di La Rochelle (1573). E, due anni dopo, fu ucciso in un agguato teso dagli ugonotti (1575).

Il processo a Gian Galeazzo Sanseverino è descritto da Gigliola Fragnito con una grande attenzione ai dettagli.

Fin da principio fu evidente la «palese ignoranza» del supposto eretico in merito alle «dottrine al centro del dibattito teologico aperto dalla Riforma». Sicché si cercò di metterlo in difficoltà «sull'osservanza dei giorni di magro», per poterlo accusare di «svalutare i riti e precetti della Chiesa». Ne venne fuori un dibattimento a tratti surreale nel corso del quale il Sanseverino fu costretto a dare spiegazioni su cosa avesse mangiato in una o in un'altra occasione. E alla fine sbottò: «Io ceno ogni sera come ho fame, et non so d'altra cena!».

Dal momento che l'imputato era stato tratto in arresto «per indizi di eresia e di errori compiuti in Italia» e poiché in terra italiana egli aveva soggiornato solo a Colorno, l'Inquisizione ritenne di coinvolgere in quell'iniziativa l'arcivescovo di Milano Carlo Borromeo che aveva giurisdizione su quella parte della penisola. Più precisamente l'Inquisizione decise di avvalersi della testimonianza d'accusa di un parente dell'arcivescovo, un «figlioccio» che aspirava a impadronirsi del feudo di cui era proprietario Gian Galeazzo: Giovan Battista Borromeo. Il testimone era un ragazzo molto caro al cardinale: rimasto orfano di padre e di madre, era stato preso sotto la protezione del futuro santo, divenendone una sorta di figlio adottivo. C'era – a ogni evidenza – l'ombra del cardinale dietro le accuse del Borromeo (figlioccio) al Sanseverino. Alla studiosa appare «indubbio» che l'accanita lotta antiereticale avesse spinto il cardinal Borromeo ad accumulare, lui stesso, «prove» contro Gian Galeazzo Sanseverino. Ma è altrettanto evidente che il cardinale – quando papa Ghislieri si piegò a più miti consigli – decise di non provocare un'ulteriore esasperazione dei rapporti con la Francia e scelse di lasciar cadere le accuse del suo protetto contro il «condottiero eretico». Vale a dire che si prestò a «operazioni di occultamento» delle denunce di Giovan Battista. E non sarà, scrive Gigliola Fragnito, «né la prima, né l'ultima volta» che il futuro san Carlo fece una cosa del genere. In che senso?

Alcuni anni dopo il processo di cui si è detto, scrive Gigliola Fragnito in un'interessantissima appendice al libro, i cognomi Borromeo e Sanseverino si incrociarono nuovamente. Stavolta il cardinal Borromeo fu «costretto a esercitare la sua protezione per evitare che Giovan Battista Borromeo fosse condannato a morte». Condannato alla pena capitale per un reato gravissimo: uxoricidio. Cosa era accaduto? L'8 marzo del 1577 Giovan Battista in un raptus d'ira aveva ucciso a colpi di pugnale la moglie Giulia Sanseverino. Il delitto era avvenuto al cospetto delle loro figlie adolescenti, Ippolita e Corona, nonché di una zia monaca, Anna Giulia, sorella del padre dell'uccisa. Era presente al delitto anche Anastasia del Carretto, una delle gentildonne incaricate di accudire la giovane sposa.

Quello tra Giovan Battista e Giulia era parso in principio un matrimonio equilibrato a dispetto dei dubbi del padre della sposa, Gian Francesco Sanseverino. Equilibrio che aveva caratterizzato anche i rapporti tra le famiglie dei coniugi. La zia monaca si rivolgeva con naturalezza a Carlo Borromeo chiedendogli aiuto per le difficoltà economiche del monastero di Sant'Agostino di cui era badessa. Fu un altro futuro santo, Andrea Avellino, guida spirituale di Giulia, il primo ad avvertire l'arcivescovo di Milano che qualcosa in quell'unione non andava più «per il verso giusto»: il «signor conte», riferì l'Avellino, trattava male, molto male la «signora contessa». Ma, trascurando quello e altri evidenti segni di squilibrio del suo protetto, Carlo Borromeo non ritenne di intromettersi nella sua vita privata.

A sorpresa, però, quando Giovan Battista trucidò la moglie, il cardinale si occupò in prima persona della faccenda. Come prima cosa, si raccomandò che l'uccisa fosse sepolta nella chiesa di San Francesco di Saronno con «ogni modestia et semplicità christiana». A quel funerale, secondo il cardinale, si addiceva un rispettoso silenzio. Nelle modalità delle esequie secondo la studiosa si può intravedere l'intento di far passare la morte di Giulia «per una disgrazia». Sarà questa del resto «la versione che verrà sostenuta e divulgata dalla cerchia familiare» dei Borromeo. La giustizia civile stabilì invece che si era trattato di un delitto senza attenuanti e che l'uccisore meritava la pena capitale. «Non si è lontani dal vero nel ritenere che tanto rigore da parte del Senato e del governatore scaturisse dai rapporti conflittuali con l'arcivescovo» scrive la storica. In effetti quando nella primavera del 1566 Carlo Borromeo si era insediato stabilmente a Milano, aveva trovato che «fin dai tempi dei Visconti e degli Sforza» e in seguito «con l'arrivo degli spagnoli», le autorità civili «avevano esercitato un controllo sempre più intrusivo sulle istituzioni ecclesiastiche, fino a ledere diritti e prerogative degli ordinari delle diocesi dello Stato». La tensione era andata aumentando di giorno in giorno. Denunciato a Filippo II come «perturbatore della quiete pubblica», ostacolato dai governatori e dal Senato, Borromeo «non esitò a difendersi a colpi di scomunica». Scomuniche che «non risparmiarono né governatori, né senatori, creando un clima di forti tensioni». E fu in questo clima che il «figlioccio» del cardinale venne condannato a morte.

L'uxoricida, nel frattempo, si era dato alla fuga – riparando a Locarno in territorio svizzero – e sosteneva una tesi singolare: il pur meritato patibolo non gli avrebbe concesso il tempo necessario a espiare per il suo «scellerato eccesso». Doveva restar perciò vivo «per salvare l'anima sua dal peso della colpa». Scrisse una lettera alla zia monaca in cui si scusava per averla costretta ad assistere a uno «spettacolo così abominevole». Destinò una cospicua dote alle gentildonne che avevano accudito la moglie, una delle quali, Anastasia, aveva assistito all'assassinio (e qui Gigliola Fragnito avanza il sospetto che con quei soldi intendesse comprarne il silenzio). Qualche tempo dopo l'assassino accuserà la «santa» Anna Giulia d'esser stata la causa dell'uxoricidio talché, secondo l'autrice, è «ipotizzabile» che l'untuosa lettera di cui si è detto poc'anzi fosse stata «scritta sotto dettatura di qualche collaboratore del cardinale Borromeo onde accreditare fin da subito la tesi del delitto non premeditato».

Il cardinale a questo punto provò – su sollecitazione del papa – a convincere Lavinia, madre della vittima, a perdonare il genero. Lavinia chiese in cambio di essere nominata tutrice delle nipoti, ma non ottenne soddisfazione. La stessa Lavinia decise allora di non concedere il perdono all'assassino della figlia. Il quale attese la morte della suocera, poi mandò le figlie a Milano e le mise sotto la protezione del cardinale. Cardinale che, da questo momento, si diede addirittura carico di indicare a Giovan Battista il «percorso spirituale attraverso il quale redimersi». E ottenere così il perdono dell'autorità pubblica. Nell'illustrargli la via alla redenzione, il cardinale – rifacendosi a una leggenda – gli portò ad esempio il re longobardo Astolfo che aveva ucciso la moglie Giseltrude. Era stato poi papa Stefano II a indicare ad Astolfo il modo di espiare la colpa. Un ottimo precedente. Ma Giovan Battista reagì alla lettera del cardinale in modo risentito giudicando la comparazione con Astolfo del tutto impropria. Il re – secondo il racconto tramandato – aveva ucciso la moglie per sposare un'altra donna e si era trattato dunque di un omicidio premeditato. Giovan Battista insisteva invece a sostenere che il suo delitto dovesse essere considerato come frutto di un'esplosione di rabbia. Anzi quasi si insospettì che il cardinale non si fosse reso conto di avergli indicato un percorso che avrebbe comportato l'ammissione della colpa. Il futuro san Carlo propose allora di affiancargli un gesuita che lo avrebbe guidato lungo la via del ravvedimento. Ma Giovan Battista respinse anche questa idea. Ci avrebbe pensato lui per conto proprio a osservare rigidamente i precetti d'espiazione. E fu premiato. Ad appena due anni dal delitto, nell'agosto del 1579 il governatore spagnolo gli concesse la grazia. Giovan Battista vivrà da uomo libero per il resto dei suoi giorni, fino al 1596 quando, alla sua morte, il cardinale Federigo Borromeo – celeberrimo personaggio dei *Promessi sposi*, cugino di san Carlo, anche lui arcivescovo di Milano – disporrà per l'uxoricida solenni funerali benedetti dalla Chiesa.

Gigliola Fragnito è assai indulgente nei confronti del cardinale manzoniano. La sua decisione, sostiene, «rientrava nella normalità». Assai meno comprensiva è, invece, con «l'indiscussa protezione di un assassino» da parte di Carlo Borromeo. Non ci si può, infatti, «non interrogare», scrive la storica, «sull'atteggiamento a dir poco accondiscendente del futuro santo nei confronti del parente». Cioè, prosegue Fragnito, «sull'uso che fece della propria autorità a tutela di un criminale». E ci si deve interrogare anche sul «silenzio dei biografi» in merito a questa tragedia che, se resa nota, «non avrebbe mancato di macchiare l'immagine del santo». Siamo in presenza di un esplicito atto d'accusa nei confronti delle decine di storici che si sono occupati di san Carlo, tra i quali i più recenti (non menzionati, tranne uno, dalla studiosa) sono stati Danilo Zardin con *Carlo Borromeo. Cultura, santità, governo*; Paolo Pagliughi con *Carlo Borromeo. I destini di una famiglia nelle lettere del grande santo lombardo*; Marco Navoni in *Carlo Borromeo. Profilo di un vescovo santo*. Tra loro, Pagliughi è l'unico che – in un altro libro, *Il cardinal Federico Borromeo* – abbia accennato all'uxoricidio. Ma in una maniera che Fragnito definisce «decisamente approssimativa e sciatta». Per di più, secondo lei, con «un uso disinvolto delle fonti».

A questo punto, senza disconoscere il fatto che san Carlo manifestò «un impegno deciso per il rinnovamento della vita morale e spirituale» della Chiesa, va rilevato che, secondo la studiosa, si adoperò con altrettanto vigore «per la salvaguardia dell'onore della nobiltà». Con la propensione ad «assolverla dai più foschi reati» per «non indebolirne il potere politico in ambito civile ed ecclesiastico». Nel caso specifico, inoltre, si trattò di difendere i privilegi e gli interessi di quello che era «un vero e proprio clan, la famiglia Borromeo, dalle vaste ed estese diramazioni». Espressioni ben calibrate. E molto dure.

Napoli, la ribellione alle norme anticolera

Talvolta, ne abbiamo memoria recente, la reazione a regole considerate autoritarie ha potuto mettere le masse (o parte di esse) dalla parte del torto. Nella prima metà dell'Ottocento l'Italia meridionale borbonica fu colpita da due crisi epidemiologiche. La prima fu la «peste di Noja», in Terra di Bari, nel 1815-1816. La seconda, più vasta, vent'anni dopo, fece morti in tutto il Mezzogiorno, compresa la Sicilia. Ma mentre alla «peste di Noja» venne dedicata una grande attenzione, la seconda fu quasi del tutto trascurata. Si può dire che si sia trattato di «una vera e propria omissione storiografica», scrive Alberto Tanturri in *Il «flagello delle Indie». L'epidemia colerica del 1836-37 nel Mezzogiorno.* Perché furono dedicate ben quattro opere a ridosso dell'epidemia del 1815 e nessuna alla ben più grave comparsa del colera nel 1837?

La risposta di Tanturri è che la «peste di Noja» «si prestava molto più facilmente a una lettura storiografica di indole apologetica». Quella volta, il morbo era stato affrontato con «un'autentica strategia militare»: furono immediatamente fatti due cordoni sanitari, uno attorno alla città appestata e uno su tutto il litorale del regno. L'operazione fu coronata da successo, in pochi mesi l'epidemia venne stroncata. In questo modo il neorestaurato governo borbonico (si era nella stagione che seguì la definitiva sconfitta di Napoleone Bonaparte) offrì all'esterno «un'immagine di dinamismo e di efficienza». Che, fa notare Tanturri, risaltò particolarmente attraverso «il confronto con la vicina penisola balcanica, dove, in assenza di azioni governative altrettanto drastiche, la peste aveva pullulato in una cinquantina di luoghi diversi, con un bilancio ben peggiore».

Nel caso del colera del 1836-37 le cose andarono in maniera assai diversa. Nonostante il Regno delle Due Sicilie fosse stato in assoluto l'ultimo lembo d'Europa a subire l'aggressione del morbo (ciò che poteva in qualche modo essere annoverato a merito delle politiche di prevenzione), i tassi di mortalità erano stati altissimi. In particolare, a Napoli e a Palermo. La strategia governativa basata inizialmente sul «dogma della contagiosità del colera» – e di conseguenza incentrata su profilassi già sperimentate quali le quarantene e i cordoni sanitari – si era rivelata drammaticamente inefficace. Al punto da dover essere accantonata. La diffusione del colera aveva altresì evidenziato «l'impotenza della classe medica, impegnata ad arrovellarsi sull'indole e l'eziopatogenesi di questo misterioso morbo» senza che venisse identificata una terapia efficace. Aveva poi messo a nudo la povertà di risorse e la fragilità dell'organizzazione sanitaria del regno borbonico che si avvaleva di «strutture nosocomiali rimediate e poco decorose», con «un personale sanitario scarso e malpagato».

Di qui «un profluvio di leggi regolamenti e atti amministrativi per mezzo dei quali le autorità sanitarie cercarono dapprima di scongiurare l'ingresso del morbo nel regno e poi (fallito tale tentativo) di arginarne la marcia espansiva». Inutilmente. Il governo si trovò stretto tra la necessità di contenere il colera attraverso cordoni e quarantene e «l'esigenza di non avvilire oltre una certa misura il tono delle attività produttive e del commercio». Un problema destinato a ripresentarsi a ogni epidemia.

Quando il colera dilagò, produttori e commercianti si dicevano «soffocati» dalle misure del governo. I medici si divisero in «epidemisti» e «contagionisti». I primi – come ha ben spiegato Eugenia Tognotti in *Il mostro asiatico. Storia del colera in Italia* – attribuivano il morbo alle origini ambientali legate al clima, all'atmosfera o a fattori non naturali ma indotti dall'uomo quali l'accumulo di immondizie e sporcizia. Secondo gli «epidemisti» la malattia «non si diffondeva attraverso il contatto (immediato o mediato) fra gli uomini», ma «sorgeva spontaneamente ogni volta che si creavano le condizioni ambientali idonee a favorirne lo sviluppo». I «contagionisti» imputavano la diffusione del male essenzialmente «al contagio tra persone infette e sane, oppure a oggetti suscettibili di trasmettere l'infezione». In realtà, osserva Tognotti, «i due punti di vista non erano così inconciliabili dato che, come pure qualcuno ammetteva, erano ammissibili forme di interazione fra i due ordini di cause». Ma le polemiche tra «epidemisti» e «contagionisti» furono assai vivaci. Anche perché nessuno dei due schieramenti riusciva a spiegarsi il fatto che, quando il colera aggrediva una città o una regione, produceva un «mortalità selettiva» che colpiva una parte della popolazione e ne lasciava indenne un'altra. Una branca più fantasiosa dei «contagionisti» attribuiva l'origine del colera a non meglio definite «entità» o «corpuscoli morbigeni». Molti poi elaborarono astruse teorie sulla patogenesi del male, altri diedero risposte terapeutiche più o meno strampalate, «ma sempre drammaticamente inefficaci». Finché si ebbero episodi di ribellione popolare causati dalle «ricorrenti voci di avvelenamento connesse all'evidenza della maggiore mortalità che si riscontrava tra i ceti più umili».

Merito indiscutibile di Tanturri è quello d'aver dedicato la dovuta attenzione agli anni che precedettero la crisi epidemica. In una prima fase, dall'inizio degli anni Trenta fino all'autunno del 1836, la politica governativa, coerente con il pronunciamento dottrinale della facoltà medica sulla natura contagiosa del colera (1831), fu caratterizzata dall'impiego dei tradizionali strumenti di difesa dal morbo, cioè, come s'è detto, quarantene e cordoni sanitari. Del resto, confortate da una secolare tradizione operativa, queste erano le misure che avevano ben funzionato ai tempi della «peste di Noja». Ma quegli stessi strumenti si rivelarono inadeguati per il colera. Innanzitutto, per una questione di velocità della trasmissione interumana, nel senso che difficilmente la costituzione di un cordone era sufficientemente rapida da impedire qualsiasi spostamento di persone. Spesso passava un mese tra la manifestazione dei primi sintomi del male e la reale constatazione da parte dei medici (con la conseguente presa d'atto del carattere d'emergenza). Durante questo periodo chi poteva si metteva in salvo abbandonando la località infetta. Ma così facendo trasmetteva il morbo da qualche altra parte. A quel punto, scrive Tanturri, «la costituzione di un cordone poteva soltanto limitare i danni».

Nel caso poi dei cordoni sanitari frontalieri, il fiorente e organizzato contrabbando ne vanificava l'efficacia a causa dei continui contatti con le persone infette. Senza contare che i cordoni sanitari sarebbero stati in ogni caso una misura utile (se tempestiva) ma non sufficiente. Questo genere di sbarramenti, infatti, bloccava uomini e merci, ma non poteva arrestare il corso dei fiumi, nei quali i vibrioni trovavano un habitat molto favorevole.

Nel luglio del 1837 si optò per un criterio che fosse valido in tutto il regno: le merci e i viaggiatori transitanti via terra non dovevano più essere sottoposti a quarantene (fastidiose per i mercanti e deleterie per alcuni tipi di mercanzia) ma soltanto a fumigazioni. Anche stavolta ci fu una valanga di proteste che costrinse l'autorità borbonica a correggere il tiro. Finché si optò per la quarantena breve, sei giorni. E fu questa la seconda causa del diffondersi del male: provvedimenti estemporanei, contraddittori, talvolta illogici.

A causa dell'insuccesso complessivo del tentativo di porre a essa un argine, l'epidemia napoletana (ma che non si limitò alla capitale del regno) fu pressoché dimenticata per oltre un secolo. Venne riscoperta come un «precedente» del colera che colpì Napoli nel 1973. Ma l'«omissione storiografica» di cui si è detto all'inizio si è perpetuata fin quasi ai nostri giorni. Quantomeno fino alla conclusione degli anni Settanta (del Novecento) quando è stato pubblicato il libro di Annalucia Forti Messina *Società ed epidemia. Il colera a Napoli nel 1836*. Al quale si sono aggiunti, in tempi più recenti, *Epidemia, paura e politica nell'Italia moderna* di Paolo Preto e il libro già citato di Eugenia Tognotti. Vanno menzionati poi *Il colera nell'Italia meridionale (1836-1837)* di Francesco Leoni (secondo Tanturri, «apprezzabile per la larghezza della base documentaria, ma carente per la qualità dell'elaborazione storiografica»). E, nell'ambito della divulgazione storica, l'eccellente *Pandemia 1836. La guerra dei Borbone contro il colera* di Gigi Di Fiore.

Tanturri a questo punto ha il merito di mettere in luce anche i benefici di quell'esperienza. Vale a dire le modernizzazioni a cui portò quell'epidemia ottocentesca di colera. Prima tra tutte, una vasta opera di sanificazione ambientale che la legge a più riprese promosse nell'intento dapprima di creare condizioni sfavorevoli allo sviluppo dell'epidemia e in seguito (fallito l'obiettivo iniziale) di limitarne quantomeno la diffusione. Gli effetti di questi interventi produssero strade, vicoli e cortili ripuliti dalle immondizie. Ma anche da macelli e concerie, i cui scarti di lavorazione furono da quel momento considerati nocivi per la salute pubblica e perciò allontanati dai centri abitati. Furono altresì promosse indagini sulle caratteristiche del rifornimento idrico e si cercò di migliorare tanto la qualità delle acque potabili, quanto lo smaltimento dei rifiuti urbani.

In alcune città, però, rileva l'autore, queste sanificazioni ambientali si ridussero a semplici operazioni di facciata. Non si spiegherebbe altrimenti perché a Napoli, in occasione delle epidemie di colera che imperversarono nei decenni successivi, i quartieri più colpiti furono sempre gli stessi: Mercato, Pendino, Porto e Vicaria. Soltanto dopo la gravissima epidemia del 1884 si sarebbe cercato rimedio attraverso «sventramenti di tipo haussmaniano» (dal nome del barone Georges Eugène Haussmann che come prefetto di Parigi sovrintese alla modernizzazione della città ai tempi di Napoleone III).

La seconda «rivoluzione» fu nella rivoluzione delle modalità di sepoltura. Fin dal 1817, all'indomani della «peste di Noja», fu chiaro che i morti andavano sepolti fuori dalle città e si era perciò fatto obbligo a tutti i comuni del regno di dotarsi di cimiteri extraurbani. Ma nella stragrande maggioranza dei centri urbani, grandi e piccoli, questo decreto non aveva trovato applicazione perché i comuni stessi non avevano risorse per edificare i nuovi cimiteri. E soprattutto perché la «mentalità popolare aborriva l'idea di seppellire i morti al di fuori delle chiese». Seppellirli in «terra sconsacrata», era un trattamento tradizionalmente riservato a categorie dalla cattiva reputazione: prostitute, attori, suicidi. Fu necessario un nuovo decreto, nel 1828, per aggirare il problema imponendo che i nuovi camposanti venissero edificati in prossimità di apposite chiesette rurali. L'area cimiteriale doveva essere ulteriormente «santificata» da una cerimonia religiosa. Ma anche questa prescrizione restò sostanzialmente inapplicata. Finché arrivò un provvedimento del 1837 che impose, stavolta drasticamente, l'edificazione di cimiteri al di fuori delle città. E questa fu la volta buona, definitiva.

Il terzo contributo dell'epidemia alla modernizzazione del regno fu, una volta abbandonata la politica militaresca dei cordoni sanitari, l'incoraggiamento all'autonomia delle varie province. Che fecero largo uso di questa concessione. Sicché quando il governo provò a riacquistare centralità attraverso l'emanazione di una direttiva uniforme, dovette scontrarsi con le opposizioni che si manifestarono in ogni provincia. E fu costretto a fare marcia indietro.

Sotto il profilo istituzionale, conclude Tanturri, si può affermare che «l'epidemia produsse una ridefinizione dei rapporti di forza fra potere centrale e autorità locali», accrescendo in queste il grado di autonomia e soprattutto la consapevolezza del proprio potere. In definitiva «un'evoluzione abbastanza originale per uno stato autocratico». Compiuta per di più alla viglia della propria fine. Nel 1860.

Guglielmo II, modello sconfitto di «populismo autoritario»

Nella seconda metà dell'Ottocento la Germania ha offerto al mondo un modello di populismo autoritario nella persona di Guglielmo II. Venne al mondo nel gennaio 1859, dodici anni prima che nascesse il Secondo Reich. Suo padre era figlio di Guglielmo I re di Prussia, quel Guglielmo destinato a diventare, nel 1871, il primo imperatore tedesco. Sua madre era figlia primogenita della regina Vittoria. Lui era dunque di origini per metà tedesche, per l'altra metà inglesi. Il nonno Guglielmo I mancò nel 1888, quando il ragazzo aveva già ventinove anni. Suo padre, Federico III, regnò per poco più di tre mesi – tra marzo e giugno del 1888 – e morì di un cancro alla gola. A quel punto Guglielmo II salì al trono, meno che trentenne. Aveva alle spalle la stagione trionfale di Otto von Bismarck, primo ministro di Prussia dal 1862, quando lui aveva solo tre anni. Ed è all'evidente scopo di liberarsi dell'ingombrante eredità che, nel giro di venti mesi, Guglielmo licenziò Bismarck e nominò al suo posto Leo von Caprivi. Atto che non mancò di sorprendere i suoi contemporanei, come ha messo in evidenza Franz Herre in *Guglielmo II. L'ultimo Kaiser.* Tanto più che dopo qualche anno Guglielmo II mise alla porta anche von Caprivi: nei trent'anni di trono, tra il 1888 e il 1918, si consentì di cambiare ben sei cancellieri.

La solidità del binomio fra Guglielmo I e Bismarck, cementata dal carisma di quest'ultimo, scrive Gustavo Corni – in *Guglielmo II*, l'unico, prezioso libro di uno studioso italiano dedicato a questa figura –, fu sostituita «da un rapporto denso di attriti con i capi del governo da lui scelti, dal balletto di dimissioni minacciate e più volte respinte» di quei sei cancellieri che il Kaiser aveva individuato allo scopo pressoché esclusivo di «farne dei meri esecutori della sua volontà». L'atteggiamento del sovrano, prosegue Corni, «inclinava a imporre il suo potere autocratico», convinto com'era d'avere la facoltà, anzi «il dovere» di rappresentare in tutto e per tutto «gli interessi dello Stato». Convinzione che derivava dalla visione di una monarchia di «legittimazione divina». Ciò che lo invogliava a nutrire disprezzo nei confronti dei partiti e del Parlamento. Ai canali istituzionali tradizionali, Guglielmo «tendeva a sostituire i rapporti amicali». In «chiuse cerchie maschili».

Fu il primo grande personaggio a cavallo tra la fine dell'Ottocento e l'inizio del Novecento «sensibile al fascino dei mezzi di comunicazione di massa». Si presentava come «sovrano del popolo», era convinto di essere dotato di un carisma superiore a quello di Bismarck, affrontava volentieri faccia a faccia i suoi pari, si lasciava andare a dichiarazioni pubbliche roboanti, in un contesto di sovraesposizione mediatica destinato a lasciare il segno. Con i suoi atteggiamenti, annota Corni, divenne ben presto su scala internazionale uno dei soggetti preferiti dei caricaturisti e della stampa in generale. Sensibile com'era alle novità del mondo moderno, il sovrano Hohenzollern cercò di sfruttare questa attenzione dei giornali «per rafforzare la propria immagine pubblica». E soprattutto per «soddisfare in tal modo la sua inesauribile vanità». Ma fu anche assai suscettibile. Diede frequenti disposizioni perché la censura intervenisse in applicazione degli articoli da 94 a 105 del codice penale prussiano del 1871, assai severi verso il delitto di lesa maestà. La rivista satirica «Simplicissimus» nel solo quinquennio 1903-1907 subì ben ventisette confische e alcuni redattori finirono in prigione per aver violato gli articoli di cui si è detto. In ogni caso, sostiene Corni, dal momento della sua ascesa al trono e per almeno un ventennio, nonostante alcune oscillazioni, il sismografo della valutazione pubblica nei confronti del sovrano si attestò sostanzialmente su un giudizio positivo.

Guglielmo II – come documenta ampiamente Paul Kennedy in *L'antagonismo anglo-tedesco. Dalla collaborazione all'ostilità 1860-1914* – fu piuttosto incline a «provocare» Londra. Il telegramma del 1896 con cui il Kaiser si congratulò con il presidente del Transvaal Paul Kruger per il valore con cui gli afrikaner avevano respinto la spedizione punitiva britannica guidata da Leander Starr Jameson fu spedito, a ogni evidenza, «senza ragionare sulle possibili conseguenze», scrive Margaret MacMillan in *1914. Come la luce si spense sul mondo di ieri.* E suscitò nella capitale inglese un'indignazione indescrivibile. Aggravata da quelle che Niall Ferguson – in *Il grido dei morti* – definisce le molteplici «espressioni di simpatia dei tedeschi nei confronti dei boeri durante la guerra scoppiata con la Repubblica del Transvaal nel 1899».

Del resto – registra Christopher Clark in *I sonnambuli. Come l'Europa arrivò alla Grande Guerra* – gli storici pressoché all'unanimità hanno biasimato le esternazioni del Kaiser. «Non ci può essere dubbio sul tono e sul contenuto bizzarro di molte comunicazioni personali dell'imperatore,» scrive Clark «per mezzo di telegrammi, lettere, commenti a margine, conversazioni, interviste e discorsi su temi politici interni ed esteri.» Anche soltanto «la loro eccezionale quantità è significativa». L'imperatore, nota Clark, «parlò, scrisse, telegrafò, scarabocchiò e inveì più o meno continuamente nel corso dei trent'anni del suo regno».

Nel 1900 – come ha osservato Michael Stürmer in *L'impero inquieto. La Germania dal 1866 al 1918* – a Guglielmo II parve di aver trovato in Bernhard von Bülow un cancelliere all'altezza dei tempi. Ma non accettò mai di rinunciare al proprio protagonismo. Nel luglio 1908, a bordo dello yacht di famiglia, concesse una lunga intervista al pastore e giornalista americano William Hale, nella quale manifestò il proposito di far scoppiare una rivolta in India, di prendere il controllo di Egitto e Palestina, di stipulare alleanze con Stati Uniti e Cina. Tutto con uno spirito assai ostile all'Inghilterra. Non sopportava che la corte britannica manifestasse scarsa soggezione nei confronti della sua autorevolezza. Per sua fortuna, Hale fece trapelare – sia a Londra sia a Washington – il senso di quella chiacchierata con l'imperatore e i capi di governo di entrambi i Paesi fecero in modo di impedirne la pubblicazione.

Trascorsero poche settimane e Guglielmo tornò alla carica. Concesse al generale Edward Montagu-Stuart-

Wortley l'autorizzazione a far pubblicare sul «Daily Telegraph» la trasformazione in intervista di un lungo colloquio che i due avevano avuto l'anno precedente. E stavolta fu un clamoroso incidente a carattere internazionale. L'esordio di questa chiacchierata consisteva in un virgolettato nel quale Guglielmo sosteneva esser gli inglesi «pazzi, pazzi furiosi, pazzi come lepri marzoline» a non rendersi conto di quanto lui fosse amico del loro Paese. L'imperatore vantava il ruolo da lui avuto in alcuni delicati passaggi della guerra angloboera lasciando intendere che la nonna, la regina Vittoria, alla vigilia della morte (nel 1901) considerasse il Kaiser più intelligente del proprio figlio destinato a succederle, Edoardo VII.

Alla luce dell'intervista, scrive Corni, «amici e nemici dell'imperatore espressero in privato, ma talvolta anche in sedi pubbliche, la convinzione che il Paese fosse ormai sull'orlo dell'abisso se a guidarlo in modo così sventato era un sovrano inconsapevole delle proprie responsabilità». Lui scaricò la colpa su Bülow sostenendo che il cancelliere avrebbe dovuto rivedere il testo dell'intervista prima che fosse pubblicata. Bülow fece lo stesso e accusò di negligenza alcuni suoi sottoposti. Ma si scusò e offrì le proprie dimissioni. Che Guglielmo respinse. Salvo ricredersi alcuni mesi dopo quando capì l'effetto devastante che avevano avuto quelle sue parole pubblicate sul «Daily Telegraph». I rapporti con Bülow si fecero sempre più tesi finché in luglio il sovrano lo licenziò sostituendolo con Theobald von Bethmann-Hollweg con il quale aveva in comune una grande passione per la caccia. In quell'occasione Guglielmo disse che era contento di essersi liberato di un «criminale», reo di avergli fatto compiere il passo falso dell'intervista al quotidiano inglese. Nonché di «numerosi altri errori politici».

La Prima guerra mondiale fu per lui una catastrofe. E ancor più il modo in cui, a guerra persa, lasciò il potere. Il presidente americano Wilson si era fatto l'idea che lui stesso rappresentasse un «ostacolo insormontabile» per la soluzione del conflitto. Quando gli venne prospettato il tema delle dimissioni, Guglielmo reagì stizzito dicendo che non avrebbe ceduto alle richieste di «qualche centinaio di ebrei e un migliaio di lavoratori socialisti». Il 9 novembre 1918 fece convocare dal maresciallo Paul von Hindenburg, capo supremo di tutte le forze del Reich, una riunione per ascoltare i trentanove ufficiali più alti in grado in merito a quel che avrebbe dovuto fare. Il risultato per lui fu, secondo Corni, «annichilente»: nessuno dei presenti (con una sola parziale eccezione) spezzò una lancia in suo sostegno. Quel giorno stesso i tedeschi in rivolta proclamarono la Repubblica. L'indomani Guglielmo, senza darne notizia ufficiale, riparò nella neutrale Olanda. Lasciò la moglie a Berlino; i giornali raccontarono che il Kaiser aveva portato con sé un intero convoglio ferroviario con decine di carri colmi di arredi, opere d'arte e suppellettili. Neanche Hindenburg era stato avvertito della sua partenza. A un certo punto del tragitto, Guglielmo, per paura che il treno potesse essere assalito dai rivoluzionari, lo aveva costretto a una sosta e aveva scelto di attraversare il confine su un'auto. Da quel momento restò esiliato in Olanda nel palazzo di Doorn.

La discussione sul suo operato fu riaccesa dalla pubblicazione nel 1922 delle memorie di Bismarck (scomparso nel 1898) «fortemente negative nei confronti del giovane monarca». Guglielmo provò a difendersi dando alle stampe le proprie *Memorie* ma «non ottenne il risultato sperato». Il tentativo di autoassoluzione era evidente e però «veniva contraddetto dalle testimonianze di altri grandi protagonisti della sua epoca, fra cui Bülow, il principe Hohenlohe, il generale Waldersee e l'ammiraglio von Tirpitz, ricche di documenti di prima mano». Testimonianze che ridicolizzavano i ricordi del sovrano. Talché il match si concluse, secondo Corni, con una «netta vittoria postuma di Bismarck su chi lo aveva licenziato in modo così sbrigativo».

Nell'ottobre del 1922 Guglielmo si entusiasmò per la marcia su Roma e l'avvento al potere di Benito Mussolini. La riuscita convivenza tra il duce e Vittorio Emanuele III costituiva per l'ex imperatore la prova che la monarchia era «pienamente all'altezza dei tempi». Guglielmo lesse poi con soddisfazione *Mein Kampf* di Adolf Hitler, che nel decimo capitolo lo liberava da ogni responsabilità per il crollo dell'esercito tedesco nel 1918. Nel febbraio 1925 morì all'improvviso il presidente tedesco, il socialdemocratico Friedrich Ebert; si tennero le elezioni e fu eletto Hindenburg. Per un breve periodo Guglielmo sperò che l'anziano maresciallo si adoperasse per farlo tornare sul trono. Ma Hindenburg, ancorché convinto monarchico, fu leale alla Repubblica. Guglielmo da quel momento si avvicinò sempre più a Hitler in concorrenza con il proprio figlio, che cercò addirittura di candidarsi con i nazionalsocialisti alle elezioni del 1932. Hitler, quando salì al potere nel 1933, fece credere all'ex imperatore di non essere sfavorevole a un suo ritorno sul trono. Ma senza mai compromettersi. L'ambiguo coinvolgimento di alcuni familiari e collaboratori del Kaiser nella «notte dei lunghi coltelli» (1934) convinse il Führer che era meglio soprassedere e lasciare che gli Hohenzollern restassero dov'erano. Quanto a Guglielmo, approvò pubblicamente il golpe di Francisco Franco in Spagna (1936) e, benché fosse apertamente antisemita, criticò, «privatamente», la «notte dei cristalli» (1938). Nel '39 in occasione degli ottant'anni di Guglielmo, il regime vietò ogni cerimonia di celebrazione, soprattutto nei circoli militari. A sorpresa, anzi, l'ideologo del regime Alfred Rosenberg dichiarò proprio in quei giorni che in Germania la monarchia «era scesa nella tomba con la fuga di Guglielmo II e non sarebbe mai più risorta».

Quando nel 1940 i tedeschi invasero l'Olanda, Guglielmo rifiutò con sdegno l'offerta dei reali inglesi di accoglierlo sul suolo britannico. L'avversione per i cugini di Windsor era più forte di ogni altro sentimento. Allorché i soldati suoi connazionali entrarono nella residenza di Doorn li accolse con gioia e firmò autografi. Esultò addirittura per il ritiro del contingente inglese da Dunkerque e per la caduta di Parigi. Nell'occasione mandò un telegramma di congratulazioni a Hitler che tardò una settimana prima di reagire con una «fredda risposta formale». Ma l'ex imperatore tedesco non se ne diede pena: per lui quel che più contava era l'odio per i cugini di Windsor e quella che, scrive Corni, gli appariva come una «sorta di vendetta personale postuma contro l'Inghilterra». Sarebbe morto nel giugno del 1941 nella consolatoria convinzione che Hitler avesse in qualche modo «vendicato» la sconfitta tedesca del 1918. Una convinzione fortunatamente errata.

Il non indissolubile nesso tra capitalismo e democrazia

«Un grido, un grido acuto, di una desolazione senza fine, squarcia lentamente l'aria opaca.» L'urlo è quello del trafficante d'avorio Kurtz, che vive isolato alla testa di una comunità di nativi in un luogo remoto nella foresta africana raggiungibile solo per via fluviale. Ma quello che viene fuori dalle pagine di *Cuore di tenebra* di Joseph Conrad, è anche il grido di una particolare condizione di vita. E di lavoro. Nella sua vita avventurosa – come già scriveva Jocelyn Baines in *Joseph Conrad. Biografia critica* – l'autore di *Cuore di tenebra* incontrò molti lavoratori che ancora nel tardo Ottocento vivevano in condizioni di servitù e di dipendenza estrema: i servi dell'impero russo, i salariati e i marinai dell'impero francese o di quello britannico, gli schiavi e i migranti nell'oceano Indiano. E sempre si può dire che abbia sentito quello stesso identico grido già ascoltato nella foresta profonda del Congo.

Conrad pubblicò *Heart of Darkness* in tre puntate, nel 1899, sulla rivista scozzese «Blackwood's Magazine». Poi, in volume, nel 1902. Negli anni Settanta lo scrittore nigeriano Albert Chinualumogu Achebe definì quel libro «razzista» perché, a suo dire, offriva una rappresentazione dell'Africa come «un campo di battaglia metafisico privo di qualsiasi umanità, in cui l'europeo errante entra a proprio rischio e pericolo». In realtà Conrad – scrive Alessandro Stanziani in *Le metamorfosi del lavoro coatto. Una storia globale XVIII-XIX secolo* –, pur non rinunciando all'idea che l'Europa si fosse data una «missione civilizzatrice», in *Cuore di tenebra* ci stava raccontando qualcosa di diverso. Di più profondo. Conrad diede conto in modo inequivocabile del proprio sconcerto al cospetto della «brutalità del mondo coloniale» e della ben visibile sopravvivenza, nonostante fosse stato formalmente abolito, di forme di schiavismo. Forme di schiavismo che produssero atrocità di cui sarebbe rimasta ampia traccia negli archivi (pur se i documenti sul Congo, sottolinea Stanziani, furono «spesso e volentieri ingannevoli presentando i coloni sotto una luce favorevole»). L'aspetto più stupefacente, osserva ancora Stanziani, «non è tanto il silenzio delle autorità coloniali dell'epoca», le quali tentarono «disperatamente e sistematicamente di mettere a tacere ogni denuncia dei crimini commessi». La cosa più incredibile è «che tale silenzio sia stato rotto soltanto molto di recente». A dire il vero, le prime documentate e implacabili denunce furono quelle del 1905 in Francia a opera dell'esploratore italiano naturalizzato francese Pierre Savorgnan de Brazza. Brazza, però, morì quello stesso anno e successivamente (1906) del caso si occupò – con qualche eccessiva cautela – la commissione guidata da Jean-Louis de Lanessan. Il pur annacquato rapporto Lanessan fu poi stampato in sole dieci copie che incredibilmente rimasero nascoste negli archivi per decisione dell'allora ministro delle Colonie Raphaël Milliès-Lacroix. E sepolte sono rimaste fino alla fine degli anni Ottanta allorché le ha dissotterrate ed esaustivamente analizzate la studiosa Élisabeth Rabut. Infine, nel 2014 la versione integrale del rapporto Brazza è stata pubblicata dalla casa editrice indipendente Passager clandestin.

Successivamente è stato dato alle stampe un esaustivo libro dello storico statunitense Adam Hochschild, *Gli spettri del Congo. La storia di un genocidio dimenticato*. Adam Hochschild ha ricostruito la storia del Congo, «scoperto» dall'esploratore Henry Morton Stanley e «donato» nel 1885 al re Leopoldo II del Belgio che lo amministrò come un'immensa tenuta, un possedimento personale. All'insegna di un sistema di lavoro paraschiavistico che gli consentiva una scandalosa appropriazione dell'avorio e del caucciù. Qualcosa di assai diverso da quel che avveniva nelle coeve colonie. Se ne accorse il pastore battista George Washington Williams, che ne scrisse al presidente degli Stati Uniti Benjamin Harrison per denunciare appunto gli orrori conradiani. Dopo di lui fu la volta di Edmund Morel, che tornò su quelle denunce. Poi l'afroamericano William Sheppard, il console irlandese Roger Casement, gli scrittori Arthur Conan Doyle e Mark Twain. Finché nel 1908 Leopoldo II fu costretto a cedere quella sua colonia personale al proprio Paese. Dopo aver ordinato la distruzione dei documenti che provavano stermini e saccheggio. Riemersi soltanto adesso. Incredibile.

Perché un così prolungato silenzio? Perché queste vere e proprie omissioni storiografiche? Non per occultare i crimini di una società schiavista o postschiavista (peraltro denunciati nei termini di cui si è detto). O non soltanto per questo. Ma per il fatto che da un'analisi più approfondita di quel che accadde in Congo si può comprendere – ed è questo il principale merito dello studio di Stanziani – come, in molte parti del mondo, lavoro libero e lavoro coatto (nei fatti schiavistico) abbiano continuato a convivere. A lungo. Per decenni. Fino a oggi da qualche parte del pianeta. In una sostanziale indifferenza alla formale abolizione della schiavitù.

Questa indifferenza ha avuto un'origine ideologica. Adam Smith credeva che la schiavitù non fosse «produttiva» e che, di conseguenza, «la razionalità economica e il desiderio del profitto ne avrebbero avuto ragione». Una tesi che ancor oggi è accettata da molti studiosi ma che, secondo Stanziani, è, a ogni evidenza, «empiricamente falsa». La schiavitù negli Stati Uniti, scrive Stanziani, è stata abolita per ragioni politiche e morali, non certo economiche, visto che fu «redditizia fino alla fine». Circa un secolo più tardi Max Weber, come d'altronde Marx prima e tanti altri dopo di lui, ha ripreso il teorema di Smith: il capitalismo sarebbe «incompatibile con il lavoro forzato». Dopo le teorizzazioni di Smith, Marx, Weber, i paradigmi convenzionali della storia coloniale hanno occultato i legami tra capitalismo e lavoro forzato. Gli specialisti dei movimenti sindacali in Francia e nel Regno Unito non si sono mai interessati alla schiavitù. A loro volta gli storici della schiavitù – come, ad esempio, Olivier Pétré-Grenouilleau in *La tratta degli schiavi. Saggio di storia globale* o Karin Pallaver in *Lungo le piste d'Africa. Commerci locali e strategie imperiali in Tanzania (secoli XIX -XX)* – non hanno seguito granché i dibattiti «sull'emergere delle convenzioni collettive in Francia o sui salari degli apprendisti in Inghilterra». E anche in libri come *Schiavi in un mondo libero. Storia dell'emancipazione dall'età moderna a oggi* di Gabriele Turi o *La schiavitù in età moderna* di Patrizia Delpiano, secondo Stanziani, «l'accento posto sulle rotture abolizioniste tende a ignorare la persistenza», dopo queste cesure pur epocali, di «forme celate della schiavitù e del servaggio». Quanto poi a quelle che Robert Castel ha definito *Le metamorfosi della questione sociale* si sarebbero prodotte, secondo molti studiosi, «come se le schiavitù e le colonie non esistessero». Rilievo esteso da Stanziani anche a Chiara Giorgi e Ilaria Pavan per la loro *Storia dello stato sociale in Italia*.

Queste trascuratezze si devono anche a un altro motivo. Fino agli anni Ottanta del XX secolo, gli storici, soprattutto se di estrazione marxista, sottolineavano l'importanza della rivoluzione del 1848 che, secondo loro, segnava «la fine del compromesso tra aristocrazia fondiaria di Antico regime e mondo postrivoluzionario». Fine che determinò l'avvento del capitalismo liberal borghese. Fu poi Arno Mayer a spostare la data spartiacque alla Prima guerra mondiale. Altri storici, come Christopher Bayly e Jürgen Osterhammel, hanno contribuito a «relativizzare» l'importanza (sotto tale profilo) del 1848. Ma Stanziani aggiunge una variabile supplementare, assente dalla storiografia di cui si è detto: la relazione stretta che nel 1848 lega le mutazioni in Francia e in Europa e l'abolizione della schiavitù nei mondi coloniali. Ne viene fuori un quadro ben più articolato in cui si nota la persistenza del potere delle aristocrazie fondiarie, la nascita dei contadini operai, il ruolo delle piccole unità di produzione, ma anche, nelle colonie, l'esistenza residua di «forme larvate di schiavitù». Quest'ultimo elemento «condiziona a sua volta l'evoluzione delle istituzioni del lavoro nella stessa Europa». La schiavitù – talvolta «pensata e praticata in opposizione alle nuove configurazioni del lavoro», in qualche caso «associata a queste ultime» – costituisce anche dopo la sua abolizione «un punto di riferimento inevitabile».

Ne emerge che – a dispetto di una certa storiografia anglosassone (ma non solo) la quale pone l'accento sui «progressi della libertà del lavoro che incoraggerebbero a loro volta l'abolizione della schiavitù» – nel Regno Unito, ancor più che in Francia, «il lavoro libero è sottomesso a forme significative di repressione e coercizione» (al punto da «essere oggetto di procedimenti penali»). Con la differenza che nel Regno Unito «la coercizione passa attraverso il contratto e le leggi sui poveri», mentre in Francia «si esprime per il tramite del libretto operaio e della lotta contro il vagabondaggio».

Nell'oceano Indiano l'abolizione della tratta prima e della schiavitù poi (1832-1839 per quel che riguarda Mauritius, 1848 per la Riunione) è seguita da un lungo periodo nel corso del quale dominano i contratti di dipendenza servile. I lavoratori immigrati vedono i loro diritti calpestati mentre le condizioni reali sono spesso simili a quelle dell'epoca precedente. Anzi peggio. A Mauritius, malgrado gli sforzi del movimento abolizionista che cerca di denunciare forme di «schiavitù occulta» successive agli anni Trenta, le condizioni di lavoro e di vita degli immigrati restano estremamente dure. Spietate. Tra il 1860 e il 1870 vengono sporte dai proprietari settantamila denunce contro altrettanti lavoratori. Si tratta, nella stragrande maggioranza dei casi, di denunce per diserzione o assenteismo. Nel corso di questo decennio vengono giudicati e quasi sempre condannati ben quattordicimila lavoratori. E se una parte delle settantamila denunce non ha seguito, è perché i proprietari preferiscono partire alla ricerca di nuovi lavoratori piuttosto che insistere in procedure giudiziarie contro i fuggiaschi, costose e d'esito incerto.

Joseph Conrad muore nel 1924. Quello stesso anno – nota Stanziani – la Società delle Nazioni costituisce una commissione per lottare contro la schiavitù. Tale commissione però si limita a constatare la persistente diffusione in tutto il mondo del «lavoro forzato» e trova motivi di compiacimento per la scomparsa della «vera schiavitù». Proprio in quel 1924 (per la precisione il 10 marzo) nel mezzo dell'oceano Indiano un contingente di lavoratori originari del Madagascar sbarca alla Riunione a bordo del vapore *Le Bourbonnais*. Si tratta del terzo sbarco nel giro di poche settimane. Si contano a bordo millesedici uomini, centosessantasette donne e otto bambini. La più parte, bimbi compresi, saranno destinati alla costruzione della strada per Cilaos. Spaccheranno pietre e scaveranno fossati per una ciotola di riso.

La lettura di Stanziani è assai diversa da quella di chi – da Adam Smith ai whig britannici passando per Tocqueville – ha fissato un nesso indissolubile tra capitalismo e democrazia. Ma è distante anche da quella di Marx e di Weber laddove entrambi associavano capitalismo e lavoro salariato. Tali visioni sono state nient'altro che un «atto di fede» dal momento che in Russia, come in Europa, negli Stati Uniti e ovviamente in Africa, «capitalismo e mercati si sono perfettamente sviluppati grazie al lavoro forzato». Stanziani dimostra che la storia del lavoro libero non è comprensibile senza quella del lavoro forzato. E viceversa. D'altra parte, non si tratta di storie parallele o in successione una all'altra. Non è vero che il lavoro forzato sia stato soltanto un affare dell'Europa di secoli addietro o dei mondi non europei. Così come non è vero che caratteristico dell'Europa borghese, democratica e industrializzata sia stato un lavoro interamente libero. Al contrario, lavoro libero e lavoro forzato si sono sovrapposti «uno all'altro». La loro è una storia intrecciata. Un'unica storia.

SEMI DI UN AUTORITARISMO FUTURO

Cina, il regime che sopravvive al mercato

Sbagliò Washington, negli anni Settanta, a ritenere che le ritrovate relazioni tra Stati Uniti e Cina fossero destinate a migliorare sempre di più. O a immaginare che comunque non sarebbero mai tornate a essere ciò che erano state tra il 1949, anno della vittoria di Mao Zedong, e il 1972. Nel 1971, per merito di un'intuizione di Henry Kissinger, era iniziato il disgelo dei rapporti tra i due Paesi che in tempi rapidi portò a un incontro tra lo stesso Mao e l'allora presidente degli Stati Uniti Richard Nixon (21 febbraio 1972). Da quel momento l'intero mondo occidentale (o quasi) considerò quella del Partito comunista cinese un'avanzata inesorabile verso la democrazia. E fece una certa confusione nella valutazione delle riforme economiche con le quali verso la fine di quegli anni Settanta era stata gradualmente reintrodotta in Cina la proprietà privata. La Cina fu considerata come se fosse in procinto di adottare, sia pur gradualmente, un «sistema liberale», ciò che avrebbe reso di per sé inscalfibile il rapporto con gli Usa. Un errato calcolo di prospettiva di cui ora si pagano le conseguenze e che è ben individuabile fin dall'inizio della distensione tra Stati Uniti e regime comunista cinese. Di questo errore si occupa Frank Dikötter nell'interessantissimo *La Cina dopo Mao. Nascita di una superpotenza.*

Kissinger ma soprattutto «altri ingenui ammiratori del leader cinese», scrive Dikötter, «videro nella scommessa di Mao un colpo di genio strategico», non considerando però «che si basava su una delle grandi incomprensioni geopolitiche del XX secolo». Quale? La Cina riteneva che l'America fosse «una potenza segnata da un fatale declino». E che la visita di Nixon fosse un implicito riconoscimento di questo proprio decadimento. Nel corso di una visita in Cina nel 1980, l'economista Milton Friedman si sorprese che i principali esperti di economia e i direttori delle banche erano «incredibilmente ignoranti sul funzionamento del mercato» ma insistevano a parlare di «contraddizioni interne del capitalismo». Nello stesso tempo gli Stati Uniti si illusero che fosse stata invece la Cina a compiere un atto di sottomissione. Questo fraintendimento avrebbe condizionato le leadership di Pechino e di Washington nei decenni successivi. Cinquant'anni dopo siamo alle prese con le conseguenze di quel fraintendimento.

Il libro di Dikötter si basa su circa seicento nuovi documenti provenienti da una decina di archivi municipali e provinciali e su una serie di memorie inedite. Tra queste la più importante è costituita dai diari segreti di Li Rui, che era stato segretario personale di Mao e aveva trascorso vent'anni in prigione per aver osato parlare della carestia nel 1959. Poco dopo la morte di Mao a Li Rui fu concesso di entrare nel Comitato centrale. Fu per molti anni vicedirettore del dipartimento dell'Organizzazione il cui compito era di valutare, nominare e proporre i membri del partito per la promozione. I diari riportano in modo dettagliato le conversazioni di Li Rui con funzionari ad altissimo livello e si spingono fino al 2012 (anno dell'ascesa al potere di Xi Jinping). Ed è a quell'anno che si ferma il libro di Dikötter.

L'immagine che restituiscono gli archivi, scrive Dikötter, non è quella di un partito con una visione chiara di come guidare il Paese verso la prosperità. Anzi, non c'è una visione chiara quasi su niente. La Cina assomiglia piuttosto «a una petroliera che da lontano ha un aspetto imponente, con il capitano e i suoi sottoposti orgogliosamente in piedi sul ponte». Ma da vicino appare in modo assai diverso. La verità che si può scorgere dai diari di Li Rui e da numerosi altri documenti è che «sottocoperta i marinai sono disperatamente impegnati a pompare fuori l'acqua e a riparare i buchi per tenere l'imbarcazione a galla». Non c'è nessun «grande piano», nessuna «strategia segreta», bensì «una serie infinita di eventi imprevedibili, conseguenze impreviste e cambiamenti improvvisi». Oltre naturalmente a «un'interminabile lotta per il potere dietro le quinte».

Lotta che iniziò nel 1976, l'anno della morte di Mao, definito dai suoi connazionali fino a quel momento «il grande timoniere». Alfonso Celotto in *L'enigma della successione. Ascesa e declino del Capo da Diocleziano a Enrico De Nicola*, dopo un esame di come andò il non lineare trapasso dei poteri al momento della morte di Diocleziano, Maometto e Ivan il Terribile, scrive che per ciò che riguarda i grandi personaggi della storia è fondamentale studiare il momento del trapasso dei poteri. Quel frangente riconduce a «un problema primordiale della natura umana» che «con Freud andrebbe riportato al dilemma originario di *Totem e tabù*». Mao non fa eccezione.

Ai primi di gennaio del 1976 era morto l'ex ministro degli esteri Zhou Enlai, un gigante della storia comunista cinese con il quale Mao aveva avuto un rapporto complesso. Era stato Zhou Enlai nell'estate del 1971 l'artefice della svolta nei rapporti con gli Stati Uniti, conclusasi con il viaggio a Pechino di Nixon nel febbraio del '72. Da quel momento sembrò a tutti che Zhou sarebbe stato il successore naturale di Mao. In realtà in quello stesso 1972 gli fu diagnosticato un cancro di cui mai si parlò pubblicamente e che non fu adeguatamente curato. Un anno prima della sua morte, nel gennaio del 1975, Zhou Enlai, con il consenso di Mao, aveva lanciato il programma delle «quattro modernizzazioni». Programma al quale aveva contribuito Deng Xiaoping, riabilitato nel '74 dopo un lungo periodo di epurazione e chiamato da Zhou al proprio fianco. Fu Deng che pronunciò l'orazione funebre per Zhou Enlai. Ma pochi giorni dopo il funerale di Zhou venne progressivamente allo scoperto Hua Guofeng, destinato da Mao alla propria successione. Deng fu nuovamente epurato. Per lui si metteva male, molto male. In marzo un quotidiano di Shangai – controllato dalla moglie di Mao, Jiang Qing, e dai suoi uomini di fiducia (la cosiddetta «banda dei quattro») – pubblicò un editoriale in cui, pur senza farne i nomi, si accusavano il defunto Zhou e Deng di essere «fiancheggiatori dei capitalisti annidati all'interno del Partito comunista». Per Deng stavolta sembrava esser giunto il momento della fine. Stavolta definitiva.

Ma all'inizio di aprile si verificò un episodio clamoroso. Nel giorno del Qingming, tradizionalmente dedicato alla pulizia delle tombe, centinaia di migliaia di persone si riversarono su piazza Tian'anmen e deposero corone di fiori alla base del monumento agli eroi. Corone di fiori in onore di Zhou Enlai. Deng fu considerato l'ispiratore della sorprendente manifestazione e venne convocato davanti a una riunione improvvisata del Politburo. Zhang Chunqiao, membro della «Banda dei quattro», lo minacciò con queste parole: «Farai la fine di Imre Nagy», riferendosi all'uomo che nel 1956 aveva guidato la rivoluzione ungherese contro l'Urss e, per punizione, due anni dopo era stato impiccato. Deng restò in silenzio. Accettò di essere accantonato ma a un tempo mise agli atti di godere di un consenso fino ad allora insospettato.

Il 9 settembre Mao, che aveva avallato la rimozione di Deng, morì a causa dell'aggravamento di una sclerosi laterale amiotrofica (non diagnosticata) che aveva provocato un rapido deterioramento delle cellule nervose preposte al controllo dei muscoli. Hua Guofeng, il successore designato dallo stesso Mao, temette di finire nel mirino dell'ala più radicale del partito. Convocò per il 6 ottobre – meno di un mese dopo la morte di Mao – il Politburo (con il pretesto di discutere del quinto volume delle *Opere scelte* del defunto presidente). E in quella sede fece arrestare l'intera «Banda dei quattro». Jiang Qing – che, forse per un presentimento, non si era presentata alla riunione – fu imprigionata successivamente. I «quattro» vennero processati e condannati – anche loro per aver «tradito il Paese» in combutta con non identificate «potenze straniere» – con una sentenza di centoquindici pagine. Hua si sentiva a questo punto saldamente in sella.

Ma l'8 gennaio del 1977, nel primo anniversario della scomparsa di Zhou Enlai, alcuni manifestanti si ripresentarono in piazza Tian'anmen. Uno di loro, Li Dongmin, attaccò un manifesto in cui si chiedeva il ritorno di Deng. Hua fece stroncare la manifestazione ma ne comprese il senso e sostanzialmente accolse il messaggio contenuto nel manifesto di Li Dongmin. In tempi per la Cina assai veloci recuperò Deng. A fine estate del 1978 si ebbe un nuovo sussulto. Su un muro di mattoni nei pressi di una vecchia stazione degli autobus nel quartiere pechinese di Xidan cominciarono ad apparire manifesti scritti a mano che chiedevano la riabilitazione di esponenti epurati ai tempi di Mao. Secondo Linda Jaivin, in *Breve storia della Cina*, quella parete ribattezzata «muro della democrazia» aiutò Deng «a dimostrare anche ai membri più riluttanti della leadership del Pcc che il popolo cinese non credeva più nel maoismo».

In novembre Deng concesse un'intervista al giornalista americano Robert Novak in cui definì il «muro della democrazia» un'«ottima cosa». Hua capì l'antifona, chiese ai propri colleghi di non rivolgersi più a lui con il titolo di «presidente». E la terza sessione plenaria dell'undicesimo Comitato centrale del Partito comunista (dicembre del 1978) pur limitandosi a adottare formalmente il principio della «leadership collettiva», nei fatti trasferì nelle mani di Deng gran parte dei poteri che fino a quel momento erano stati in quelle di Hua Guofeng. A dicembre Deng era ormai padrone del partito.

Il nuovo leader, ribattezzato «Piccolo timoniere», mise subito in chiaro che voleva far crescere la Cina soprattutto sotto il profilo economico. In tempi rapidi e senza tener conto di vincoli ideologici. Quella di Deng, scrive Beatrice Gallelli in *La Cina di oggi in otto parole*, fu un'opera di «trasformazione totale dell'agenda politica». E, con essa, «anche dei significati attribuiti alle parole chiave del discorso politico di epoca maoista». In particolare, laddove, «stravolgendo le relazioni fino a quel momento vigenti tra sfera economica, politica e sociale», Deng affermò che «povertà non è sinonimo di socialismo» e «l'obiettivo di quest'ultimo è quello di rendere il Paese prospero e potente».

Per agevolare questo nuovo corso – e in funzione antisovietica – Deng accelerò l'avvicinamento agli Stati Uniti. Ciò che, secondo Dikötter, indusse in errore alcuni membri della leadership statunitense, primi tra tutti il consigliere per la sicurezza nazionale Zbigniew Brzezinski e il senatore Henry Jackson. I quali ritennero che quella accelerazione avesse un carattere definitivo. In realtà, di ritorno da un viaggio a Washington dove aveva «conquistato» Jimmy Carter strappandogli rilevanti concessioni in campo economico, il «Piccolo timoniere» lasciò chiaramente intendere che la sua era una mossa tattica. E sostenne con i suoi collaboratori che quella americana era una «democrazia fasulla». Esortò poi il gruppo dirigente del Partito comunista cinese a non sbilanciarsi in aperture di credito nei confronti dei nuovi amici. La dirigenza cinese, come ha intelligentemente scritto Giovanni B. Andornino in *Cina. Prospettive di un Paese in trasformazione*, assecondò l'ammonimento di Deng a tenere un «basso profilo» in politica estera. Deng, prosegue Andornino, era conscio del fatto che la crescita economica avrebbe paradossalmente reso più delicato il posizionamento internazionale del Paese, esponendolo al rischio esistenziale di essere presto o tardi considerato una minaccia da parte degli Stati Uniti frattanto usciti vincitori dalla competizione con l'Unione Sovietica». Anche nell'epoca successiva sotto la guida di Jiang Zemin, nota sempre Andornino, furono considerate controproducenti e perciò evitate «politiche che potessero istigare reazioni respingenti da parte di Washington».

Nel frattempo, hanno notato Clive Hamilton e Mareike Ohlberg in *La mano invisibile. Come il Partito comunista cinese sta rimodellando il mondo*, Pechino «ha lavorato fin dagli anni Settanta per riuscire a estendere la sua influenza sul Congresso degli Stati Uniti». Congresso che, scrivono ancora Hamilton e Ohlberg, «qualche volta è stato ammutolito dall'influenza esercitata dai membri filocinesi». Forte del sostegno statunitense e con l'Unione Sovietica in crisi, Deng recuperò la figura di Mao («un grande marxista, un grande rivoluzionario, stratega e teorico proletario») e a fine 1980 si liberò definitivamente di Hua che, nota Dikötter, «finì nel calderone insieme alla Banda dei quattro e alla Rivoluzione culturale». Da quel momento l'opera di Deng fu interamente volta a consolidare i propri poteri. Evitando di fare della Cina un Paese satellite degli Stati Uniti.

La Chiesa e il dialogo con i regimi comunisti

Achille Silvestrini (1923-2019) è stato un testimone particolarissimo della Ostpolitik della Chiesa nella seconda metà del Novecento. Stretto collaboratore del segretario di Stato Domenico Tardini, poi del successore Amleto Giovanni Cicognani e, con un ruolo diverso, di Agostino Casaroli, divenne anche l'uomo del dialogo con il Partito comunista italiano. Dialogo tenuto aperto sul versante del Pci – in particolare negli anni in cui furono segretari Palmiro Togliatti prima, poi Enrico Berlinguer, assai sensibili a questo tema – da Franco Rodano. Successivamente da Tonino Tatò, Carlo Cardia, dal vaticanista dell'«Unità» Alceste Santini e da Massimo De Angelis. E da Paolo Bufalini che, per conto delle Botteghe oscure, seguì i lavori di revisione del Concordato. Un universo già ben esplorato da Daniela Saresella in *Cattolici a sinistra. Dal modernismo ai nostri giorni*. Temi che adesso sono oggetto di un'accurata indagine storica di Emma Fattorini con il libro *Achille Silvestrini. La diplomazia della speranza*.

Uno studio impeccabile che si avvale di molte testimonianze di prima mano del cardinale a cui il libro è dedicato. Cardinale che l'autrice ha avuto occasione di frequentare con una certa intensità: «Era quasi una consuetudine,» scrive Fattorini «con don Achille – così voleva essere chiamato il cardinale Silvestrini – quella di registrare dalla sua voce, commenti, bilanci, racconti e prevalentemente ricordi che io trascrivevo e lui rileggeva e correggeva».

Il primo importante personaggio con cui Silvestrini ha un rapporto intenso è Domenico Tardini, destinato a essere nominato segretario di Stato da Giovanni XXIII nel 1958. Ma la sua personalità si era imposta già da molti anni, nel corso del pontificato di papa Pacelli. Tardini era stato contrario al partito unico dei cattolici (pensava le formazioni cattoliche dovessero essere due: una più grande di centrodestra, una «minore» collocata a sinistra). Poi però si piegò ai voleri di Pio XII, di Montini e di De Gasperi. Il suo «tenace anticomunismo [...] si fondò sull'idea che la Chiesa, e solo essa, fosse e dovesse restare unica depositaria di una natura "totalitaria" financo "totalizzante" della *christianitas*». E non dovesse essere «mai costretta ad "abbassarsi" al livello della società laica e politica». Alla fine degli anni Cinquanta Silvestrini seguì con «vigile consapevolezza» il «nuovo indirizzo della Democrazia cristiana» che scaturiva dai viaggi a Mosca di La Pira e Fanfani. Tardini morì nel luglio 1961, quattordici mesi prima dell'apertura del Vaticano II, ed è perciò impossibile anche solo formulare ipotesi su quali riflessi avrebbe avuto su di lui l'esperienza conciliare.

Il giovane Silvestrini era entrato in segreteria di Stato nel 1953 quando, dopo la morte di Stalin e la fine della guerra di Corea, si cominciarono ad avvertire i primi timidi segnali di una possibile distensione. Segnali in realtà pressoché impercettibili. Qualcosa di più chiaro si avvertì alla metà degli anni Cinquanta. Ma con onestà intellettuale Silvestrini riconosceva anche decenni dopo di non ricordare «che in quelle circostanze nutrissimo troppe speranze di cambiamenti positivi per la Chiesa, la cui situazione nei Paesi d'oltrecortina rimaneva sempre quella degli anni 1948-1949». Questo per dire che non è da imputare a Pio XII se la distensione tra Chiesa di Roma e Paesi comunisti non iniziò dopo il XX congresso del Pcus (1956), le assise in cui Chruščëv aveva denunciato i crimini di Stalin. Tra l'altro in quello stesso 1956 l'Urss stroncò nel sangue la rivoluzione ungherese costringendo – come vedremo tra breve – il cardinale Mindszenty appena liberato dalla prigione comunista a cercare rifugio nell'ambasciata americana.

A ostacolare i passaggi tattici di quel dialogo si stagliava la figura del cardinale József Mindszenty, arcivescovo metropolita di Esztergom e primate d'Ungheria dal 1945. Un gigante nella storia della Chiesa nei Paesi dell'Europa Orientale che, ricorda Fattorini, poteva vantare un glorioso passato da martire. Già imprigionato nel 1944 dai nazisti, Mindszenty fu nuovamente rinchiuso in cella dai comunisti. Accadde nel 1949, dopo un processo farsa nel corso del quale il cardinale fu drogato, torturato e condannato all'ergastolo per alto tradimento. Fu poi rimesso in libertà nel 1956 a seguito dell'insurrezione ungherese e fece appena in tempo a esprimersi a favore del governo liberalizzatore di Imre Nagy. La libertà durò, però, pochi giorni. L'intervento dei carri armati sovietici che stroncarono la rivolta di Budapest lo costrinse, come s'è detto, a cercare rifugio nell'ambasciata americana dove rimase per quindici anni. Nel 1971, per intercessione del presidente statunitense Richard Nixon, gli fu consentito di uscire dall'ambasciata e di trasferirsi nella città del Vaticano.

La posizione di Mindszenty fu, secondo Emma Fattorini, del tutto simile a quella di Pio XII, che – come ha raccontato Lucia Ceci in *La fede armata. Cattolici e violenza politica nel Novecento* – di fronte alla repressione sovietica della rivoluzione ungherese era giunto a chiedersi se non fosse lecito e opportuno chiamare i cattolici a una crociata contro il comunismo. Con Giovanni XXIII e Paolo VI – come vedremo – il vento cambiò. Ma il porporato ungherese, afferma Fattorini, rimase sempre «intransigentemente ostile» a una politica di interlocuzione con i comunisti; «contrarissimo a qualsiasi colloquio» con i governi dell'Est europeo, si riteneva vittima della stessa Ostpolitik, arrivando a protestare con il segretario di Stato vaticano Jean-Marie Villot: «Perché nominate vescovi nei Paesi dell'Est? Sarebbe meglio che non ce ne fossero piuttosto che ci siano quelli che i governi vi permettono di nominare» era il suo aspro rimprovero. Il clima nuovo di dialogo con i Paesi comunisti per Mindszenty era intollerabile: rimase in Vaticano per pochissimo tempo e subito dopo si trasferì a Vienna. Dove morì nel 1975 non senza essere entrato in urto con papa Montini al momento il cui questi lo aveva sollevato dall'incarico di metropolita di Esztergom. La sua, scrive la storica, «resta a tutt'oggi una figura difficile da inquadrare». Fu senza dubbio «portavoce di un'idea tradizionale della nazione che incarnò nella piena fedeltà all'Ungheria e alla difesa della religione cattolica». I suoi persecutori lo bollarono come un «nazionalista paranazista». Nel 2012 la procura generale ungherese, dopo una lunga e accurata istruttoria, ha smontato tutte le accuse mosse dal regime comunista nei confronti del cardinale e nel febbraio 2019 papa Francesco lo ha dichiarato «venerabile».

Più duttile di Mindszenty fu un'altra personalità della Chiesa che si trovò a vivere in condizioni simili a quelle del cardinale ungherese: l'arcivescovo di Praga Josef Beran. Anche lui fatto prigioniero dai nazisti (e deportato nel campo di concentramento di Dachau, dove rimase per quasi tre anni) e successivamente rinchiuso in prigione dal regime comunista. Per ben quattordici anni. Nel 1963 fu rimesso in libertà dopo «estenuanti trattative» (Fattorini). Una volta libero Beran poté raggiungere Roma, dove nel 1965 fu fatto cardinale talché gli fu possibile partecipare all'ultima sessione del Concilio Vaticano II.

E incontriamo a questo punto la figura di Agostino Casaroli, che per conto della Chiesa di Roma condusse le trattative per Beran ed esplorò per primo le strade del dialogo con i comunisti. Per conoscerlo più da vicino sono indispensabili due libri: quello di Roberto Morozzo della Rocca, *Tra Est e Ovest. Agostino Casaroli diplomatico vaticano*, e quello firmato da lui stesso, Agostino Casaroli, *Il martirio della pazienza. La Santa Sede e i Paesi comunisti (1963-1989)* a cura di Carlo Felice Casula e Giovanni Maria Vian.

La Ostpolitik vaticana fu avviata per volontà di Giovanni XXIII nel giugno del 1963 con una missione di Casaroli a Budapest e a Praga (le città di Mindszenty e di Beran). Nell'avvio di questa strategia, secondo la testimonianza di Silvestrini, «pesò molto la concreta volontà roncalliana di avere a Roma i vescovi dell'Est quali partecipanti del Vaticano II». C'era stato, è vero, qualche segnale di distensione proveniente dall'Urss: gli auguri di Nikita Chruščëv per gli ottant'anni di papa Roncalli, la visita al pontefice della figlia di Chruščëv (accompagnata da suo marito, Aleksej Adjubei, direttore del quotidiano «Izvestija»), la liberazione del metropolita ucraino Josyp Slipyj dal gulag di Dubravlag. Ma, sempre secondo Silvestrini, per Giovanni XXIII era «prioritario» fare il possibile per garantire la presenza di un numero anche limitato di presuli dell'Europa orientale al Concilio. Nella ricerca di quella presenza «va perciò ricercato, per quanto circoscritto, l'inizio di quella strategia che si sarebbe strutturata in termini più sistematici e avrebbe dato i suoi frutti alla fine degli Anni Settanta».

Casaroli in quel momento era a Vienna – nelle vesti di sottosegretario della Congregazione per gli affari ecclesiastici straordinari – per una conferenza diplomatica. Giovanni XXIII intendeva rispondere a un appello (in realtà, una richiesta d'aiuto) fattogli pervenire dall'arcivescovo Josef Beran, segregato in un luogo sconosciuto della Cecoslovacchia. Sarebbe stato lo stesso Casaroli a raccontare in seguito della sensazione di «spaesamento» da cui fu assalito fin dall'inizio di quella missione. Con quel suo viaggio a Budapest e a Praga, scrive Emma Fattorini, «ebbe inizio un'avventura diplomatica ai limiti della spy story, vissuta spesso in solitudine e in condizioni materiali precarie, così lontane da immaginifiche fantasie sull'efficienza e sulla ricchezza dei rappresentanti pontifici nel mondo».

Nei ricordi di Silvestrini il dialogo che non avrebbe potuto avere con Mindszenty, Casaroli lo trovò – non senza iniziali difficoltà – con Beran, che si era andato attestando «su una linea possibilista». E con il cardinale polacco Stefan Wyszyński «un vero principe della sua Chiesa, una sorta di sovrano slavo, capace di trattare sia con le locali autorità governative sia direttamente con Mosca, incutendo generale rispetto e timore» (Fattorini). Nel 1971 Casaroli poté recarsi a Mosca, dove però non gli fu concesso di incontrare il suo omologo Andrej Gromyko. Ebbe contatti con cattolici russi da cui «filtrava chiaramente il timore che i nostri sforzi indebolissero ancor più la loro già difficile situazione e aumentassero invece il prestigio del regime». Ha scritto lo studioso tedesco Hubert Jedin – in *Storia della mia vita* – «il fatto che il Vaticano stringesse con questi Stati totalitari e per principio ostili al cristianesimo convenzioni che non sarebbero state rispettate» poteva provocare in uno storico della Chiesa «solo una scrollata di capo». Tanto più che la Chiesa concedeva molto e riceveva in cambio «ben poco di concreto». E induceva talvolta alla nomina di vescovi «ambigui, cooperatori del regime». Ciò che fece di Casaroli in molte occasioni un incompreso.

Fortunatamente qualche anno dopo il contesto cambiò. La tappa fondamentale fu la Conferenza di Helsinki (1975): diversamente da tutti gli scettici, Wojtyła era dell'opinione che «bisognava far pesare ai governi comunisti quell'accordo». «I comunisti» sosteneva Wojtyła «hanno accettato questi diritti e ora devono applicarli, che ci credano o meno.» George Weigel – nel libro *La fine e l'inizio. Giovanni Paolo II: la vittoria della libertà, gli ultimi anni, l'eredità* – ha liquidato Casaroli come «un vecchio burocrate» che fu «d'ostacolo all'azione liberatrice dal comunismo di Giovanni Paolo II». Silvestrini (assimilato da Weigel a Casaroli) ovviamente non concordava con questo giudizio.

Grande è l'ammirazione di Silvestrini nei confronti di Paolo VI, il papa «con cui ebbe forse più sintonia». Più articolato il giudizio su Giovanni Paolo II. Colpisce un ricordo a proposito dell'intervento che il pontefice polacco avrebbe tenuto alle Nazioni Unite il 2 ottobre 1979. Sull'aereo che li portava a New York, il papa fece rileggere a Casaroli il testo di quel discorso. «Il capo della segreteria di Stato tagliò i passaggi più duri riguardanti la libertà religiosa e i diritti umani nei Paesi comunisti, largamente presenti all'assemblea.» Ma Wojtyła «li ripristinò tutti».

Poi nel 1988 papa Wojtyła nominò Silvestrini cardinale e lo destinò alla Segnatura apostolica («un compito» diceva don Achille «che proprio non amavo»). «Promoveatur ut amoveatur?» si domandava Silvestrini a proposito di quella «promozione». «Non so» era la sua risposta. Eloquente.

La possibile convivenza tra cristiani e musulmani

Mille anni di guerre. Conflitti. Persino tra i più sanguinosi. Ma mille anni anche di convivenza e di relativa tolleranza. Tra il settimo e il sedicesimo secolo i musulmani conquistarono vaste aree delle regioni mediterranee e dell'Europa Centrorientale abitate principalmente da cristiani. Parte di quelle terre poi, tra l'undicesimo e il quindicesimo secolo, furono riconquistate dai cristiani. Sui rapporti tra i devoti alle due religioni quando si sono trovati sotto il dominio gli uni degli altri ha indagato con grande acume Luigi Andrea Berto per un libro, *Sudditi di un altro Dio. Cristiani sotto la Mezzaluna, musulmani sotto la Croce.*

Nell'Antico Testamento, ricorda lo studioso, si raccomanda, nel caso in cui gli abitanti di una città si siano rifiutati di arrendersi all'istante, di uccidere tutti gli uomini e di ridurre in schiavitù donne e bambini. E di farlo con maggiore determinazione se i nemici si sono difesi accanitamente. Questa fu la linea di condotta di musulmani e cristiani per tutti i secoli di cui si è detto. E non mancarono episodi nei quali «la maggior parte della popolazione civile fu massacrata dopo la presa di un centro abitato». In questa maniera, ad esempio, si comportarono i cristiani dopo la presa di Gerusalemme nel luglio del 1099. Allo stesso modo fecero i turchi dopo la conquista di Costantinopoli nel 1453.

Le fasi di guerra tra cristiani e musulmani sono importanti in sé e per le tracce che lasciano nei periodi successivi. Non mancano casi estremi. In Sicilia a metà del IX secolo d.C. si distingue per razzie e crudeltà il governatore musulmano al-Abbàs ibn al-Fadl. Il governatore muore nell'861: l'odio da lui suscitato nella popolazione dell'isola, scrive Giorgio Ravegnani in *I bizantini in Italia*, risulta evidente anche dal fatto che «i cristiani disseppellirono il suo cadavere appena inumato e lo bruciarono, prendendosi così una vendetta postuma». Ma, secondo Maurice Lombard – che ne ha scritto in *Splendore e apogeo dell'Islam VIII-XI secolo* – i casi di scontro furono assai meno di quelli di incontro. I rapporti dei musulmani con i popoli sottomessi, documenta Lombard, furono «facilitati dalla tolleranza degli invasori, gente abbastanza indifferente in materia di religione, persino scettica». Non si ebbero (o quasi) persecuzioni, conversioni forzate. I vincitori, sostiene Lombard, manifestarono una sola esigenza, «d'ordine fiscale»: un trattato di capitolazione «stipulato nella debita forma con le autorità religiose». Tale trattato, in cambio della riscossione delle imposte eseguita dai notabili delle diverse comunità, garantiva «la libertà di culto e il proseguimento dell'attività economica».

Sia i musulmani sia i cristiani – è la constatazione da cui parte Luigi Andrea Berto – «permisero ai sudditi appartenenti alla fede dei dominati di continuare a praticare la propria religione a patto che essi accettassero la loro inferiorità». I dominatori tuttavia «crearono sistemi diversi basati su differenti forme di legittimità». Quello ideato dai fedeli dell'islam era stabilito dal Corano e aveva pertanto un fondamento religioso. In quello dei regni cristiani, i sudditi musulmani rientravano nella categoria dei «servi del re». Erano così posti, scrive Berto, sotto la diretta protezione dei sovrani al riparo degli abusi. Però tale status sottolineava la loro totale dipendenza dalla volontà dei governanti, con i quali dovettero quasi sempre negoziare diritti e doveri. E li rese legalmente soggetti a «occasionali drastiche decisioni dei sovrani».

Il tema dei rapporti tra devoti alla Chiesa di Roma e islam è già stato analizzato da Bartolomé e Lucile Bennassar in *I cristiani di Allah*, da Amedeo Feniello in *Sotto il segno del leone. Storia dell'Italia musulmana.* Ma anche da Alain Ducellier in *Cristiani d'Oriente e Islam nel Medioevo: secoli VII-XV* e da Bat Ye'or in *Il declino della Cristianità sotto l'Islam. Dal jihad alla dhimmitudine.* Il quadro complessivo di Berto coincide nelle linee fondamentali con quello di questi libri. Con un'attenzione particolare, però, alla non idealizzazione del quadro complessivo che si ha quando viene presentato «un immaginario mondo di pacifica convivenza e di proficua multiculturalità». Coloro che seguivano la religione dei dominatori e quelli professanti la fede dei dominati condussero perlopiù «vite separate» ancorché «comunicanti». Per la maggior parte del tempo i rapporti tra di loro furono pacifici e, «pur rimanendo rilevanti differenze di trattamento e un certo grado di sdegnosa superiorità dei primi verso i secondi», i divieti e le discriminazioni riguardanti i «sudditi di seconda classe» non ebbero di solito un fortissimo impatto sulle politiche dei governanti e sulla vita quotidiana.

Ci sono state molte città che potremmo definire «capitali della convivenza». Ne hanno parlato Philip Mansel in *Levante. Smirne, Alessandria, Beirut: splendore e catastrofe nel Mediterraneo* e Mark Mazower in *Salonicco, città di fantasmi. Cristiani, musulmani ed ebrei tra il 1430 e il 1950.* Queste esperienze hanno indotto molti studiosi ad attribuire a una religione, periodo e popolazione una «speciale e insita predisposizione per la convivenza pacifica e la tolleranza nei riguardi di sudditi di religione diversa la cui inferiorità, pure, fu determinata legalmente». Queste conclusioni secondo Berto non sono «corrette» dal momento che tali atteggiamenti «furono il prodotto di ben particolari circostanze economiche, sociali, demografiche e politiche». Allo stesso modo, sempre secondo Berto, è troppo «riduttivo» ricondurre l'esistenza di tolleranza e convivenza pacifica al concetto di «convenienza». Una spiegazione del genere «attribuisce agli esseri umani un comportamento troppo meccanico [...] in un campo estremamente articolato, dove la relazione tra quei fattori non è sempre ovvia e immediata».

Si può ragionevolmente dire – secondo Berto – che «avendo i sudditi di seconda classe accettato la condizione di inferiorità, rispettato i provvedimenti meno discriminatori, evitato di ostentare l'eventuale ricchezza e coltivato buoni rapporti con le autorità», gli appartenenti alla fede dei dominatori «li avevano il più delle volte ignorati». O «avevano avuto relazioni non conflittuali e talvolta collaborato, condiviso credenze e luoghi e festeggiato con loro riconoscendo così più o meno implicitamente che una comunità trae vantaggio dall'assenza di tensioni e scontri».

Berto definisce «insostenibile» la posizione di chi attribuisce a una religione, popolo ed epoca una particolare tendenza all'intolleranza e alle persecuzioni. Cristianesimo e islam sono religioni monoteistiche e perciò stesso «non inclusive». I fedeli delle due religioni ritengono, gli uni e gli altri, di venerare l'unico vero Dio. Scorrendo le pagine della loro storia troviamo, soprattutto fra i leader religiosi, musulmani e cristiani estremisti «che non si limitarono a sottolineare quella nozione», ma rimarcavano fortemente anche la «falsità» della religione degli altri. E mettevano in risalto quanto essi fossero pericolosi per i propri fedeli, dal momento che «contaminavano i riti e lo spazio sacro della vera fede», insidiando i «veri credenti». Gli estremisti vollero spesso la ferrea applicazione delle leggi che riguardavano i sudditi di religione diversa, la loro segregazione, in qualche caso la loro eliminazione. In particolare, in occasione di crisi economiche, epidemie, catastrofi naturali e sconfitte.

Più gravi erano state le crisi, maggiore era la necessità di trovare un capro espiatorio. In tali circostanze eccidi e saccheggi a danno dei sudditi di religione diversa non mancarono né nella casa dell'islam né nei regni cristiani. Si verificarono in particolare «quando le autorità centrali erano deboli e non potevano pertanto assicurare il mantenimento dell'ordine interno».

Consolidate le conquiste, i musulmani seguirono il precetto del Corano attribuendo ai sudditi cristiani ed ebrei lo status di *dhimmi* («popolo del patto») assicurando loro protezione e libertà di culto. I *dhimmi*, dai dieci anni in su, erano tenuti a versare una tassa denominata *giza* la cui entità dipendeva dal reddito. I governanti cristiani imposero ai sudditi musulmani una tassa assai simile. In più stabilirono che ai musulmani non si doveva rubare. Privarli con la forza delle loro proprietà era considerato riprovevole. Di più: chi compiva questo genere di azione, veniva sanzionato e costretto a pagare il doppio del valore di quanto aveva sottratto alla vittima del furto. Gli islamici – come si è detto – venivano considerati proprietà del sovrano e denominati *servi regis*. Una definizione che Berto definisce «ambigua» dal momento che poneva questi individui «in una condizione tra la servitù e la schiavitù». Essi erano in ogni caso sotto la speciale protezione del re. Furono stabilite pene certe e ben determinate per chi faceva loro danno. Non erano soggetti alla «giustizia dei signori delle terre in cui vivevano» e perciò non potevano essere arrestati e condannati a morte senza il consenso del sovrano.

Durante il primo periodo di conquista cristiana dell'Andalusia, i crimini di rilevanza penale tra musulmani finivano nei tribunali islamici con la supervisione di un funzionario regio affinché il colpevole fosse catturato e la sentenza fosse eseguita in modo «appropriato». Ai musulmani non era infatti concesso di eseguire punizioni corporali e sentenze capitali. Inoltre, essi preferivano non occuparsi direttamente di crimini commessi da malviventi. Nel Quattrocento i *mudejares* della regione valenciana furono ben contenti di lasciare agli ufficiali cristiani il compito di arrestare e processare quindici musulmani che, entrati con la forza nella casa di una vedova (loro correligionaria), l'avevano violentata insieme alla figlia.

Ci furono ovviamente numerose eccezioni a questo regime di convivenza delle quali abbiamo detto all'inizio. Ad esempio, scrive Berto, le violenze cristiane in Sicilia contro la comunità musulmana nel XII secolo. Nell'isola durante quei cento anni si nota il costante aumento del numero dei cristiani, la crescente invidia nei riguardi di artigiani e contadini musulmani benestanti. E anche il diffuso malcontento per l'utilizzo nell'amministrazione regia di personale non proveniente dall'aristocrazia e di eunuchi convertitisi al cristianesimo, ma sospettati di continuare a praticare l'islam. L'indebolimento, negli anni Cinquanta, dell'autorità di re Guglielmo II, detto «il Buono», creò le condizioni per l'esplosione di un moto di rabbia antiislamica. All'assassinio, a Palermo, del maggiore consigliere del sovrano nel novembre del 1160, seguì nel marzo dell'anno successivo l'assalto del palazzo reale da parte di una folla di cristiani guidati da alcuni nobili. Guglielmo fu fatto prigioniero, l'archivio regio fu distrutto e «si scatenò una caccia all'uomo contro gli eunuchi di palazzo». Caccia all'uomo che «si estese ben presto alle strade e alle case di Palermo contro qualsiasi musulmano». I fedeli dell'islam si ritirarono in un quartiere periferico della città dove, approfittando di vie assai strette, riuscirono a opporsi efficacemente ai cristiani. Il paradosso fu che i musulmani si rifugiarono nel sudovest dell'isola, un'area per loro di maggior sicurezza proprio perché caratterizzata da un alto numero di proprietà controllate dal re. Poi furono un nutrito gruppo di aristocratici che liberarono il re e riportarono i musulmani nelle città. Palermo compresa. Infine, quando Guglielmo II morì – nel 1189, all'età di trentasei anni – ecco che ci fu una stagione di nuove brutalità contro i musulmani palermitani. Una vicenda che impressionò Dante Alighieri, il quale decise di premiare re Guglielmo collocandolo addirittura nel XX canto del *Paradiso.*

Regimi arabi e origini del terrorismo moderno

Davvero strano il fatto che gran parte dei libri di storia sugli ultimi cinquant'anni, costretti a fare i conti con il terrorismo internazionale del dopo 11 settembre 2001, abbiano del tutto (o quasi) trascurato le analoghe forme di violenza che hanno contrassegnato il trentennio precedente all'abbattimento del Torri gemelle. Si tratta di fenomeni terroristici che ebbero caratteristiche in parte diverse: laico e socialrivoluzionario il primo, quello arabo-palestinese; di radicalizzazione religiosa il secondo, quello islamista. Ma i due fenomeni hanno avuto altresì evidenti punti di contatto. In più hanno conosciuto un abbondante ventennio, gli anni Ottanta e Novanta, di accavallamento. Ed è di questo che si occupa Valentine Lomellini in un importante libro, *La diplomazia del terrore 1967-1989*.

Il terrorismo arabo-palestinese, scrive Lomellini, «fu il primo a internazionalizzare la propria lotta». E, pur con una matrice diversa, «la sua eredità appare evidente nello sviluppo nella successiva ondata di terrorismo, quella religioso-islamista». La «rimozione del terrorismo arabo-palestinese e l'assenza di un discorso pubblico a esso relativo hanno avuto un effetto deformante sugli studi che si sono occupati del terrorismo islamico dopo l'11 settembre». Se è vero che l'attacco alle Torri gemelle costituì «un evento senza precedenti nella storia del terrorismo per target, numero di vittime e conseguenti reazioni», fingere «che esso sia stata un'autentica sorpresa» genera inevitabilmente «una distorsione nella lettura del fenomeno». A questo punto va resa esplicita una cosa evidente: il terrorismo arabo-palestinese e poi quello islamista «avevano optato per l'esportazione della propria lotta quarant'anni prima che al-Qaida abbattesse il complesso del World Trade Center». Contestare questo dato di fatto o cercare di annacquarlo equivale a negare sia la storia che la memoria.

Un tema, questo, già affrontato da Francesco Benigno in *Terrore e terrorismo. Saggio storico sulla violenza politica*. Ma allora perché una riflessione del genere non si è affacciata in importanti libri come *L'Europa nel vortice. Dal 1950 a oggi* di Ian Kershaw? O *Tensioni globali. Una storia politica del mondo 1945-2020* di Wilfried Loth? Non è comprensibile che una correlazione così rilevante, a causa di una evidente sottovalutazione, non sia stata approfondita da John L. Harper in *La Guerra fredda. Storia di un mondo in bilico*. Quantomeno Antonio Varsori in *Storia internazionale. Dal 1919 a oggi*, Eric J. Hobsbawm nel celeberrimo *Il secolo breve. 1914-1991* e Marcello Flores in *Il secolo mondo. Storia del Novecento*, si sono sentiti in dovere di menzionare questo fenomeno. E per questo meritano una menzione che contiene un qualche riguardo da parte di Valentine Lomellini.

Nessuno (o quasi) ricorda – sottolinea Lomellini – che il terrorismo internazionale «ha per prima colpito l'Europa». E ha prodotto una serie di attentati con un esito più o meno tragico in termini di vittime per vent'anni». Con un impatto forse relativo per quel che riguarda i morti. Può essere – concede l'autrice – che questo spieghi, almeno in parte, perché l'Europa sia stata così recalcitrante a prendere in considerazione il fenomeno. E perché, quando lo ha fatto, l'Europa si è mossa con i piedi di piombo. Di più: il nostro continente, a evitare nuovi attentati, ha cercato un'intesa pacificatrice con i Paesi che furono a ogni evidenza i mandanti di alcuni atti terroristici. Ma perché ridimensionare fino quasi a ignorare fatti che hanno insanguinato l'Europa per una trentina d'anni?

Nella teorizzazione, quelle forme di terrorismo furono concepite in ambito arabo-palestinese già nella prima metà degli anni Sessanta. Nel luglio del 1968 il Fronte popolare per la liberazione della Palestina inaugurò l'epoca della messa in pratica di quelle forme di terrorismo con il dirottamento di un volo della compagnia israeliana El Al partito da Roma e diretto a Tel Aviv. In quel momento – scrive Lomellini – il Vecchio continente diventava uno degli scenari di lotta. Quarantasette anni prima dell'attacco al Bataclan di Parigi (novembre 2015), «gli europei diventavano ostaggio del terrorismo mediorientale». La cui variante religiosa sarebbe nata dopo il 1979. Evolvendosi in forme differenti sino ad al-Qaida e all'Isis.

Fu solo nei mesi successivi alla strage delle Olimpiadi di Monaco del '72 che l'Europa mise in piedi un network informale per affrontare il tema del terrorismo internazionale. Anche se da documenti declassificati nel 2014 si evince che già nel 1965 il ministero dell'Interno italiano aveva proposto, in una riunione a Roma nel quadro del Mercato comune europeo, «un accordo di collaborazione» fra gli organi di sicurezza di sei Paesi: Italia, Francia, Germania Occidentale, Belgio, Olanda e Lussemburgo. Segno che, in margine a questo problema, qualcosa era stata intuita già alla metà degli anni Sessanta. Ma fino agli anni Settanta i movimenti contestatori di orientamento rivoluzionario costituivano la principale preoccupazione dei governi occidentali. Con l'eccezione (già nel '69), nota Lomellini, della Gran Bretagna che, pur afflitta dalla questione nordirlandese, si mostrò attenta al fenomeno emergente del terrorismo arabo. Rivelandone «una buona conoscenza». Al centro dell'attenzione dei Paesi europei era però il «ruolo del Cremlino nella genesi della sovversione internazionale». L'autrice cita ad esempio la convinzione del ministro dell'Interno francese che dietro la «guerra politica permanente», fatta di «intossicazione pianificata dell'opinione pubblica, penetrazione insidiosa nella società e manipolazione dei *réseaux* rivoluzionari e terroristici», vi fosse l'Unione Sovietica. Già alla fine degli anni Sessanta, i rappresentanti olandese, belga e tedesco in seno al network di cui si è detto sottolineavano l'utilizzo di «esplosivo di fabbricazione russa» negli attentati arabi all'Aja e a Bonn; gli italiani suggerivano una diramazione nei «movimenti rivoluzionari arabi» operando una distinzione tra quelli di «osservanza moscovita» (come al-Fatah) e quelli «di tendenze estremiste» cioè filocinesi e castriste. Con l'implicita considerazione che con le emanazioni dell'Urss dovesse essere alternato un atteggiamento benevolo nei confronti di al-Fatah a uno più ostile nei confronti dei gruppi più radicali. Anche se, come sarà evidente in seguito, tra queste diverse entità la separazione non era così netta come all'epoca esse stesse seppero far apparire.

Il libro cita una nota del ministero degli Esteri francese all'epoca di Maurice Schumann (1969-1973) da cui emergeva «tutta la difficoltà di prendere una posizione unica» nei confronti dell'Organizzazione per la liberazione della Palestina e del suo leader Yasser Arafat, il quale aveva aperto un canale di dialogo con il Quai d'Orsay. La Francia si trovò in una posizione difficile a causa della sua volontà di sfruttare quest'apertura. Volontà manifestata a dispetto della «consapevolezza dell'esistenza di anime differenti in seno all'Olp, alcune delle quali utilizzavano la violenza armata come metodo di lotta e auspicavano la scomparsa di Israele». Le cose andarono proprio così: nei primi anni Settanta «il prisma della Guerra fredda impediva di leggere con chiarezza la specificità del terrorismo arabo». Questo «prisma» produceva «distorsioni non secondarie nell'analisi del fenomeno terroristico». Il punto non è che Mosca non fosse coinvolta nel fenomeno. Ma adesso è chiaro che «il sostegno dell'Urss ai movimenti terroristici non implicava un'eterodirezione».

I movimenti terroristici avevano un'identità tutta loro e «perseguivano i propri scopi». Talvolta «i loro interessi e quelli di Mosca andavano nel medesimo senso di marcia». Ma spesso non era così. Il Cremlino «fornì in alcuni casi un supporto diretto». Che ritenevano dovesse servire «non tanto alla destabilizzazione mondiale bensì a ottenere benefici più limitati e immediati». Ad esempio «informazioni sui sistemi di intelligence occidentali, aumento del mercato della vendita di armi, sviluppo dei rapporti con gli Stati arabi che sostenevano direttamente il terrorismo mediorientale».

E qui iniziò, a dispetto del fatto che l'Europa si fosse trasformata nel «campo di battaglia» del terrorismo internazionale, la politica di *appeasement* dei Paesi del Vecchio continente nei confronti delle organizzazioni palestinesi (anche le più radicali, era sufficiente che adottassero ogni volta nuove sigle) e dei Paesi ai quali esse facevano capo. Quasi sempre i Paesi europei erano in concorrenza tra loro. Ma Francia e Repubblica Federale Tedesca furono i più attivi in questa direzione.

Solo nell'aprile 1986, dopo diciott'anni di attentati, l'Unione Europea Occidentale decideva di prendere posizione contro alcuni Paesi considerati sponsor del terrorismo internazionale. Ma – scrive Lomellini – lo fece «con estrema circospezione», nonostante gli Stati Uniti chiedessero una qualche risolutezza quantomeno nei confronti della Libia. Cosa impedì, si chiede la storica, un coordinamento politico contro il terrorismo internazionale tra Stati europei che condividevano storia, principi, tradizioni e il comune intento di consolidare la Comunità Europea, e che si ritrovavano periodicamente?

Fermo restando che il dialogo, con l'Olp prima e successivamente con l'Anp, sia stata un'ottima cosa, va ora messo in evidenza come i palestinesi avessero raggiunto il proprio obiettivo di accreditamento nei confronti dei Paesi europei, divenendo un interlocutore nel processo di pace mediorientale. Ciò che avvenne anche (sottolineiamo: anche) per effetto del terrorismo internazionale. Terrorismo che, secondo Lomellini, generò «un frutto perverso»: quello di «una stabilità basata sull'uso della coercizione terroristica». Per ottenere quella stabilità, «gli Stati europei caddero tuttavia in una contraddizione». A partire dalla strage di Monaco del 1972, poi con l'attentato contro la sede dell'Opec a Vienna nel dicembre 1975 e la crisi di Entebbe dell'estate 1976, «fu chiaro che il terrorismo era in grado di generare crisi diplomatiche internazionali». E l'Europa reagì con una politica di *appeasement*. Al che viene naturale una domanda: quanto incise questa politica «nel generare la convinzione che il terrorismo internazionale fosse un utile mezzo di coercizione diplomatica?».

Molto. La strategia dell'*appeasement* «funzionò nel medio termine e garantì ai Paesi europei una certa sicurezza rispetto all'attuazione degli attentati». Talché sarebbe facile trarne la conclusione che l'*appeasement* «ebbe come effetto diretto la proliferazione dei movimenti terroristici di origine e orientamento islamista che hanno colpito l'Europa incessantemente e per vent'anni dall'inizio del terzo millennio». La correlazione però non è così semplice da dimostrare e non fu diretta. Inoltre, l'aiuto degli Stati considerati «empi», come l'Unione Sovietica, fu rifiutato dagli jihadisti degli anni Ottanta e Novanta. Anche qui con delle eccezioni e delle sovrapposizioni. Ad esempio, Abdullah Azzam (morto nel 1989), grande combattente della guerriglia antisovietica in Afghanistan e altrettanto grande teorico del jihad contemporaneo, aveva maturato le sue convinzioni islamiste prendendo parte alla Resistenza palestinese (e restandone deluso). I «casi Azzam» sono innumerevoli. Ciò rende evidente che è giunto il momento di occuparci dell'intreccio tra i due terrorismi, quello palestinese e quello islamista. Ma soprattutto del radicale cambio di atteggiamento dell'Europa nei confronti di questi fenomeni. Un tema meritevolmente messo in evidenza da Valentine Lomellini che, si spera, dovrebbe, d'ora in poi, essere affrontato dagli storici che si occupano degli ultimi sessant'anni. Senza reticenze.

Genesi della violenza organizzata in età globale

Le guerre sono tutte mostruose ma le guerre civili sono peggiori di tutte le altre. Su questo concordano tutti gli storici che hanno collaborato a *Una storia della guerra. Dal XIX secolo ai giorni nostri*, a cura di Bruno Cabanes. In particolare, lo è José Luis Ledesma, a cui è stato chiesto di occuparsi di cosa sia «uccidere il proprio vicino». Ledesma si incarica di indagare sulla violenza a cui si abbandonano «persone che fino alla sera prima non avevano mai toccato un'arma». Probabilmente è anche questo (i più sono costretti a prendere la decisione di uccidere in un brevissimo lasso di tempo, da un giorno all'altro) che induce i combattenti a un di più di efferatezza. Chi va in battaglia contro un esercito straniero è in genere più freddo, meno coinvolto, più professionale. Ciò che spiega almeno in parte perché, fin dai tempi di Tucidide, le guerre fratricide sono considerate le più terribili. Le cronache dell'antichità, così come i testi medievali e moderni, scrive Ledesma, lasciano intendere che gli scontri armati tra gruppi di uomini che condividono uno stesso spazio, le stesse risorse e, in linea di massima, lo stesso potere politico sono stati più frequenti di quanto si pensi. E devastanti. Ma quelli degli ultimi due secoli che hanno come progenitore la guerra in Vandea (1793-1796) sono stati sempre più crudeli.

Come ha spiegato Victor Serge, a proposito di questo tipo di conflitto da lui stesso vissuto nella Russia postrivoluzionaria, le guerre civili hanno la caratteristica di non «riconoscere l'esistenza dei non belligeranti». Il nemico è identificato «nell'intera popolazione che appartiene all'altra parte». Antoine de Saint-Exupéry, cronista della Guerra civile spagnola (1936-1939), racconta di una «guerra dai confini invisibili». Ed è «senza dubbio» per questa invisibilità dei confini, afferma l'autore del *Piccolo principe*, che un tal genere di conflitto assume una forma così mostruosa: «Si fucila più di quanto si combatta».

Spiega David Armitage, in *Guerre civili. Una storia attraverso le idee*, che, essendo esse combattute in seno a una stessa collettività politica, ciò determina il carattere tutto particolare delle violenze. Non sono in gioco solo i territori, ma anche i valori e le identità che sono alla base della società e del sistema. Tale circostanza spesso conferisce alla lotta una dimensione radicale e può legittimare il ricorso a qualsiasi mezzo. La cancellazione dei confini tra combattenti e non combattenti, «tra i nemici e se stessi», prosegue Ledesma, «comporta dinamiche di paura e di odio, di giustizia sommaria, anche pratiche di spoliazione materiale e fisica di ogni genere». Le rappresaglie vengono scatenate dall'alto, dalle autorità politiche e militari, «ma anche dal basso». In contesti nei quali la giustizia istituzionale si trova «sospesa», le emozioni come la vendetta «non sono solo accessi di furore personale» ma «rivestono anche una funzione strumentale per coloro che arrivano a canalizzarle».

Questo tipo di conflitto genera «la dinamica molto particolare delle rappresaglie incrociate», che si hanno durante le avanzate e le ritirate degli eserciti, quando un territorio passa di mano. Ma anche «in risposta alle vittorie militari, ai bombardamenti o ai massacri della fazione avversa»: ogni atto terroristico «contribuisce in pratica ad alimentare l'altro». Ed è cosa assai ben documentata – soprattutto per quel che riguarda i conflitti di questo genere successivi alla caduta del muro di Berlino e alla dissoluzione dell'impero sovietico – nel saggio di Mary Kaldor *Le nuove guerre. La violenza organizzata nell'età globale*. Si tratta di studi a ogni evidenza scritti prima della guerra in Ucraina. Però contengono molte notazioni utili a comprendere meglio natura e conseguenze dello scontro militare successivo all'aggressione russa del 24 febbraio 2022.

Le guerre civili, scrive Ledesma, affondano sempre le radici in un passato, più o meno lontano, nel quale i belligeranti vivevano ancora l'uno accanto all'altro. Che «si tratti di motivi di divergenza sostanziali o di semplici litigi quotidiani», la guerra di questo tipo «offre una cornice diversa, in cui l'odio può esprimersi liberamente». I «numerosi attori armati e la relativa impunità di cui godono rinfocolano la tentazione di regolare i conti in modo spiccio e di rispondere agli appelli alla "pulizia" del corpo sociale». Radicata nel passato, la violenza delle guerre civili «investe anche l'avvenire»: alla fine delle ostilità, se il Paese non viene definitivamente diviso in entità territoriali ben distinte, i sopravvissuti dovranno riprendere a vivere insieme; ed è inevitabile che le violenze della guerra e la repressione postbellica siano rafforzate anche dalla «concorrenza per le risorse materiali, il potere politico e lo status sociale della società futura». Secondo lo studioso Stathis Kalyvas, la «produzione della violenza» nel corso delle guerre civili è un campo di macabra negoziazione che implica due categorie di attori: i gruppi provenienti dall'esterno e specializzati nell'attuazione della violenza armata e gli abitanti del luogo «che collaborano con loro mediante denunce e informazioni in base a motivazioni e interessi di origine intercomunitaria». Senza tali delazioni «non c'è violenza oppure essa è cieca». Sicché si può concludere che «in ogni guerra civile coesistono in realtà molte guerre civili». In ogni caso Ledesma distingue tre categorie di guerre civili: quelle «convenzionali», quelle «irregolari» e quelle «simmetriche non convenzionali». Le prime, le «convenzionali» (Stati Uniti 1861-1865; Spagna 1936-1939), sono caratterizzate da fronti precisi e da battaglie aperte; le parti coinvolte possono contare su vaste risorse, arte militare sofisticata e livello elevato di controllo del territorio. Si può notare che le guerre civili «convenzionali», «salvo casi di forte polarizzazione politica o etnica», tendono a uccidere un minor numero di persone non in divisa. Le guerre civili di secondo tipo, le «irregolari», sono quelle dove l'asimmetria tra le parti costringe una delle due a combattere una guerra di guerriglia (Vietnam). Quelle del terzo tipo, «simmetriche non convenzionali», si verificano nei Paesi in cui le fazioni opposte hanno in comune un basso livello di risorse e una capacità militare limitata come conseguenza di un'implosione dello Stato (Libano, Somalia, Libia). E sono le più rovinose.

Il più crudele di questo genere di conflitti fu senza alcun dubbio il primo: la guerra civile in Vandea di cui si occupa il saggio di Anne Rolland-Boulestreau. Tre anni di «lotte fratricide» tra il marzo 1793 e il marzo 1796 (ma per alcuni storici vi fu una seconda guerra di Vandea che si protrasse fino al luglio del 1796; poi, in coda, ce ne sarebbero state altre due, una nell'autunno del 1799, e un'altra tra maggio e giugno del 1815). La guerra vandeana, sintetizza Rolland-Boulestreau, trae origine dal rifiuto della regione, fin dal 1782, di sottomettersi alle leggi rivoluzionarie anticattoliche. La fase più violenta della repressione verrà affidata alle truppe del generale Louis Marie Turreau che, su incarico di Robespierre, creerà le cosiddette «colonne infernali». Colonne a cui affiderà il compito di sradicare l'«insorgenza reazionaria» con metodi fino ad allora mai usati, quantomeno nei confronti di propri connazionali. La disposizione data da Turreau il 21 gennaio 1794 ai «soldati della Rivoluzione» sarà di passare il nemico «a filo di baionetta». Si dovrà agire – parole sue – «allo stesso modo con le donne, le ragazze e i bambini». Neppure «le persone semplicemente sospette dovranno essere risparmiate». Tutti «i villaggi, i borghi, le macchie, tutto quanto può essere bruciato sarà dato alle fiamme». L'ordine verrà eseguito alla lettera. Ed è quest'ordine che – come scrive Donald M.G. Sutherland in *Rivoluzione e controrivoluzione. La Francia dal 1789 al 1815* – farà compiere alla guerra in Vandea un salto di qualità.

I vandeani presto si doteranno di un proprio esercito guidato da Jean-Nicolas Stofflet e François-Athanase de Charette de La Contrie. Forti della loro conoscenza del terreno e del sostegno di tutta la popolazione, spiega Rolland-Boulestreau, le forze controrivoluzionarie, i «bianchi», sfruttarono al meglio il «bocage» il paesaggio tipico della Vandea, i cui sentieri incassati, le siepi, i boschi, gli abitati sparsi, erano inadatti alle truppe regolari, non abituate alla «piccola guerra». L'ambiente ostile, gli ordini contraddittori, la determinazione del nemico, la violenza dei combattimenti e l'abbandono dei compagni d'armi sul campo di battaglia ebbero «effetti disastrosi sul morale delle truppe». Sul terreno, i soldati mandati da Robespierre non riuscirono a nascondere la paura del nemico («come i bambini temono i cani arrabbiati», ricorderà uno di loro). Molti ufficiali e volontari repubblicani, scoraggiati e inorriditi da quel genere di guerra condotta nell'Ovest della Francia, chiederanno di essere assegnati ad altri fronti. La furia della violenza in questa guerra asimmetrica, chiarisce Rolland-Boulestreau, è spiegata perlopiù «dall'odio verso la parte avversa che è ancora più forte perché a trovarsi uno contro l'altro sono i cittadini di una stessa nazione, incapaci di condividere un unico progetto collettivo».

Risultato: decine di migliaia di morti (impossibile farne un conto preciso: si calcola tra i centocinquanta e gli oltre duecentomila). Il novantacinque per cento delle case furono distrutte, si ebbero stupri di massa, sfollati in quantità davvero impressionanti. Dopo la messa a morte di Robespierre (28 luglio 1794), la repressione cessò e Turreau fu tratto in arresto. Ma ben presto la guerra contro le armate vandeane riprese e Turreau fu rimesso in libertà pur senza dover tornare in Vandea. I nuovi repressori non erano più emissari di Robespierre, bensì ufficiali di fiducia di quei termidoriani che avevano mandato Robespierre alla ghigliottina mettendo fine al Regime del terrore. Ed è a questo punto che un rivoluzionario radicale, François-Noël (Gracchus) Babeuf porterà alla luce quello che definì il «populicidio vandeano». Mettendolo nel conto di Paul Barras, del Direttorio, dei successori di Robespierre. I quali verranno a capo, sia pure – come abbiamo visto – in maniera non definitiva, della rivolta. Stofflet verrà catturato e fucilato nel febbraio del '96, Charette subirà la stessa sorte nel marzo dello stesso anno.

Ciò che ancora colpisce di quella vicenda è la dimensione dell'odio che si sviluppa tra repressori e repressi. Un mostruoso precedente per tutte le successive guerre civili come ha dimostrato Jean-Clément Martin in *I bianchi e i blu. Realtà e mito della Vandea nella Francia rivoluzionaria.* Di conseguenza, non deve stupire, scrive Anne Rolland-Boulestreau, «che i bianchi vengano tacciati di fanatismo e collocati ai margini della civiltà, assimilati a "orde", "briganti", "pezzenti", tutti appellativi che giustificano anticipatamente, agli occhi dei repubblicani, gli accessi che commetteranno contro i civili vandeani». La campagna in Vandea, prosegue Rolland-Boulestreau «perde a poco a poco il suo carattere militare» e si trasforma in quella che a Parigi viene chiamata «una "caccia agli animali nocivi" o alla "piccola selvaggina"». La «controrivoluzione» costituisce anche per i successori di Robespierre «una minaccia per l'unità nazionale» e deve essere «sradicata». La Vandea è per la Repubblica «una vera e propria malattia» e i vandeani «sono equiparati alla rabbia, alla peste, alla cancrena».

Alla viglia del bicentenario della Rivoluzione francese fece discutere un libro di Reynald Secher, *Il genocidio vandeano*, che, riprendendo le analisi di Babeuf, identificò la Vandea come un'anticipazione dei massacri novecenteschi che si sarebbero posti l'obiettivo di eradicare, financo distruggere, minoranze religiose, gruppi etnici, interi popoli. Tesi assai contestata. Ma è certo che le guerre civili successive a quella di Vandea hanno avuto un di più di violenza e – quantomeno a tratti – caratteri di sterminio che precedentemente non si erano manifestati. Mai, comunque, in quelle proporzioni.

Il «banale» lavoro del carnefice

I carnefici esistono, in tutte le guerre, anche quelle di oggi. Pochi anni fa, Andrej Umansky, nel corso di una ricerca sulla Shoah nei Paesi dell'Europa Orientale, si è imbattuto in un'agghiacciante lettera di un soldato semplice della Wehrmacht, Anton Böhrer, inviata ai familiari qualche tempo dopo l'invasione tedesca dell'Unione Sovietica (1941).

«Non ci sono molte cose da vedere perché tutto è stato distrutto, a meno che non capiti di scoprire per caso una vecchia abitazione dell'epoca zarista» racconta il militare. «Il quartiere dei grattacieli all'americana è molto noioso, la cattedrale sarebbe molto bella se i russi non ne avessero fatto un magazzino per pezzi di ricambio.» Di tanto in tanto, si rallegra Böhrer, «c'è ancora qualche edificio, dove erano state piazzate delle mine, che esplode». Ma «si organizza sempre qualche impiccagione pubblica di ebrei o di altra gentaglia; è la sola punizione che faccia ancora effetto, qui [...] Dobbiamo essere spietatamente rigorosi e non fidarci nemmeno di chi sembra una persona per bene».

Colpisce il fatto che questo soldato «metta sullo stesso piano considerazioni turistiche ed esecuzioni», si sorprende Richard Rechtman in *Le vite ordinarie dei carnefici.* Nel libro di Rechtman – che del tema si occupa da una trentina d'anni come storico ma anche come psichiatra – c'è, fin dal titolo, un'eco delle tesi esposte da Hannah Arendt in *La banalità del male*, il celeberrimo saggio reportage dedicato al processo a Adolf Eichmann nel 1961 a Gerusalemme. Rechtman – come mette bene in evidenza nella prefazione Sara Guindani – rileva che «in fondo essere carnefice è un lavoro come un altro, fatto di gesti e ripetizioni, delusioni e soddisfazioni, stanchezza e dolori». L'analisi della vita quotidiana dei carnefici «li colloca vicino alle nostre preoccupazioni più basse». E a un tempo lontano dalla «fascinazione che il male può esercitare in quello che avrebbe di straordinario o di mostruoso». Rinviandoli «alla loro ordinaria umanità, che ne richiama anche la responsabilità morale e politica». Questo «approccio empirico e prosaico al male» scrive ancora Guindani «implica un simmetrico cambio dello sguardo rivolto a quanti al male resistono, pronti a lasciare la propria terra e i propri cari, a perdere tutto, talvolta a morire piuttosto che diventare carnefici». Ovunque, passando dagli orrori nazisti a quelli in Cambogia, Ruanda, nella ex Jugoslavia, in un'infinità di altri posti della terra, alle stragi jihadiste.

La classificazione proposta da Jacques Sémelin in *Purificare e distruggere. Usi politici dei massacri e dei genocidi* propone due modelli, ciascuno articolato poi in un certo numero di suddivisioni: «distruggere per sottomettere» e «distruggere per sradicare». Coloro che cercano la «sottomissione» si servono dei massacri per costringere le popolazioni civili a piegarsi all'ordine stabilito dalle forze armate, non importa se truppe lealiste o ribelli. Le esecuzioni di massa, spiega Sémelin, mirano a «disciplinare» le popolazioni, a fiaccare i tentativi di sedizione e a punire i civili nel caso oppongano resistenza. Se si riesce nell'intento con un minor numero di morti, meglio. Quelli che perseguono lo «sradicamento», invece, si propongono l'eliminazione fisica della popolazione presa di mira. Il genocidio è il loro fine.

Se si guarda più da vicino, però, «ci si accorge», obietta Rechtman, «che le intenzioni dei pianificatori e dei mandanti non hanno grande influenza sul modo di agire di coloro che perpetrano i massacri». Essi «uccidono alla stessa maniera, che si tratti di sradicare o di sottomettere». Tra «purificare, distruggere, punire, asservire o sterminare, in generale le modalità di amministrare la morte cambiano poco». Meglio, suggerisce Rechtman, fissare cinque parametri: l'asimmetria tra aggressori e vittime; la strategia militare messa in atto per assicurare l'eliminazione di chi va eliminato; la pianificazione dei crimini; il territorio interessato; il reclutamento di coloro a cui è affidato il compito di uccidere.

Quest'ultimo parametro è sicuramente il più controverso, quello che alimenta la maggior parte dei dibattiti. Dal momento che ogni studioso attento «scopre» regolarmente che il reclutamento degli uccisori avviene «tra quanti sono più facilmente disponibili» e non «tra i più motivati e convinti». Sempre. Si tratti di forze militari regolari, di corpi di polizia, di milizie o anche di individui isolati. L'adesione ideologica alla causa è relativamente poco rilevante. Le persone «disponibili a massacrare» sono di ogni genere: c'è certamente gente ideologizzata, psicopatici, delinquenti, pregiudicati. Ma ci sono anche molti «uomini ritenuti ordinari». Anzi, i più sono estranei a ogni fanatismo. Ovunque volgiamo lo sguardo nella storia, man mano che ci avviciniamo ai giorni nostri troviamo un numero sempre crescente di carnefici (anche donne, sia pure in minor quantità) che «trascorrono più tempo a preparare i loro crimini, a individuare i luoghi più adatti, a scegliere le armi, a selezionare le vittime, ad assicurarsi i contatti necessari, in una parola a organizzare l'insieme dell'organizzazione, che non a leggere o a studiare qualche compendio ideologico». Per troppo tempo, scrive lo studioso, si è creduto di poter spiegare il comportamento degli assassini partendo dalle loro ideologie. Ma non per tutti «si può parlare di convinzione ideologica». Molti «non hanno mai letto una sola riga di propaganda, troppo noiosa per i loro gusti». I più percepivano la retorica della «bellezza della purificazione» solo nei suoi rudimenti. Eppure «tutti hanno ucciso, con maggiore o minore passione, più o meno entusiasmo, a volte con cinismo e sadismo, di rado provando rimorso».

Discorso che vale anche per le stragi jihadiste. Con il procedere degli anni, gli obiettivi dei nuovi carnefici non sono scelti – come nel terrorismo classico che prende di mira simboli forti (esponenti della polizia, della politica, della finanza) – per ciò che rappresentano. Ma per quello che sono. Individui giudicati «colpevoli» di essere ebrei, musulmani impuri, poliziotti e persino passanti che «meritano» di essere giustiziati. Le modalità pratiche delle uccisioni si congiungono con quelle delle esecuzioni di massa: assassinare il maggior numero di persone nel minor tempo possibile. E con la massima economia di mezzi. Dal momento che non si tratta di colpire obiettivi simbolici, ciò che più conta è il numero delle vittime e, di sicuro, il luogo in cui sarà più facile colpirle. L'attentato di Nizza del 14 luglio 2016 sotto questo profilo è quello che, secondo Rechtman, «risponde drammaticamente a questa duplice esigenza»: il maggior numero di uccisi con il minor dispendio di mezzi (un uomo solo «armato» di un camion che in pochi minuti uccide ottantasei persone e provoca il ferimento di altre 458).

Sbagliato, spiega l'autore, parlare in casi come questi di «attentati suicidi». Poiché lo scopo principale è quello di uccidere il maggior numero di persone in un tempo minimo, la «morte del carnefice» è più una conseguenza degli scopi del massacro che non una priorità o una volontà personale dell'uccisore. Pertanto, «anche se la morte degli assassini nel corso del loro attacco è senza ombra di dubbio una particolarità dei crimini jihadisti, i loro autori restano assimilabili a ogni esecutore di stragi di massa».

In un libro dal titolo provocatorio, *Sarei stato carnefice o ribelle?*, Pierre Bayard ha illustrato, tra le righe, l'imprevedibile percorso di molti francesi che ai tempi dell'occupazione nazista si trasformarono in collaborazionisti attivi – e particolarmente zelanti – dell'autorità hitleriana. Ci voleva del coraggio, scrive Rechtman, «per accettare di rivolgere a se stesso questa domanda e farne il cuore di un'opera in cui si mescolano ricordi personali e di famiglia». D'altra parte, è vero che – come nota Bayard – anche gli studiosi più consapevoli delle condizioni storiche che hanno favorito la caduta nella barbarie di milioni di individui sino a quel momento insospettabili, hanno regolarmente omesso di dirci «quel che loro avrebbero fatto se si fossero trovati in quella situazione». Quanto alla domanda posta da Bayard, scrive Rechtman, nessuno in circostanze normali è disposto ad ammettere che avrebbe potuto con tutta tranquillità indossare i panni dello sterminatore. Niente «prova che in ciascuno di noi sia latente un carnefice in potenza che attende la prima occasione per liberarsi». Di sicuro «non esiste neppure un istinto celato nei recessi dell'animo umano, né ci sono pulsioni arcaiche inconsce che permettano di immaginare ciascuno di noi, per una sorta di necessità ontologica, capace di diventare un giorno l'assassino del proprio vicino». Una fortuna. Ma non basta. Dal momento che una cosa è comunque «incontestabile»: «Se le condizioni li favoriranno, alcuni diventeranno responsabili di genocidio e con ogni probabilità saranno numerosi». Ed è a questo punto che si pongono altre due domande: è davvero accaduto che degli *ordinary men* si siano resi disponibili a commettere degli eccidi? Può accadere di nuovo?

Al primo interrogativo, gli storici hanno già risposto di sì. Christopher Browning – in *Uomini comuni. Polizia tedesca e «soluzione finale» in Polonia* – ha fornito le prove dell'esistenza empirica di questo tipo di *ordinary men*, cioè uomini qualsiasi che ricevono ordini terribili e li applicano senza porsi domande. Nell'indagine su un battaglione di riservisti nella polizia tedesca incaricati di uccidere migliaia di ebrei in Polonia nel corso della Seconda guerra mondiale, Browning fornisce una testimonianza – definita da Rechtman «eccezionale» – sull'organizzazione concreta di questi massacri. Da questa testimonianza emerge che uomini «non predestinati a diventare assassini», spesso di età matura, nella maggioranza dei casi padri di famiglia fino ad allora risparmiati dalla guerra proprio in quanto riservisti, «razzisti non più della media», certo meno ideologizzati di tanti altri, accettavano ogni giorno di riprodurre la stessa sequenza di atti che avrebbero dato la morte a dei loro consimili. E lo facevano nella piena consapevolezza dell'esito fatale che riservavano agli uomini e alle donne di cui si dovevano occupare. Invadevano un villaggio «scelto preliminarmente in base alla consistenza della sua comunità ebraica». Tutti gli ebrei, senza eccezioni, gli uomini, le donne, i bambini, i vecchi, venivano arrestati immediatamente e radunati sulla piazza principale del villaggio. Da lì, venivano trasportati in camion verso il luogo in cui sarebbe avvenuta l'esecuzione. Senza la minima spiegazione, senza alcun capo d'accusa, senza che potessero avere idea del destino che li attendeva, venivano tutti eliminati subito dopo esser scesi dai camion.

E qui si arriva al punto: «La costrizione che gravava su quei poliziotti era tutto sommato relativa poiché, sin dalla prima esecuzione di civili, avevano avuto la possibilità di farsene dispensare». Alcuni «accolsero questa offerta la prima volta e non presero parte al massacro». Ma «nel giro di qualche settimana, tutti senza eccezione parteciparono alle stragi non avendo altra motivazione che il desiderio di uniformarsi allo spirito di corpo della propria unità».

E qui veniamo alla seconda domanda: può accadere di nuovo? Gli accurati studi di Rechtman sui comportamenti dei carnefici nella stagione successiva alla fine della Guerra fredda dimostrano che nella maggior parte dei casi – per non dire la totalità – tutto è andato come nella Polonia ai tempi dell'occupazione nazista descritta da Browning. Ovunque. Sempre. Ancora oggi.

L'equivoca pace tra regimi genera stragi

Nel 1927 Thornton Wilder diede alle stampe un libro destinato a grande successo, *Il ponte di San Luis Rey*, che prendeva a pretesto il crollo, nel 1714, di un importante viadotto peruviano per ricostruire e raccontare le storie di cinque persone che si trovarono lì nell'istante di quella tragedia e persero la vita. Jay Winter, ispirandosi all'opera di Wilder, ha compiuto un'operazione analoga in *Il giorno in cui finì la Grande Guerra. Losanna, 24 luglio 1923: i civili ostaggio della pace.* Winter racconta quel che fecero le varie delegazioni che parteciparono alla Conferenza di Losanna del '23, delegazioni che, come i personaggi di Thornton Wilder «incarnavano storie differenti e differenti aspettative». Storie differenti e differenti aspettative che non dissuasero i delegati, tutti i delegati, dal ritrovarsi uniti a firmare quel trattato. Oppure, come nel caso della Società delle Nazioni, dallo svolgere un ruolo importante nel concepirlo. Le loro firme predisposero il terreno per il crollo del ponte, vale a dire per le catastrofi che sarebbero seguite.

Perché Winter sceglie la città svizzera e quell'anno specifico? Per il fatto che la Grande Guerra – secondo Winter – durò in realtà dieci anni, cinque in più della conclusione ufficiale e terminò con la Conferenza di

Losanna del 1923. La Prima guerra mondiale, scrive lo studioso, «non finì, come i manuali si ostinano a ripetere, l'11 novembre 1918 con l'armistizio sul fronte occidentale, né il 28 giugno 1919 con la firma del trattato di pace a Parigi». Su questo ormai concordano molti storici, primo tra tutti Robert Gerwarth con *La rabbia dei vinti: la guerra dopo la guerra, 1917-1923* e *Guerra in pace: violenza paramilitare in Europa dopo la Grande Guerra.* Nell'ultimo anno il conflitto mondiale si era frammentato in una serie di guerre decentrate che tra il 1919 e il 1923 avrebbero prodotto una devastazione non minore di quella del quinquennio precedente. Devastazione aggravata, con la sanguinosa contesa greco-turca, da un processo di *civilianization. Civilianization*? Questo termine in passato stava a indicare il «ritorno alla vita civile» o addirittura un processo di «incivilimento». Da una decina d'anni è entrato invece nel lessico specialistico per fotografare qualcosa di senso assai diverso: «il passaggio», scrive Winter, «dalle guerre dirette da comandi centralizzati contro eserciti nemici» a «conflitti, con o senza centri di comando formali, in cui il bersaglio primario è costituito da civili». Qualcosa del genere si era già intravisto nel corso della Prima guerra mondiale come hanno messo in luce Stéphane Audoin-Rouzeau e Annette Becker in *La violenza, la crociata, il lutto. La Grande guerra e la storia del Novecento.*

La guerra ai civili ha una lunga storia che risale a tempi precedenti al 1914. Una tappa fondamentale di questa storia sarebbe stata, a partire dal 1915, l'uccisione in massa della popolazione armena a opera dell'impero ottomano, raccontata già nel 1933 da Franz Werfel in

I quaranta giorni del Mussa Dagh e oggi accuratamente documentata da Marcello Flores in *Il genocidio degli armeni* e da Marco Impagliazzo in *Il martirio degli armeni. Un genocidio dimenticato.* Armeni che, a dispetto dell'instancabile attivismo del loro rappresentante Boghos Nubar, proprio a Losanna avrebbero visto svanire il loro sogno di autodeterminazione. Nubar si batté con tutti i mezzi a disposizione. Sciaguratamente per lui, scrive Winter, «la forza militare non era tra questi». Il genocidio aveva ridotto il popolo rappresentato da Nubar a una «nazione di rifugiati» e dopo la presa del potere dei bolscevichi nell'Armenia russa (dicembre 1920), quel popolo era stato «abbandonato dagli occidentali proprio nel momento in cui avrebbe avuto più bisogno del loro sostegno».

Nel '23 sulle rive del lago Lemano la guerra ai civili fece però un passo in avanti decisivo e terribile. Quando i delegati alla Conferenza di Losanna accettarono di pagare, come prezzo di una possibile pace, la deportazione forzata di oltre un milione e mezzo di civili – spiega Marco Mondini in un'attenta postfazione al libro di Winter – «stabilirono un precedente che avrebbe tormentato da allora in avanti ogni tentativo di risolvere un conflitto». Da Losanna in poi milioni di civili divennero «ostaggi, scambiati nell'interesse della pace». Andò così – restando nel nostro continente – per l'annientamento dopo il 1945 delle comunità tedesche nell'Europa centro-orientale, per il trasferimento di popolazioni in Unione Sovietica, per le terribili campagne di pulizia etnica dei Balcani. Popolazioni inermi vennero private di voce, sradicate dalle loro case, lasciate a pagare il prezzo delle sofferenze postbelliche. Sofferenze per certi versi peggiori di quelle inflitte nel corso della guerra vera e propria. Una lezione da tenere viva nel ricordo, puntualizza opportunamente Mondini. Soprattutto «quando si invoca la pace a ogni costo».

I conflitti precedenti erano stati caratterizzati da una tradizione onorata per secoli che prevedeva, come «clausola automatica dei trattati di pace siglati al termine delle ostilità», lo scambio dei prigionieri di guerra. Nel 1923 accadde invece «qualcosa di nuovo e terrificante»: la condizione per la cessazione del conflitto fu «uno scambio forzato di civili». Coloro che vennero sradicati dalle proprie abitazioni – in Grecia come in Turchia – erano «non combattenti», identificati in base all'appartenenza religiosa e non alle idee politiche, all'identità linguistica e culturale. Il precedente stabilito a Losanna, secondo Winter, fu «tossico».

Certo, ammette lo studioso, «c'è una differenza fra il modo in cui a Losanna fu cancellato il diritto alla cittadinanza di comunità umane ritrovatesi in una zona di guerra, e le azioni che avrebbero compiuto in tempi successivi i nazionalsocialisti». A Losanna si usò la religione e non la razza come requisito per determinare la cittadinanza. Ed è «una distinzione importante», concede ancora Winter. Eppure «sancire nel diritto internazionale la definizione di nazionalità su base religiosa – ovvero che l'essere greco-ortodosso rendesse quasi sempre impossibile d'essere cittadino turco, o che l'essere musulmano precludesse la cittadinanza greca – fu il primo passo di una discesa agli inferi. Discesa agli inferi che, come ha ben spiegato Mark Mazower – in *Le ombre dell'Europa.*

Democrazie e totalitarismi nel XX secolo – trasformò l'Europa in un «continente oscuro».

Il paradosso – agli effetti di quello di cui stiamo parlando – fu che il 1924, l'anno successivo a quello della Conferenza di Losanna, fu il primo (dopo dieci) in cui non si registrò alcuna guerra su vasta scala sul continente europeo. Ciò fu considerato come un benefico effetto proprio del vertice di Losanna. La Spagna era ancora impegnata in combattimenti contro le tribù berbere nella regione marocchina del Rif, ma lo scontro si svolgeva sull'altra sponda del Mediterraneo. Qualche eco di scontri giungeva dalla Cecenia, dall'Hegiaz, dall'Iran, dall'Afghanistan, dall'Honduras. Ma almeno per un po', scrive Winter, «l'Europa, dall'Irlanda alla Russia, fu un luogo di pace, in cui parve imporsi la distensione». Nel 1924 non venne nemmeno assegnato il Nobel per la pace.

Altro paradosso (quantomeno oggi appare tale) fu che a proporre la «soluzione di Losanna» fu proprio l'alto commissario della Società delle Nazioni per i rifugiati, lo scrittore, esploratore, scienziato e politico norvegese Fridtjof Nansen. Beneficiando del sostegno di tutti i governi coinvolti, Nansen elaborò con grande cura la proposta di uno scambio tra Grecia e Turchia di «popolazioni minoritarie». Senza ricorrere a giri di parole, disse ai delegati che solo se si fosse riusciti a «non mescolare» i popoli del Vicino Oriente si sarebbe «assicurata una reale pacificazione» nell'intera area geografica. Questa misura – sostenne – rappresentava «la maniera più rapida ed efficace di affrontare le pesanti e inevitabili conseguenze sul piano economico dei massicci movimenti di popolazione» che già avevano avuto luogo. Il suo prestigio fu offerto a garanzia dell'esito pacifico di una micidiale sperimentazione. Nansen sapeva che sia la delegazione greca sia quella turca erano pronte ad accettare il suo piano e «si fece avanti in modo da farlo approvare con rapidità sufficiente per salvare la vita di centinaia di migliaia di esseri umani in fuga dal teatro di guerra». Una motivazione che lì per lì convinse tutti. Chi poteva dubitare della bontà di quell'intenzione? In fondo, i delegati delle nazioni presenti alla conferenza cercavano solo una qualsiasi via per lasciarsi alle spalle le guerre. Ma l'operazione aveva un prezzo: la violazione dei diritti umani di coloro che – tanto in Grecia quanto in Turchia – non avrebbero voluto abbandonare le proprie case. A loro non fu concesso di esprimersi in merito a quella «benefica operazione». Per «salvare delle vite», vennero sacrificati i loro diritti. E quel sacrificio fu la pietra miliare di operazioni dall'intento altrettanto benefico che, però, nel secolo successivo provocarono infiniti lutti. Lutti uguali, talvolta peggiori di quelli causati dai conflitti in armi.

Il 1924, come si è detto, fu, quantomeno in Europa, un anno di pace. L'ombra della guerra andava dissolvendosi. Ma, fa osservare Winter, «non era del tutto svanita». Milioni di famiglie erano ancora in lutto per i propri cari o si trovavano a gestire gli invalidi. L'instabilità economica era meno acuta che in precedenza, però esistevano ancora «eserciti di disoccupati senza voce politica e privi di risorse». I militanti dei movimenti fascisti e comunisti andavano rafforzando i propri arsenali «ma si trovavano ancora, eccezion fatta per l'Italia, costretti ai margini della scena politica». Una specie di pace era arrivata per l'Europa e Losanna «si era lasciata dietro una qualche speranza che tale pace potesse essere duratura». Sensazione a cui si aggrapparono in molti in quell'estate del 1923.

Sedici anni più tardi la guerra sarebbe tornata, prima su scala continentale e poi in tutto il mondo. Si deve però affermare, scrive Winter, che «questo ritorno non ebbe nulla di inevitabile». Allora come oggi «si trattò di una scelta». Una scelta riconducibile al fatto – ai tempi (e ancor oggi) poco percepito – che tra il 1914 e il 1923 era profondamente cambiata la natura stessa della guerra.

Il lato peggiore di questa trasformazione fu, secondo lo studioso, il modo in cui la violenza delle armi finì per colpire soprattutto i civili, quello che nel libro è definito, appunto, il processo di *civilianization* della guerra.

Il trattato di Losanna mise in risalto questo mutamento. L'elemento chiave del compromesso fu come si è detto l'accordo sullo scambio forzato di popolazioni che Grecia e Turchia raggiunsero il 30 gennaio 1923. Da allora in poi numerose guerre su vasta scala si sono concluse non solo – come accadeva già prima di allora – con scambi di prigionieri, ma con espulsioni e fughe in massa di civili. Nel secolo che ci separa da quel 1923 è accaduto in Spagna, Grecia, Russia, Germania, Polonia, Palestina, in molte parti dell'Africa, Cina, Ucraina. Nel 1923 lo scambio coatto fu «animato dall'intenzione di offrire una soluzione rapida a una specifica emergenza che riguardava i rifugiati». Ma finì per diventare soprattutto «un presagio di ciò che sarebbe accaduto in futuro». Presagio di devastazioni umane di grandi proporzioni. Da allora la guerra, con tutta la sua terrificante violenza, non è più stata un affare esclusivo dei soldati: si è trasformata in un'occasione in cui eserciti di non combattenti, fra cui uomini, donne e bambini, vengono espulsi dalle loro case e spediti, se sono fortunati, a vivere la propria vita altrove. Anche se spesso, sempre più spesso, li attende un destino di morte.

Gli antichi romani non erano razzisti

Qualche anno fa, Massimo L. Salvadori ha scritto un libro – *In difesa della storia. Contro manipolatori e iconoclasti* – nel quale, in un ampio contesto, faceva riferimento a iniziative di alcuni atenei statunitensi contro la storia antica. Sull'argomento è tornata Costanza Rizzacasa d'Orsogna in *Scorrettissimi. La cancel culture nella cultura americana*. Tutto ha avuto inizio con la decisione della Howard University di azzerare il proprio dipartimento di Studi classici, che era in vita dal 1867, cioè fin dalla nascita dell'ateneo. Sulle orme della Howard University si è poi mossa l'Università di Princeton. Contemporaneamente una docente della high school di Lawrence (Massachusetts) ha esultato dicendosi «molto orgogliosa» di aver fatto rimuovere l'*Odissea* dal programma di insegnamento. D'un tratto gli Stati Uniti hanno scoperto che i *classics* sono razzisti e che estrometterli dalla scuola giova all'inclusività degli studi superiori.

La guerra contro gli studi sull'Atene e sulla Roma antica è un caso a sé nell'onda della *cancel culture* che sta travolgendo le istituzioni culturali del mondo anglosassone. Se ne occupa Mario Lentano in un libro di considerevole efficacia, *Classici alla gogna. I romani, il razzismo e la cancel culture*. Siamo in presenza, secondo

Lentano, di «una vera e propria chiamata in correità» dei classici latini e greci in ogni abominio del mondo d'oggi. I classici dell'antichità vengono trascinati sul banco degli imputati («con una capriola argomentativa tanto vertiginosa quanto spericolata») per «difendersi» dall'accusa di essere all'origine «di nefandezze» che vanno «dall'etnocentrismo al razzismo, dalla cultura patriarcale al sessismo, dallo sfruttamento degli schiavi, all'imperialismo».

Lentano, pur prendendo le distanze dall'intera *cancel culture*, dedica le proprie attenzioni a un tema specifico: possono i cittadini dell'antica Roma essere definiti razzisti? La sua risposta è un documentatissimo «no». Tanto per cominciare, sostiene lo studioso, in nessun momento della loro storia «i romani, come già i greci prima di loro, sembrano essersi definiti collettivamente come "bianchi"». In latino l'aggettivo *albus* («bianco» appunto) «è impiegato coerentemente per indicare un individuo dalla pelle chiara, talora in contesti nei quali un tale individuo è contrapposto a un soggetto di carnagione scura». Ma al riparo da ogni genere di razzismo. Il nero, sempre in latino, viene definito *aethiops* («etiope»).

L'Etiopia – va ammesso – è più volte menzionata nei commenti cristiani ai testi biblici come «icona e metafora delle nazioni peccatrici» (assimilata talvolta all'Egitto che aveva tenuto in schiavitù il popolo eletto). Ma gli etiopi – osserva Lentano – avevano fatto il loro ingresso nella tradizione letteraria greca nella veste di nazione benedetta e di commensali amati dagli dei. E vi erano rimasti a lungo come paradigma esemplare di «devozione religiosa». Interessanti considerazioni in merito sono contenute nel libro di Federico Faloppa *Sbiancare un etiope. La costruzione di un immaginario razzista.*

Solo il poeta satirico Giovenale parla di «un individuo sano» che si «fa beffe di uno storpio» o di «un *albus* che deride un *aethiops*». Ma, a prescindere dal disprezzo nei confronti di un individuo di colore che affiora dai versi di Giovenale, non risulta «che *albus* sia mai stato impiegato al plurale per designare nel loro insieme gli esseri umani dalla carnagione chiara». Mai i «bianchi» sono stati considerati nel contesto «di una partizione distinta dell'umanità, dotata di caratteristiche comuni a tutti i propri membri e opposte a quelle di altre partizioni». Da nessuna parte i romani si sono definiti *albi.* Né hanno usato espressioni come *albi homines* o *alba gens.* Ciò «induce a credere che ai loro occhi non esistesse una categoria analoga comprendente quanti non condividevano quel colore». E che, di conseguenza, li si potesse identificare «come gruppo separato e contrapposto».

Un discorso che vale anche per la Grecia antica. A dire il vero, in Omero non si fa cenno neanche alla partizione tra greci e barbari. Lo nota Tucidide, lo storico ateniese del V secolo a.C., il quale si sofferma su questa mancata distinzione tra greci e barbari sia nell'*Iliade* sia nell'*Odissea.* E la spiega osservando che, all'epoca in cui vennero composti i due poemi, gli stessi greci «non si erano ancora differenziati dal resto del mondo attraverso l'impiego di un appellativo distinto». Se in Omero non incontriamo mai i barbari è, secondo Lentano, perché nei suoi poemi «non compaiono neppure i greci». O meglio «perché questi ultimi non si sono ancora dotati di un unico nome che li comprenda nella loro totalità».

E veniamo ai neri. All'inizio dell'*Odissea* nel simposio in cui gli dei decidono con Zeus il ritorno in patria di Odisseo, Poseidone è assente. Assente perché, specifica Omero, si era recato tra gli etiopi lontani, «gli etiopi che si dividono in due ai confini del mondo, quelli del sole al tramonto e quelli del sole nascente». Quegli etiopi che, come s'è detto, erano particolarmente cari agli dei. Il colore della loro pelle, nella tradizione antica, era dovuto all'esser vissuti più vicini al sole. Erodoto nel V secolo a.C. parla degli etiopi come di uomini «neri per via del calore bruciante». Quasi mille anni dopo, Servio, commentatore di Virgilio, torna sullo stesso concetto laddove, sempre a proposito degli etiopi, spiega che «la vicinanza del sole li riscalda e ne determina il colore». Lucrezio parla del loro *percoctus color* cioè, traducendo alla lettera, di un «colorito completamente cotto». Così come il poeta epico Lucano, per il quale essi sono «bruciati dal sole». Definizioni che rimandano – scrive Lentano – a un diverso modo, specifico nelle culture antiche, di guardare alla pigmentazione cutanea. Diverso modo, nel quale a essere messa in risalto non è tanto una caratteristica cromatica della pelle, quanto la sua origine, «ricondotta alla decisiva influenza dei fattori ambientali e climatici». In particolare «all'esposizione ravvicinata al calore solare». Senza che ciò porti con sé considerazioni d'altro tipo. Anzi. Tanto «i bianchissimi germani persi nelle brume di un Nord disertato dal sole», quanto «i nerissimi etiopi, tra i quali invece l'astro del giorno inizia la sua ascesa verso il cielo», vengono «ripetutamente descritti nelle fonti antiche come paradigmi di rigore etico, pratica spontanea della giustizia e devozione sincera verso gli dei».

L'accusa di razzismo rivolta («un po' sbrigativamente e all'ingrosso») alle culture antiche nel loro insieme costituisce un perno della *cancel culture*, «un movimento che», protesta Lentano, «spesso prende a bersaglio proprio i classici greci e latini». Chiedendo, come si è detto, «di rimuoverli – in blocco o per singoli autori giudicati particolarmente "colpevoli" – dai piani di studio degli atenei». O, sempre più spesso, «dai curricula delle scuole superiori».

L'imputazione formulata ripetutamente contro gli autori antichi è quella di «aver praticato in modo sistematico e su larga scala forme di discriminazione fondate sul genere, sulla posizione sociale o sull'etnia di appartenenza». Lungo questa via, greci e romani avrebbero posto «le premesse della perdurante influenza di simili forme della cultura d'Occidente sino ai giorni nostri e giocato un ruolo di primo piano [...] nella lunga parabola del razzismo sistemico». Una posizione, reagisce Lentano, «che risulta a nostro avviso non solo scientificamente inaccettabile, ma anche pericolosa nelle sue premesse teoriche». Oltreché «negli esiti cui può portare e in parte sta già portando laddove sia riuscita a far valere le proprie pretese».

Obiettano i promotori della cancellazione: nella cultura romana, l'immagine dei cartaginesi è oggetto di un «ricorrente stereotipo negativo». Nella letteratura dell'antica Roma si stigmatizzava abitualmente il «comportamento infido e ingannevole» dei cartaginesi. Pregiudizio che veniva attribuito persino alle divinità. Nell'*Eneide*, ad esempio, Venere appare angosciata all'idea che Enea, naufrago sulla costa nordafricana, debba essere ospitato per qualche tempo dall'«ambigua gente» su cui regna la regina cartaginese Didone. Ma è evidente che il pregiudizio deriva non dal colore della pelle, né dai costumi dei cartaginesi, bensì da decenni di competizione con Roma e di reciproca ostilità.

Cicerone – fa notare Lentano – contesta esplicitamente che a determinare le attitudini dei cartaginesi fosse il loro *genus* (termine che designa in latino la stirpe, l'appartenenza etnica, le caratteristiche legate alla nascita). A far sentire i loro effetti, secondo Cicerone, erano piuttosto «la natura del luogo e la circostanza di vivere in una città marittima e commerciale». Gli stessi fattori sui quali il grande oratore si diffonderà a lungo nella *Repubblica* dove «tra l'altro i cartaginesi saranno menzionati come esempio negativo». Ancora una volta – osserva Lentano – l'ipotesi «genetica» viene «espressamente esclusa». La spiegazione delle caratteristiche di un'etnia «è cercata in fattori contingenti, e soprattutto cangianti, di carattere ambientale».

Attenzione, però. Lentano rifugge da un resoconto «oleografico e irenico» della storia di Roma. Respinge l'idea di rappresentare Roma come «una città inclusiva e aperta, che accoglie e integra nel proprio seno gli apporti più vari e diversi in un processo di allargamento lineare, progressivo e consensuale». Un quadro di questo genere, sostiene lo storico, sarebbe «unilaterale e in ultima analisi mistificante». La storia di Roma, afferma, «non è una gloriosa ascesa verso la gloria». Né i suoi protagonisti sono «cavalieri senza macchia che vanno incontro al mondo a braccia aperte». Tutt'altro. La storia di Roma è fatta anche «di genocidi, deportazioni, riduzioni forzate in schiavitù, spopolamento di interi territori, vessazioni dei popoli sottomessi, controllo *manu militari* delle terre conquistate, abusi di ogni sorta compiuti in guerra e in pace nel governo delle province». Lo stesso ampliamento della cittadinanza non fu affatto un processo uniforme, «ma conobbe battute d'arresto, arretramenti e determinò lo scatenarsi di conflitti sanguinosi».

Di Augusto, il fondatore del principato, si diceva che fosse «ostile a qualsiasi inquinamento – così lo definiva – del sangue romano con quello di schiavi e stranieri e che per questo al momento della morte avesse inviato ai senatori una sorta di testamento politico nel quale ammoniva tra l'altro a non largheggiare con le concessioni di cittadinanza». Proprio perché «restasse ben marcata una differenza tra cittadini romani e popolazioni delle nazioni soggette».

Nonostante ciò, l'immagine di Roma come società aperta, dalla cultura inclusiva che emerge dall'intera storia della città (che trova la sua fondazione nell'insieme dei miti delle origini) «è tutt'altro che arbitraria». Oltretutto rivela «una impressionante continuità». Un «robusto filo rosso» lega, infatti, la scelta di ammettere i sabini alla cittadinanza romana da parte di Romolo e la costituzione dell'imperatore Caracalla, che un millennio più tardi (nel 212 d.C.) estendeva quella stessa cittadinanza, con poche e circoscritte eccezioni, a tutti indistintamente gli abitanti dell'impero (beninteso tenendo fuori dal computo gli schiavi)».

Con «buona pace dei cancellatori culturali» – ironizza Lentano – è evidente come la cultura romana sia stata quella che meno di ogni altra si prestava «a elaborare una nozione stigmatizzante di appartenenza etnica, assimilabile a quella dei razzismi contemporanei». Inoltre «è importante ricordare che Roma fu molto a lungo (almeno sino alla fine del III secolo d.C.) una società estremamente mobile, senza barriere di casta». E «con una diffusa possibilità di scalare le posizioni della gerarchia sociale». Anche per chi «fosse nato in una condizione di svantaggio». I fautori della *cancel culture* – descritti con grande efficacia da Alice Borgna in *Tutte storie di maschi bianchi morti*... – secondo Lentano hanno sbagliato bersaglio. Quantomeno stavolta.

La corsa ad abbattere monumenti

Scrisse lo scrittore scozzese Thomas Carlyle che nella Gran Bretagna del 1850 un monumento non lo si negava a nessuno. Tanto più che dappertutto non si faceva neanche caso alla fioritura di statue. «La cosa più strana dei monumenti» aggiunse settant'anni dopo Robert Musil «è che non si notano affatto; nulla al mondo è più invisibile.» Fanno notizia solo quando vengono abbattuti.

Vero. Si può dire con Arnaldo Testi – nel libro superdocumentato e pieno di osservazioni intelligenti, *I fastidi della storia. Quale America raccontano i monumenti* – che gli Stati Uniti abbiano addirittura segnalato al mondo la propria nascita con l'abbattimento di una statua, quella del sovrano inglese Giorgio III (a cavallo) donata da Londra all'America nel 1770. Dopo appena sei anni dalla sua inaugurazione fu percepita a New York come «un simbolo di oppressione», addirittura come «un'illegittima presenza straniera». Tant'è che il 9 luglio 1776, cinque giorni dopo la pubblicazione della Dichiarazione di indipendenza, in una sorta di «regicidio a distanza» la statua venne distrutta da una folla di rivoluzionari assai eccitati: la testa fu separata dal resto del corpo e portata su una picca in giro per la città, il piombo venne fuso in pallottole da usare nel prosieguo della rivoluzione. Quello al sovrano britannico, nota Testi, era stato «il primo monumento equestre nel continente nordamericano». E fu anche «il primo a cadere in disgrazia».

Successivamente, e per decenni, in terra americana si convenne che di monumenti era meglio non erigerne più. Nel 1800 Nathaniel Macon, membro della Camera dei rappresentanti per la North Carolina, sostenne che le statue equivalevano a «perniciosi atti di ostentazione» e che non era il caso di dedicarne una all'ex presidente appena defunto George Washington. Dopo l'invenzione della stampa, fu la sua argomentazione, i monumenti non servono a niente. Poi Macon cambiò idea e approvò la decisione di Thomas Jefferson di commissionare ad Antonio Canova una statua di Washington per l'atrio della State House di Raleigh. La statua, in marmo di Carrara, fu scolpita in Italia e portata in America nel 1821. Presentava uno strano Washington in abiti da cittadino-soldato romano con la spada che giaceva ai suoi piedi. Il Washington di Canova ebbe vita breve. Fu distrutto nel 1831 da un incendio che gli fece crollare addosso il soffitto della State House.

Trascorsero vent'anni e una nuova statua di Washington fu commissionata allo scultore Horatio Greenough, stavolta per il Campidoglio. Scolpita anch'essa in marmo di Carrara, fu percepita, scrive Testi, fin dal momento dell'inaugurazione, nel 1841, come qualcosa di «inappropriato». Washington, riferisce lo studioso, era «seminudo, con la toga sulle ginocchia, il petto palestrato, i bicipiti pompati, in posa più legnosa che ieratica». Sedeva su un trono ai cui lati c'erano due piccole statue: un Cristoforo Colombo «che contemplava il destino di conquista e di grandezza del futuro presidente» e un nativo americano visibilmente rassegnato a un futuro di sconfitta. Al posto di Colombo, racconta Testi, avrebbe dovuto esserci uno schiavo nero. Ma si decise che era meglio non «associare il padre fondatore alla schiavitù che lui stesso praticava». La statua, come s'è detto, fu oggetto di generale irrisione e, nella sua collocazione originaria, ebbe vita breve. Quantomeno all'interno del Campidoglio, da dove nel 1843 fu rimossa per essere spostata in un angolo appartato del giardino.

Qualcuno però aveva continuato a pensarla come il Macon prima maniera. «La democrazia non ha monumenti,» annotò nel 1831 l'ex presidente degli Stati Uniti John Quincy Adams «non conia medaglie, non porta la testa di un uomo sulle monete, la sua stessa essenza è iconoclasta.» A dispetto però delle teorizzazioni di Adams, verso la metà dell'Ottocento furono collocati ai due lati della grande scalinata esterna del Campidoglio due gruppi marmorei: *Discovery of America* (1844) del napoletano Luigi Persico e *Rescue* (1853) di Greenough. Quello di Persico metteva in scena un muscoloso Cristoforo Colombo nell'atto di sollevare un globo terrestre; accanto a lui una donna nativa rappresentata in stato di soggezione di fronte al conquistatore. Quello di Greenough raffigurava pionieri che mettevano in fuga dei minacciosi nativi. Entrambi i monumenti, scrive Testi, «evocavano temi molto comuni a metà Ottocento, idee di destino manifesto, di espansione territoriale verso ovest, di sottomissione delle nazioni indiane, di timore della contaminazione razziale che potesse venire da donne europee rapite dai selvaggi». Per cinquant'anni furono considerati, ancorché non eccezionali dal punto di vista estetico, una dignitosa decorazione. Ineccepibili sotto il profilo ideologico.

Nel Novecento però iniziò a manifestarsi un fastidio sempre più marcato per il contenuto di quelle due rappresentazioni. Alla vigilia della Seconda guerra mondiale, nel 1939, le critiche trovarono spazio in risoluzioni presentate (ma non approvate) alla Camera dei rappresentanti. Si parlava in quelle risoluzioni di immagini che costituivano un «gratuito insulto» agli abitanti originari del continente e «disonoravano» l'ingresso del Campidoglio. Dopo il conflitto, contro quei gruppi marmorei si sviluppò una campagna assai vivace del National Congress of American Indians, finché nel 1958, in occasione di un restauro del Campidoglio, furono «provvisoriamente» rimossi. Ma quella «provvisorietà» era destinata a durare: *Discovery of America* e *Rescue* non tornarono più ai lati della prestigiosa scalinata. Fu quello, nota Testi, il primo Cristoforo Colombo a «cadere». «Per mano del Congresso degli Stati Uniti, non di contestatori di strada.»

A quel punto, però, di monumenti in America ne erano stati eretti moltissimi. Il più famoso è il Lincoln Memorial a Washington, ideato subito dopo l'uccisione del sedicesimo presidente degli Stati Uniti, realizzato cinquant'anni dopo nel corso della Prima guerra mondiale e inaugurato nel 1922. Questo monumento non è stato oggetto di particolari controversie. Altri, invece, lo furono. Ad esempio, il Jefferson Memorial voluto da Franklin Delano Roosevelt per celebrare – il 13 aprile del 1943 (in piena Seconda guerra mondiale) – il bicentenario della nascita di Thomas Jefferson. Jefferson fu presentato quasi fosse un abolizionista. In un pannello fu riportata questa sua frase riferita agli afroamericani: «Niente è scritto con più certezza nel libro del fato che questa gente debba essere libera». Ma furono omesse le parole successive dove Jefferson sosteneva essere «altrettanto certo che le due razze, entrambe libere, non possono vivere sotto lo stesso governo» dal momento che «la natura, le consuetudini, le diversità di opinione hanno scavato tra di loro delle linee indelebili di divisione». Finalità di quell'«imbroglio», spiega Testi, era «politica», di dare al Paese in guerra un messaggio di armonia e di conciliazione. Ma si trattava pur sempre di una manipolazione.

Lo stesso accadde in molti altri casi. Nessuno però propose all'epoca di abbattere quei monumenti. I contestatori sarebbero entrati in scena mezzo secolo dopo, tra il 2010 e il 2020. Le ripercussioni furono grandi e lo sono ancora oggi. Nel complesso però, scrive lo studioso, «si trattò del movimento di una minoranza di dissacratori contro una minoranza di simboli dissacrati». Dei cinquantamila monumenti che secondo un calcolo «approssimativo e incompleto» sono patrimonio degli Stati Uniti, «a essere molto maltrattati furono forse trecento, lo 0,65 per cento del totale». I monumenti di Colombo abbattuti o rimossi furono una quarantina. Uno in marmo di Carrara «fu gettato nelle acque del porto di Baltimora, restituito all'oceano da cui era venuto». A fronte di quella quarantina, più di cento sono restati dove erano, mentre «migliaia di strade, scuole, edifici pubblici, città, luoghi geografici» hanno continuato a «onorare il nome del navigatore italiano». Lo stesso destino è toccato a un centinaio di statue di eroi confederati, laddove ne sono rimasti in piedi circa settecento. Insomma «non fu un massacro». Ma «l'impatto sull'opinione pubblica fu straordinario». Con grande scandalo nell'immediato, quantomeno sui media.

I monumenti «cancellati» negli Stati Uniti sono stati circa trecento, lo 0,6 per cento dei cinquantamila presenti nell'intero Paese. Pochissimi, tutto sommato. Ma hanno costretto gli studiosi ad avviare una riflessione su ciò che rappresentano. E gli studiosi hanno dovuto prendere atto, afferma Testi, del fatto che i monumenti lasciati a noi dal passato non sono «né innocenti né neutrali». Sono oggetti controversi anche quando sono concepiti e non solo se e quando, in tempi successivi, vengono analizzati da critici culturali o contestati da attivisti politici. Scrive Testi: sono «performance presentiste», sembra che riguardino il passato ma «parlano sempre del presente e al presente»: il presente di quando «entrano in scena», il presente di ogni volta in cui «agganciano l'attenzione di qualcuno». Fingono di «commemorare» ma «celebrano». E celebrando «interpretano», evidenziano alcune cose, dando loro autorevolezza, e ne celano altre. Fa sorridere «che chi ce l'abbia su con alcuni di essi sia accusato di voler riscrivere o cancellare la storia». I monumenti stessi «sono riscrittura della storia e sua cancellazione selettiva». Farli e disfarli sono due facce della stessa medaglia, due «manifestazioni opposte e simmetriche dello stesso discorso pubblico, politico, civile, su cosa sia opportuno ricordare e cosa no». Le vicissitudini delle loro origini «sono altrettanto dense di disaccordi e spesso rivelatrici di ciò che si agita nel ventre della storia, più degli atti di iconoclastia». Ha notato Sanford Levinson che, con le dovute eccezioni, i monumenti rispecchiano i punti di vista prevalenti nei gruppi d'élite che li erigono nel momento e nel luogo in cui sono collocati e tendono a dare loro «la solidità di narrazioni storiche fattuali e indiscutibili», «memorie di un passato da ricordare sempre in quella forma», «memorie scritte nella pietra». Ma parzialmente per i contemporanei, e definitivamente per coloro che vengono dopo niente può essere considerato scritto una volta per tutte «nella pietra». Tantomeno per gli storici.

Sicché la provocazione che più ha fatto clamore è stata quella dell'artista nero ribattezzatosi Dread Scott (all'anagrafe Scott Tyler). Il nome scelto da Tyler intendeva essere un evidente omaggio allo schiavo afroamericano Dred Scott che nel 1857 intentò una causa di fronte alla Corte Suprema. Il suo scopo era quello di ottenere la libertà per sé, la moglie e le due figlie. Era in grado di dimostrare di aver vissuto quattro anni nell'Illinois e nel territorio del Wisconsin in cui la schiavitù era illegale. Ciò che – secondo i giuristi dell'epoca – gli avrebbe dovuto conferire una sorta di diritto all'emancipazione. La Corte, però, non solo non gli riconobbe quel diritto ma emanò una scandalosa sentenza secondo la quale nessuna persona discendente dall'Africa poteva reclamare la cittadinanza americana. Sentenza destinata a rendere ancor più incandescenti gli anni che precedettero la Guerra di secessione (1861-1865).

Negli ultimi anni il quasi omonimo di quell'antico schiavo è diventato un teorico dell'abbattimento dei monumenti più controversi e della loro sostituzione con qualcosa che capovolga il senso della motivazione sulla cui base erano stati eretti. In un'intervista al «New York Times» (2018), Dread Scott ha formulato la «teoria dell'antimonumento». La discussione in cui intervenne Dread Scott verteva sulla figura di Robert Edward Lee, il generale della Virginia che, nella Guerra civile, fu il capo dell'esercito degli Stati confederati. Una statua di Lee era stata appena rimossa ed era rimasta l'alta colonna su cui precedentemente svettava. Scott suggerì di abbattere anche la colonna e di lasciarne i frantumi sul terreno in modo da «rovinare il panorama, rendere la strada intransitabile, ostacolare il traffico». Tali rovine, sosteneva l'artista, avrebbero costretto i passanti a «fare i conti con la storia», a capire «come la schiavitù e le sue eredità continuano a tormentarci, a renderci difficile la vita». Inoltre, nel punto esatto da cui si innalzava la colonna avrebbe dovuto essere scavata una buca delle dimensioni dell'intero monumento stesso (compresa la statua): venticinque metri. Quella buca profonda avrebbe dovuto rappresentare l'«abisso» a cui era doveroso affacciarsi. E non avrebbero dovuto essere erette barriere per «proteggere la gente dal caderci dentro». Così un secolo e mezzo dopo sarebbe potuto capitare a qualche passante distratto di pagare per le «colpe del generale Lee». E soprattutto di chi per oltre un secolo aveva continuato a rendergli omaggio.

Conclusione
Un abbaglio collettivo

Le cose, come dicevamo all'inizio, non sono andate nel modo in cui avevano sperato i più ottimisti. Negli ottant'anni che ci separano dalla fine della Seconda guerra mondiale, i regimi autoritari hanno preso nuovamente il sopravvento. E questo è avvenuto a dispetto del fatto che quell'illusione del 1945 si sia riaffacciata tra il 1989 e il 1991, allorché l'intero sistema comunista fu travolto con la caduta del muro di Berlino. Anche allora si diffuse la speranza che nel giro di qualche anno i regimi del socialismo reale si sarebbero trasformati in democrazie. E che avrebbero trascinato in quella direzione i Paesi del terzo mondo che avevano guardato con simpatia al socialismo reale. Gradualmente, certo. Ma l'esito finale veniva dato per certo. O quasi. In *Il tramonto del liberalismo occidentale* Edward Luce affronta il tema dell'idea radicatasi nel Novecento che la espansione della liberaldemocrazia debba «durare per sempre». Per sostenere, appunto, che si tratta di un'errata convinzione. E Luce ipotizza che invece da qualche decennio l'umanità abbia imboccato una «traiettoria discendente».

In ogni caso un altro abbaglio pressoché collettivo fu preso – come abbiamo visto – nei confronti della Cina. Molti studiosi dei sistemi comunisti erano persuasi che, una volta introdotti nell'economia cinese elementi di mercato, i germi della democrazia e della libertà avrebbero inevitabilmente contagiato anche il sistema politico. Le cose sono andate esattamente all'opposto. Il sistema autoritario non ha avuto difficoltà a imporsi su quello dell'economia di mercato. La vicenda di Hong Kong è servita a rendere esplicita al cospetto del mondo intero l'assenza di incompatibilità tra autocrazia e mercato. A dispetto delle corpose proteste popolari che pure avevano fatto ritenere alle opinioni pubbliche occidentali che l'involuzione autoritaria imposta da Pechino all'ex colonia britannica non fosse ineluttabile.

Tralasciamo qui le cosiddette guerre «per l'esportazione della democrazia» – una su tutte quella dell'Iraq (2003) ma il discorso vale anche per l'Afghanistan –, su cui in pochi si fecero illusioni. Troppo aggrovigliata la complessità religiosa e interetnica – come del resto nella penisola balcanica – perché un sistema democratico di tipo tradizionale potesse aver ragione di rivalità e tensioni che covavano da secoli. Anche se era lecito nutrire la speranza che, quantomeno a Kabul, la ventennale stagione di libertà, «tutelata» dalle milizie occidentali, lasciasse nel Paese un qualche segno di sé.

A ridosso del ritiro delle truppe Usa dall'Afghanistan (agosto 2021), Sergio Fabbrini si è lucidamente domandato se con quell'esperienza era stata «sconfitta l'idea che la democrazia sia esportabile». Partiva, Fabbrini, dall'assunto che le elezioni non sono sufficienti a definire un regime democratico. Nell'articolo – rintracciabile nel libro *Democrazie sotto stress* – lo studioso ricordava che dei centonovantatré Stati facenti parte delle Nazioni

Unite, due terzi si dichiarano democratici proprio perché prevedono l'uso delle elezioni e con esse scelgono i loro governanti. Ma solamente una minoranza di questi Paesi gode di uno stato di diritto. Cosa di cui gli Stati Uniti, per come è andata la loro storia, dovrebbero essere ben consapevoli. L'America, infatti, non riuscì a esportare lo stato di diritto negli Stati del Sud usciti sconfitti dalla Guerra civile (1861-1865). Dopo il tentativo fallimentare della loro liberalizzazione (1865-1877), faceva notare Fabbrini, «quegli Stati ricostruirono un nuovo regime illiberale, durato un secolo». Talché «pur tenendo regolari elezioni», gli Stati del Sud «hanno potuto escludere milioni di afroamericani dal godimento dei diritti (civili, politici e sociali), senza che nessun giudice dicesse mai una parola».

In Afghanistan, concludeva Fabbrini, «è stata sconfitta una politica estera (americana) basata su presupposti politicamente discutibili». Tale sconfitta è stata resa ancora più accentuata «dal fallimento dell'idea, promossa a un certo punto, che si potesse usare la forza militare per esportare la democrazia in quel Paese». Il «ricorso alle baionette» non è sufficiente «per ovviare alle conseguenze della disfunzione istituzionale e dell'ambiguità morale».

E quando non sono state usate le «baionette americane»? Legittimo fu nel 2011 coltivare l'idea che alle primavere arabe sarebbe seguita un'alba di libertà. Invece quelle manifestazioni di massa nei Paesi nordafricani si sono ben presto rivelate come moti di destabilizzazione dei precedenti regimi autocratici a vantaggio – dopo un violento terremoto con ampio spargimento di sangue – di sistemi ugualmente (o ancor più) autoritari.

Anche nel corso della Guerra fredda gli americani venivano sconfitti (come in Vietnam) provocando nell'opinione pubblica, in particolare quella giovanile, del proprio Paese nonché dell'intero mondo occidentale, un terremoto. Ma stavolta il sisma – come spiega bene Giulio Meotti in *I nuovi barbari. In Occidente è vietato pensare (e parlare)?* – ha anticipato i tracolli militari. Iniziato per vie autonome dopo la fine della Guerra fredda, il sommovimento tellurico che ha preso il nome di *cancel culture* si è ricollegato ai filoni dei movimenti degli anni Cinquanta e Sessanta e ne ha proposto una versione radicalizzata.

Mario Vargas Llosa alla biennale di Guadalajara (maggio 2023) ha detto che allo stato attuale non solo l'autoritarismo e le guerre imperialiste minacciano la libertà e la cultura, ma anche «la deformazione accademica della cultura della cancellazione», quella «sorta di dittatura del pensiero unico che impedisce il libero scambio delle idee nelle università, nei media, nei social network nel nome della correttezza politica e del fanatismo identitario». Un'onda possente che «esercita una censura nei confronti del pensiero e della cultura contemporanei», provocando una sorta di «abolizione del passato». Vale a dire abolizione «delle espressioni culturali che da secoli fanno parte dell'eredità della civiltà».

Nella stagione del politicamente corretto, proseguiva Vargas Llosa, non si dice più quel che realmente si pensa ma ci si lascia travolgere «dalla frivolezza, dalla codardia o dall'opportunismo accomodando le proprie opinioni». Questa (indotta) mancanza di sincerità «trasforma tutta la vita, soprattutto politica ma anche sociale e culturale, in una falsità sistematica in cui non si esprimono opinioni autentiche». In questo modo si impone «una censura discreta, nascosta, che non dice il suo nome e che ti punisce con il discredito». Di fatto è una «nuova inquisizione» che induce all'autocensura. Un numero di persone sempre più ampio esprimerà opinioni che non sono dettate dalla convinzione ma dalla paura. Individui che sempre di più diventeranno «censori di se stessi». La «paura di dire cose sbagliate» indurrà al silenzio. Peggio: a evitare di pensare con la propria testa.

Alain Finkielkraut (in un'intervista a «Die Welt») ha intravisto una incipiente stagione di nichilismo. Viviamo, sostiene Finkielkraut, «in una società posthitleriana e l'antirazzismo è la nostra bussola [...] Ma questo antirazzismo sta degenerando in un alibi per il nichilismo». Per Heidegger la tecnologia era il modo in cui il mondo ci si rivela. Allo stesso modo «tutto nel nostro mondo di oggi è producibile, malleabile e in definitiva intercambiabile». Questo «è particolarmente evidente nel gendering e nella questione trans». Le persone che vogliono cambiare identità sessuale «diventano idoli perché con loro scompare anche la differenza di genere, l'ultima zona di indisponibilità [...] tutto diventa oggetto di scelta, tutto è malleabile e manipolabile».

Michael Walzer in *Che cosa significa essere liberale* propone come rimedio che il termine «liberale» diventi sempre più «un aggettivo». Il liberale, secondo Walzer, convive con le differenze, difende i diritti, soprattutto di chi la pensa diversamente da lui. Affiancare quell'aggettivo a un sostantivo (democrazia, nazionalismo, socialismo) è un modo di spurgare quel termine da rigidità e dogmatismo. Il bersaglio polemico è quello che negli Stati Uniti è stata chiamata «ideologia woke» o «wokismo». «Woke» sta per «consapevole delle ingiustizie, dell'oppressione, del dovere di difendere le minoranze». Possono essere istanze valide, sostiene Walzer, fino a che non prendono una forma illiberale che induce a negare la parola a chi non sia «woke». Una forma illiberale che ha dilagato negli atenei statunitensi: tu, studente, accetterai la libertà di pensiero e di espressione delle persone; ma solo di quelle con cui sai in partenza che sarai d'accordo perché, come te, sono ideologicamente «woke». Di qui la *cancel culture* che nelle università americane (e da qualche tempo anche in quelle europee) induce gli studenti di sinistra a boicottare professori e conferenzieri che professano idee diverse dalle loro. Una evidente forma di censura, sostiene Walzer.

Un esempio (tra migliaia)? La scrittrice femminista Kathleen Stock, le cui conferenze – polemiche con l'identità di genere – sono state più volte interrotte (non le ha giovato l'incoraggiamento che le ha rivolto il premier Rishi Sunak), dopo una contestazione a Oxford, dove però i docenti l'hanno difesa, ha lanciato un allarme molto ripreso dai media: le università inglesi si stanno trasformando in «macchine di propaganda».

Si ha l'impressione che stavolta ci sia qualcosa di più radicale di quel che fu con le manifestazioni studentesche della fine degli anni Sessanta. Il «wokismo» non ha obiettivi politici come fu ai tempi la cessazione delle ostilità in Vietnam. Adesso, soprattutto nel mondo anglosassone, una parte consistente dell'Occidente è rivolto contro se stesso, la propria storia, la propria identità. Produce un moto corrosivo, all'apparenza inarrestabile. Che genera contraccolpi come il trumpismo e intravede rischi di autoritarismo solo nel proprio Dna.

D'altra parte, le imprese militari dell'Occidente successive al 1989 si sono concluse con un insuccesso. Insuccesso che ha provocato come contraccolpo un progressivo senso di insicurezza, un crescente venir meno delle certezze identitarie. Tanto più che qualsiasi forma di incoraggiamento alle battaglie nel mondo a favore della libertà ha dato frutti avvelenati. Talché è doveroso chiederci se come autentico «secolo autoritario» non vada più considerato il Novecento ma piuttosto quello attuale. Il primo del terzo millennio. Il secolo in cui stiamo vivendo.

Bibliografia

Albertini, Luigi, *I giorni di un liberale. Diari 1907-1923*, il Mulino, Bologna 2000.

Andornino, Giovanni B., *Cina. Prospettive di un Paese in trasformazione*, il Mulino, Bologna 2021.

Angeli Bernardini, Paola, *Donne e dee nel Mediterraneo antico*, il Mulino, Bologna 2022.

Ansaldo, Giovanni, *Il ministro della buona vita. Giovanni Giolitti e i suoi tempi*, Longanesi, Milano 1963.

Arendt, Hannah, *La banalità del male*, Feltrinelli, Milano 1964.

–, Hannah, *Ritorno in Germania*, Donzelli, Roma 1996.

Armitage, David, *Guerre civili. Una storia attraverso le idee*, Donzelli, Roma 2017.

Audoin-Rouzeau, Stéphane – Becker, Annette, *La violenza, la crociata, il lutto. La Grande guerra e la storia del Novecento*, Einaudi, Torino 2002.

Bahnsen, Uwe – O'Donnell, James, *Il bunker di Hitler. Reportage sulla fine della cancelleria del Reich*, Pgreco, Milano 2014.

Baines, Jocelyn, *Joseph Conrad. Biografia critica*, Mursia, Milano 1960.

Balbo, Italo, *Diario 1922. Le camicie nere alla conquista del potere*, Leg edizioni, Rimini 2022.

Barber, Malcolm, *La storia dei Templari. Vita avventurosa, storia e tragica fine dei leggendari monaci guerrieri*, Piemme, Milano 1997.

Bayard, Pierre, *Sarei stato carnefice o ribelle?*, Sellerio, Palermo 2018.

Beevor, Antony, *Berlino 1945. La caduta*, Bur, Milano 2020.

Benigno, Francesco, *Terrore e terrorismo. Saggio storico sulla violenza politica*, Einaudi, Torino 2018.

Bennassar, Bartolomé – Bennassar, Lucile, *I cristiani di Allah*, Rizzoli, Milano 1991.

Berneri, Camillo, *Pietrogrado 1917-Barcellona 1937. Saggi scelti*, SugarCo Edizioni, Milano 1964. In appendice un saggio di Pier Carlo Masini, *Il caso Berneri*.

Berto, Luigi A., *Sudditi di un altro Dio. Cristiani sotto la Mezzaluna, musulmani sotto la Croce*, Salerno Editrice, Roma 2022.

Bono, Salvatore, *Schiavi musulmani nell'Italia moderna. Galeotti, vu' cumprà, domestici*, Edizioni Scientifiche Italiane, Napoli 1999.

Bonora, Elena, *Giudicare i vescovi. La definizione dei poteri della Chiesa postridentina*, Laterza, Roma-Bari 2007.

Borgna, Alice, *Tutte storie di maschi bianchi morti…*, Laterza, Roma-Bari 2022.

Braccesi, Lorenzo, *Artemisia la regina corsara*, Salerno Editrice, Roma 2022.

Brisard, Jean-Cristophe – Parshina, Lana, *L'ultimo mistero di Hitler. L'inchiesta definitiva sugli ultimi giorni e la morte del dittatore nazista*, Ponte alle Grazie, Milano 2018.

Browning, Christopher, *Uomini comuni. Polizia tedesca e «soluzione finale» in Polonia*, Einaudi, Torino 1995.

Bucchi, Sergio, *La filosofia di un non filosofo. Le idee e gli ideali di Gaetano Salvemini*, Bollati Boringhieri, Torino 2023.

Burleigh, Michael, *Il Terzo Reich. Una storia vera*, Bur, Milano 2013.

Cabanes, Bruno (a cura di), *Una storia della guerra. Dal XIX secolo ai giorni nostri*, Bompiani, Milano 2022.

Caffiero, Marina, *Gli schiavi del papa. Conversione e liber-*

tà dei musulmani a Roma in età moderna, Morcelliana, Brescia 2022.

Canfora, Luciano, *Catilina. Una rivoluzione mancata*, Laterza, Roma-Bari 2023.

Cantarella, Glauco M., *Gregorio VII. Il papa che in soli dodici anni rivoluzionò la Chiesa e il mondo occidentale*, Salerno Editrice, Roma 2018.

–, *Inventario medievale. Percorsi, storie e protagonisti dell'età di mezzo*, Carocci, Roma 2023.

Carcopino, Jérôme, *Giulio Cesare*, Bompiani, Milano 2000.

Carioti, Antonio, *L'agonia della libertà. Mussolini da presidente a dittatore 1922-1929*, Edizioni del Corriere della Sera, ottobre 2020.

Casaroli, Agostino, *Il martirio della pazienza. La Santa Sede e i Paesi comunisti (1963-1989)*, a cura di Felice Casula, Carlo – Vian, Giovanni M., Einaudi, Torino 2000.

Castel, Robert, *Le metamorfosi della questione sociale*, Sellino, Milano 2007.

Ceci, Lucia, *La fede armata. Cattolici e violenza politica nel Novecento*, il Mulino, Bologna 2022.

Celotto, Alfonso, *L'enigma della successione. Ascesa e declino del Capo da Diocleziano a Enrico De Nicola*, Feltrinelli, Milano 2021.

Cerrini, Simonetta, *L'apocalisse dei Templari. Missione e destino dell'ordine religioso e cavalleresco più misterioso del Medioevo*, Mondadori, Milano 2012.

Cicerone, *La Repubblica*.

Clark, Christopher, *I sonnambuli. Come l'Europa arrivò alla Grande Guerra*, Laterza, Roma-Bari 2013.

Coda, Anton Dante, *Un malinconico leggero pessimismo. Diario di politica e di banca 1946-1952*, «Quaderni dell'Archivio Storico della Compagnia di San Paolo», 2018.

Conquest, Robert, *Stalin. La rivoluzione, il terrore, la guerra*, Mondadori, Milano 2002.

Conrad, Joseph, *Cuore di tenebra*, Feltrinelli, Milano 1987.
Corni, Gustavo, *Guglielmo II*, Salerno Editrice, Roma 2022.
Čuev, Feliks, *Conversazioni con Molotov. 140 incontri con il braccio destro di Stalin*, Associazione Culturale Cleomene III, 2004.
Čujkov, Vasilij Ivanovič, *La fine del Terzo Reich*, Baldini e Castoldi, Milano 1969.
De Felice, Renzo, *Mussolini il fascista*, Einaudi, Torino 2020.
De Martino, Francesco, *Storia della costituzione romana*, Jovene, Napoli 1973.
Delpiano, Patrizia, *La schiavitù in età moderna*, Laterza, Roma-Bari 2009.
Demurger, Alain, *Vita e morte dell'Ordine dei Templari*, Garzanti, Milano 1987.
Di Fiore, Gigi, *Pandemia 1836. La guerra dei Borbone contro il colera*, Utet, Torino 2020.
Di Nepi, Serena, *Le* Restitutiones ad libertatem *di schiavi a Roma. Prime note su un fenomeno trascurato 1516-1645*, in «Dimensioni e problemi della ricerca storica» (Carocci Editore), 2, 2013.
Di Rienzo, Eugenio, *Benedetto Croce. Gli anni dello scontento 1943-1948*, Rubbettino, Soveria Mannelli 2019.
Dikötter, Frank, *La Cina dopo Mao. Nascita di una superpotenza*, Marsilio, Venezia 2022.
Dipartimento di Stato americano, *Nazi-Soviet Relations 1939-1941*, 1948.
Divina, Giuseppe, *Storia del beato Simone da Trento*, Artigianelli, Trento 1902.
Don Luigi Sturzo, *Italia e fascismo (1926)*, Edizioni di storia e letteratura, Roma 2001.
Ducellier, Alain, *Cristiani d'Oriente e Islam nel Medioevo: secoli VII-XV*, Einaudi, Torino 2001.
Ėrenburg, Il'ja G., *Il disgelo*, Einaudi, Torino 1957.
–, *Uomini, anni, vita*, Editori Riuniti, Roma 1961.

Fabbrini, Sergio, *Democrazie sotto stress*, edizioni Il Sole 24 Ore, Milano 2022.

Faloppa, Federico, *Sbiancare un etiope. La costruzione di un immaginario razzista*, Utet, Torino 2022.

Fattorini, Emma, *Achille Silvestrini. La diplomazia della speranza*, Morcelliana, Brescia 2023.

Feniello, Amedeo, *Sotto il segno del leone. Storia dell'Italia musulmana*, Laterza, Roma-Bari 2011.

Ferguson, Niall, *Il grido dei morti*, Mondadori, Milano 2014.

Ferrero, Guglielmo, *Da Fiume a Roma. Storia di quattro anni (1919-1923)*, Athena, Milano 1944.

Fest, Joachim, *La disfatta. Gli ultimi giorni di Hitler e la fine del Terzo Reich*, Garzanti, Milano 2017.

Flores, Marcello, *Il secolo mondo. Storia del Novecento*, il Mulino, Bologna 2002.

–, *Il genocidio degli armeni*, il Mulino, Bologna 2017.

Forti Messina, Annalucia, *Società ed epidemia. Il colera a Napoli nel 1836*, Franco Angeli, Milano 1979.

Fraenkel, Ernst, *Il doppio Stato. Contributo alla teoria della dittatura*, Einaudi, Torino 1983.

Fragnito, Gigliola, *Il condottiero eretico. Gian Galeazzo Sanseverino prigioniero dell'Inquisizione*, il Mulino, Bologna 2022.

Frale, Barbara, *Il papato e il processo ai Templari. L'inedita assoluzione di Chinon alla luce della diplomatica pontificia*, Viella, Roma 2003.

Furet, François, *Il passato di un'illusione. L'idea comunista nel XX secolo*, Mondadori, Milano 1995.

Gallelli, Beatrice, *La Cina di oggi in otto parole*, il Mulino, Bologna 2021.

Geller, Mihail – Nekrič, Aleksandr, *Storia dell'Urss dal 1917 a oggi*, Rizzoli, Milano 1984.

Gentile, Emilio (a cura di), *Modernità totalitaria. Il fascismo italiano*, Laterza, Roma-Bari 2008.

–, *Totalitarismo 100. Ritorno alla storia*, Salerno Editrice, Roma 2008.

–, *E fu subito regime. Il fascismo e la marcia su Roma*, Laterza, Roma-Bari 2014.

Giorgi, Chiara – Pavan, Ilaria, *Storia dello stato sociale in Italia*, il Mulino, Bologna 2021.

Giusti, Maria Teresa, *Relazioni pericolose. Italia fascista e Russia comunista*, il Mulino, Bologna 2023.

Governo sovietico, *I falsificatori della storia*, 1948.

Grandi, Dino, *Il mio Paese. Ricordi autobiografici*, a cura di Renzo De Felice, il Mulino, Bologna 1985.

Hamilton, Clive – Ohlberg, Mareike, *La mano invisibile. Come il Partito comunista cinese sta rimodellando il mondo*, Fazi Editore, Roma 2021.

Harper, John L., *La Guerra fredda. Storia di un mondo in bilico*, il Mulino, Bologna 2013.

Herre, Franz, *Guglielmo II. L'ultimo Kaiser*, Mondadori, Milano 1996.

Hobsbawm, Eric J., *Il secolo breve. 1914-1991*, Rizzoli, Milano 1995.

Hochschild, Adam, *Gli spettri del Congo. La storia di un genocidio dimenticato*, Garzanti, Milano 2022.

Impagliazzo, Marco, *Il martirio degli armeni. Un genocidio dimenticato*, Editrice La Scuola, Brescia 2015.

Importanza della memoria europea per il futuro dell'Europa, risoluzione approvata dal Parlamento europeo il 19 settembre del 2019.

Ingrosso, Gustavo, *La crisi dello Stato*, Ceccoli, Napoli 1925.

International Encyclopedia of Social Sciences.

Introvigne, Massimo, *Cattolici, antisemitismo e sangue. Il mito dell'omicidio rituale*, SugarCo, Milano 2004.

Jaivin, Linda, *Breve storia della Cina*, Bompiani, Milano 2022.

Jaspers, Karl, *La questione della colpa. Sulla responsabilità politica della Germania*, Raffaello Cortina Editore, Milano 1996.

Jedin, Hubert, *Storia della mia vita*, Morcelliana, Brescia 1987.

Kaiser Guglielmo II, *Memorie*, Treves, Milano 1923.

Kaldor, Mary, *Le nuove guerre. La violenza organizzata nell'età globale*, Carocci, Roma 2001.

Kennedy, Paul M., *L'antagonismo anglo-tedesco. Dalla collaborazione all'ostilità 1860-1914*, Rizzoli, Milano 1993.

Kershaw, Ian, *Hitler 1936-1945*, Bompiani, Milano 2001.

–, *La fine del Terzo Reich*, Bompiani, Milano 2016.

–, *L'Europa nel vortice. Dal 1950 a oggi*, Laterza, Roma-Bari 2020.

Lanfranchi, Thibaud, *In nome del popolo romano? Storia del Tribunato della plebe*, Salerno Editrice, Roma 2022.

Lentano, Mario, *Classici alla gogna. I romani, il razzismo e la cancel culture*, Salerno Editrice, Roma 2022.

Leoni, Francesco, *Il colera nell'Italia meridionale (1836-1837)*, Editrice Apes, Roma 1990.

Lombard, Maurice, *Splendore e apogeo dell'Islam VIII-XI secolo*, Rizzoli, Milano 1991.

Lomellini, Valentine, *La diplomazia del terrore 1967-1989*, Laterza, Roma-Bari 2023.

Longerich, Peter, *Goebbels: una biografia*, Einaudi, Torino 2022.

Loth, Wilfried, *Tensioni globali. Una storia politica del mondo 1945-2020*, Einaudi, Torino 2021.

Luce, Edward, *Il tramonto del liberalismo occidentale*, Einaudi, Torino 2017.

Machiavelli, Niccolò, *Discorsi sopra la prima deca di Tito Livio*.

MacMillan, Margaret, *1914. Come la luce si spense sul mondo di ieri*, Rizzoli, Milano 2013.

Majskij, Ivan M., *Guerra e diplomazia. Memorie di un ambasciatore sovietico 1939-1945*, Editori Riuniti, Roma 1968.

Mansel, Philip, *Levante. Smirne, Alessandria, Beirut: splendore e catastrofe nel Mediterraneo*, Mondadori, Milano 2016.

Mari, Giovanni, *Il governo Goebbels. Trenta ore di morte e menzogne*, Lindau, Torino 2023.
Martin, Jean-Clément, *I bianchi e i blu. Realtà e mito della Vandea nella Francia rivoluzionaria*, Sei, Torino 1989.
Mazower, Mark, *Le ombre dell'Europa. Democrazie e totalitarismi nel XX secolo*, Garzanti, Milano 2005.
–, *Salonicco, città di fantasmi. Cristiani, musulmani ed ebrei tra il 1430 e il 1950*, Garzanti, Milano 2007.
Mazzarino, Santo, *Dalla monarchia allo Stato repubblicano. Ricerche di storia romana arcaica*, Bur, Milano 2001.
McCauley, Martin, *Stalin e lo stalinismo*, il Mulino, Bologna 2000.
Medvedev, Roj A., *Tutti gli uomini di Stalin*, Editori Riuniti, Roma 1985.
Meotti, Giulio, *I nuovi barbari. In Occidente è vietato pensare (e parlare)?*, Lindau, Torino 2023.
Missiroli, Mario, *Il fascismo e il colpo di Stato dell'ottobre 1922*, Cappelli, Bologna 1966.
Mondini, Marco, *Roma 1922. Il fascismo e la guerra mai finita*, il Mulino, Bologna 2022.
Mordenti, Jacopo, *I Templari. Storia di monaci in armi (1120-1312)*, Carocci, Roma 2022.
Morozzo della Rocca, Roberto, *Tra Est e Ovest. Agostino Casaroli diplomatico vaticano*, San Paolo Edizioni, Cinisello Balsamo 2014.
Morton, Nicholas, *Gli ordini religiosi militari*, il Mulino, Bologna 2014.
Navoni, Marco, *Carlo Borromeo. Profilo di un vescovo santo*, Centro ambrosiano, Milano 2010.
Niccolini, Giovanni, *Il tribunato della plebe*, Hoepli, Milano 1932.
–, *I fasti dei tribuni della plebe*, Giuffrè, Milano 1934.
Omero, *Iliade*.
–, *Odissea*.
Pagliughi, Paolo, *Carlo Borromeo. I destini di una famiglia*

nelle lettere del grande santo lombardo, Mondadori, Milano 2006.

–, *Il cardinal Federico Borromeo*, Marietti 1820, Bologna 2010.

Pallaver, Karin, *Lungo le piste d'Africa. Commerci locali e strategie imperiali in Tanzania (secoli XIX -XX)*, Carocci, Roma 2008.

Petracchi, Giorgio, *La Russia rivoluzionaria nella politica italiana. Le relazioni italo-sovietiche 1917-1925*, Laterza, Roma-Bari 1982.

Pétré-Grenouilleau, Olivier, *La tratta degli schiavi. Saggio di storia globale*, il Mulino, Bologna 2006.

Pizzigallo, Matteo, *Mediterraneo e Russia nella politica italiana 1922-1924*, Giuffrè, Milano 1983.

Plutarco, *Vite parallele*.

Po-Chia Hsia, Ronnie, *Trento 1475. Storia di un processo per omicidio rituale*, Giuntina, Firenze 2023.

Poliakov, Léon, *Storia dell'antisemitismo. Dalle origini del cristianesimo all'Europa del Cinquecento*, Bur, Milano 2013.

Polibio, *Storie*.

Polieno, *Stratagemmi*.

Preto, Paolo, *Epidemia, paura e politica nell'Italia moderna*, Laterza, Roma-Bari 1988.

Prodi, Paolo, *Il sacramento del potere. Il giuramento politico nella storia costituzionale dell'Occidente*, il Mulino, Bologna 1992.

Pugliese, Emanuele, *Io difendo l'esercito*, Rispoli, Napoli 1946.

Quartararo, Rosaria, *Italia-Urss 1917-1941*, Edizioni Scientifiche Italiane, Napoli 1997.

Ravegnani, Giorgio, *I bizantini in Italia*, il Mulino, Bologna 2018.

Read, Anthony – Fisher, David, *La caduta di Berlino. L'ultimo atto del Terzo Reich*, Mondadori, Milano 1995.

Rechtman, Richard, *Le vite ordinarie dei carnefici*, Einaudi, Torino 2022.

Rizzacasa d'Orsogna, Costanza, *Scorrettissimi. La cancel culture nella cultura americana*, Laterza, Roma-Bari 2022.

Rogger, Iginio, *Storia della Chiesa di Trento. Da Vigilio al XIX secolo*, Il Margine, Trento 2009.

Rolland-Boulestreau, Anne, *Guerre et paix en Vendée (1794-1796)*, Fayard, Paris 219.

Rovira Bonet, Francesco, *Libro dei turchi*, appendice al saggio di Caffiero, Marina, *Gli schiavi del papa. Conversione e libertà dei musulmani a Roma in età moderna*.

Salomone, William A., *L'età giolittiana*, De Silva, Torino 1949.

Salomoni, Antonella, *Il protocollo segreto. Il patto Molotov-Ribbentrop e la falsificazione della storia*, il Mulino, Bologna 2022.

Salvadori, Massimo L., *In difesa della storia. Contro manipolatori e iconoclasti*, Donzelli, Roma 2021.

Salvemini, Gaetano, *I misfatti del governo a Gioia del Colle*, in «Avanti!», 1909.

–, *Il ministro della mala vita*, Edizione della Voce, Firenze 1910.

–, *Che cosa è un liberale italiano*, in *Scritti sul fascismo III*, a cura di Roberto Vivarelli, Giangiacomo Feltrinelli Editore, Milano 1974.

–, *Dai ricordi di un fuoruscito 1922-1933*, Bollati Boringhieri, Torino 2002.

–, *Le origini del fascismo in Italia. Lezioni di Harvard*, Feltrinelli, Milano 2015.

Salvemini, Gaetano – Rossi, Ernesto, *Dall'esilio alla Repubblica. Lettere 1944-1957*, Bollati Boringhieri, Torino 2004.

Saresella, Daniela, *Cattolici a sinistra. Dal modernismo ai nostri giorni*, Laterza, Roma-Bari 2011.

Savattieri, Chiara, *Le rappresentazioni dei neri nell'età mo-*

derna. Temi e questioni metodologiche, Carocci, Roma 2022.

Sebag Montefiore, Simon, *Gli uomini di Stalin. Un tiranno, i suoi complici e le sue vittime*, Rizzoli, Milano 2005.

Sebald, Winfried G., *Storia naturale della distruzione*, Adelphi, Milano 2004.

Secher, Reynald, *Il genocidio vandeano*, Effedieffe, Milano 1989.

Sémelin, Jacques, *Purificare e distruggere. Usi politici dei massacri e dei genocidi*, Einaudi, Torino 2007.

Shirer, William L., *Gli anni dell'incubo 1930-1940*, Mondadori, Milano 1986.

Snyder, Timothy, *Terre di sangue. L'Europa nella morsa di Hitler e Stalin*, Rizzoli, Milano 2011.

Speccher, Tommaso, *La Germania sì che ha fatto i conti con il nazismo*, Laterza, Roma-Bari 2022.

Stanziani, Alessandro, *Le metamorfosi del lavoro coatto. Una storia globale XVIII-XIX secolo*, il Mulino, Bologna 2022.

Stürmer, Michael, *L'impero inquieto. La Germania dal 1866 al 1918*, il Mulino, Bologna 1986.

Sutherland, Donald M.G., *Rivoluzione e controrivoluzione. La Francia dal 1789 al 1815*, il Mulino, Bologna 2000.

Tanturri, Alberto, *Il «flagello delle Indie». L'epidemia colerica del 1836-37 nel Mezzogiorno*, Morcelliana, Brescia 2022.

Testi, Arnaldo, *I fastidi della storia. Quale America raccontano i monumenti*, il Mulino, Bologna 2023.

Toaff, Ariel, *Pasque di sangue. Ebrei d'Europa e omicidi rituali*, il Mulino, Bologna 2007.

Tognotti, Eugenia, *Il mostro asiatico. Storia del colera in Italia*, Laterza, Roma-Bari 2000.

Toynbee, Arnold J., *Roma e l'Italia prima di Annibale*, Einaudi, Torino 1981.

Tully, Andrew, *Le ultime ore di Berlino*, Longanesi, Milano 1965.

Turi, Gabriele, *Schiavi in un mondo libero. Storia dell'emancipazione dall'età moderna a oggi*, Laterza, Roma-Bari 2012.

Varsori, Antonio, *Storia internazionale. Dal 1919 a oggi*, il Mulino, Bologna 2020.

Vian, Giovanni M., *La donazione di Costantino*, il Mulino, Bologna 2010.

Virgilio, *Eneide*.

Volkogonov, Dimitri, *Trionfo e tragedia. Il primo ritratto russo di Stalin*, Mondadori, Milano 1991.

Volli, Gemma, *I «processi tridentini» e il culto del Beato Simone da Trento*, La Nuova Italia, Firenze 1963.

Von Bismarck, Otto, *Pensieri e ricordi di Ottone Principe di Bismarck*, 2 voll., Rosenberg & Sellier, Torino 1898; Fratelli Treves, Milano 1922.

von Herwarth, Hans, *Tra Hitler e Stalin. Uno spaccato di storia contemporanea: 1931-1945*, SugarCo Edizioni, Milano 1983.

Walzer, Michael, *Che cosa significa essere liberale*, Raffaello Cortina Editore, Milano 2023.

Watt, Donald C., *1939. Come scoppiò la guerra*, Leonardo, Milano 1989.

Weber, Claudia, *Il patto. Stalin, Hitler e la storia di un'alleanza mortale 1939-41*, Einaudi, Torino 2021.

Weigel, George, *La fine e l'inizio. Giovanni Paolo II: la vittoria della libertà, gli ultimi anni, l'eredità*, Cantagalli, Siena 2012.

Werfel, Franz, *I quaranta giorni del Mussa Dagh*, Mondadori, Milano 1935.

Wieviorka, Annette, *L'era del testimone*, Raffaello Cortina Editore, Milano 1999.

Wilder, Thornton, *Il ponte di San Luis Rey*, Mondadori, Milano 1964.

Winter, Jay, *Il giorno in cui finì la Grande Guerra. Losanna,*

24 luglio 1923: i civili ostaggio della pace, il Mulino, Bologna 2023.
Woolf, Stuart J. (a cura di), *Il fascismo in Europa*, Laterza, Bari 1968.
Ye'or, Bat, *Il declino della Cristianità sotto l'Islam. Dal jihad alla dhimmitudine*, Lindau, Torino 2016.
Zardin, Danilo, *Carlo Borromeo. Cultura, santità, governo*, Vita e pensiero, Milano 2010.
Zedong, Mao, *Opere scelte*.

Indice dei nomi

Indice

SEMI DI UN AUTORITARISMO FUTURO